ARISTOTLE'S 'DE ANIMA'

TRANSLATED INTO HEBREW BY ZERAHYAH BEN ISAAC BEN SHEALTIEL HEN

ARISTOTELES SEMITICO-LATINUS

Founded by

H.J. Drossaart Lulofs

GENERAL EDITORS

H. DAIBER AND R. KRUK

VOLUME 6

ARISTOTLE'S 'DE ANIMA'

TRANSLATED INTO HEBREW BY
ZERAḤYAH BEN ISAAC BEN SHEALTIEL ḤEN

A CRITICAL EDITION WITH AN INTRODUCTION AND INDEX

BY

GERRIT BOS

E.J. BRILL
LEIDEN · NEW YORK · KÖLN
1994

ARISTOTELES SEMITICO-LATINUS
is prepared under the supervision of the
ROYAL NETHERLANDS ACADEMY OF ARTS AND SCIENCES
as part of the
CORPUS PHILOSOPHORUM MEDII AEVI
project of the
UNION ACADÉMIQUE INTERNATIONALE

The Aristoteles-Semitico-Latinus project envisages the publication of the Syriac, Arabic and Hebrew translations of Aristotle's works, of the Latin translations of those translations, and of the mediaeval paraphrases and commentaries made in the context of this translation tradition.

The paper in this book meets the guidelines for permanence and durability of the Committee on Production Guidelines for Book Longevity of the Council on Library Resources.

Library of Congress Cataloging-in-Publication Data

Aristotle.
  [De anima. Hebrew]
  Aristotle's "De anima" / translated into Hebrew by Zerahyah ben Isaac ben Shealtiel Hen ; with an introd. and index by Gerrit Bos. — —Critical ed.
      p. cm. — Aristoteles Semitico-latinus, ISSN 0927-4103 ; v. 6)
  Includes bibliographical references and index.
  ISBN 9004099379
  1. Psychology—Early works to 1850. I. Gracian, Zerahiah ben Isaac ben Shealtiel, 13th cent. II. Bos, Gerrit, 1948–
III. Title. IV. Series.
B415.A8H4   1993 ‹Hebr›
128—dc20   93-31743
                                                                       CIP

Die Deutsche Bibliothek – CIP-Einheitsaufnahme

Aristoteles:
  [De anima]
  Aristotle's "De anima" / transl. into Hebr. by Zerahyah Ben Isaac Ben Shealtiel Hen. – A critical ed. with an introd. and index by Gerrit Bos. - Leiden ; New York ; Köln : Brill, 1993
    (Aristoteles Semitico-Latinus ; Vol. 6)
    Einheitssacht.: De anima ‹hebr.›
    ISBN 90-04-09937-9
NE: Bos, Gerrit [Hrsg.]; GT

ISSN 0927-4103
ISBN 90 04 09937 9

© *Copyright 1994 by E.J. Brill, Leiden, The Netherlands*

All rights reserved. No part of this publication may be reproduced, translated, stored in a retrieval system, or transmitted in any form or by any means, electronic, mechanical, photocopying, recording or otherwise, without prior written permission of the publisher.

Authorization to photocopy items for internal or personal use is granted by E.J. Brill provided that the appropriate fees are paid directly to Copyright Clearance Center, 27 Congress Street, Salem MA 01970, USA. Fees are subject to change.

PRINTED IN THE NETHERLANDS

CONTENTS

Preface vii
    I. The Translator... 1
   II. The Manuscripts of the Hebrew Translation 5
  III. Introduction to the Edition.. 7
  IV. The Arabic Source of the Hebrew Translation 9
   V. Characteristic joint readings by Zeraḥyah and
      Averroes, as compared with the Greek Text
      of the *De Anima* and Badawī 13
  VI. Comparison between Zeraḥyah, Averroes
      and Avicenna 20
 VII. Zeraḥyah's Technique of Translation....................... 23
VIII. The Hebrew Text 44
      Sigla and Abbreviations... 44
      Book I 45
      Book II 72
      Book III.. 109
Index 141
Bibliography 194

PREFACE

The Hebrew translations of Averroes' commentaries on Aristotle, written between 1189 and 1337, were a major conduit for the dissemination of Aristotelian philosophy in learned Jewish circles. One of the translators involved in this activity was R. Zeraḥyah ben Isaac ben Shealtiel Ḥen. His translations, however, did not enjoy much popularity among Jewish scholars, since they were considered too abstruse. When available, other translations were preferred, such as those of Kalonymus ben Kalonymus.

That scholars had similar reservations about Zeraḥyah's translation of Aristotle's *De Anima* is evident from the lack of quotations by later authors and from the paucity of extant Mss. In spite of this Zeraḥyah's translation is important for the following reasons:

1. It is a good example of the peculiar style of this translator.

2. It is a witness to the interest of Zeraḥyah's contemporaries in the *De Anima*.

3. It is based on the same lost Arabic translation of Aristotle's *De Anima* as Averroes' long commentary and, consequently, it may provide a solution to the question of the authorship of the Arabic translation.

I am therefore pleased to present my edition and extensive linguistic analysis of this text to the reader. I thank the Institute of Microfilmed Hebrew Mss at the Jewish National and University Library for providing me with photocopies of the Mss. I thank Professor H. Daiber and Professor R. Kruk for their willingness to include this edition in the series *Aristoteles Semitico-Latinus*, published by the Royal Netherlands Academy of Arts and Sciences. I thank Professor A. Ivry for his proofreading of the manuscript and for his corrections. I am especially grateful to Dr J.W. Wesselius of the Juda Palache Institute, University of Amsterdam for his help in preparing a camera-ready copy of the text, and to the staff of the Bibliotheca Rosenthaliana (University Library of Amsterdam) for their permission to use its computer system.

CHAPTER ONE

THE TRANSLATOR

Little is known about the translator, R. Zeraḥyah ben Isaac ben Shealtiel Ḥen,[1] also known as Gracian.[2] The years of his birth and death are unknown. We know, however, that he was born in Barcelona into a prominent family and at a later date emigrated to Italy. Between the years 1277-1291 A.D. he was active in Rome as a teacher of philosophy, commentator of the Bible and translator. He was regarded as an expert on Maimonides' *Guide of the Perplexed,* and corresponded with other scholars, such as Hillel b. Samuel of Verona[3] on questions raised by the Guide. Zeraḥyah's

---

[1] Ms Rome reads: Zeraḥyah b. Isaac b. Ḥunayn; the same reading can be found in Zeraḥyah's translation of Averroes' middle commentary on Aristotle's *De Generatione et Corruptione* (Ms Rome-Casanatense 148, fol. 96a). Steinschneider, *HU* 131, n. 169, remarks that ben Ḥunayn is a corruption of ben Ḥen. Steinschneider also refers to Dukes' suggestion that the word *ha' ataqat* (translation) has been omitted, so that Ḥunayn would be the Arabic translator. Tessier, *Verbum,* 19-20, discussing the authorship of the translation of the *De Generatione et Corruptione,* mentions as a third possibility that Zeraḥyah did not translate this text.

[2] See Steinschneider, *Ziyyunim* 229-245; *HU*, 111 ff.; Vogelstein-Rieger, *Geschichte* I, 271-275; 409-418. For a detailed account of all the relevant sources see Ravitzky, *Mishnato,* 69-75. For a summary see Cassuto, *Gracian, Zeraḥyah.*

[3] Zeraḥyah's correspondence with Hillel b. Samuel, which turned into a fierce polemic, has been published by Kirchheim, *Oẓar Neḥmad* II, 124-143.

interest in the writings of Aristotle is attested to in a letter which he addressed to Judah b. Solomon of Barcelona:[4]

> I am always looking into the works of Aristotle, which are always with me, the commentaries of Averroes and Themistius, which I studied and translated from the Arabic into Hebrew, except for the *De Animalibus*, which I do not possess.[5]

Little else is known about his life after 1291 A.D. It is possible that around that time he returned to Barcelona in order to be buried with his ancestors.[6]

Zeraḥyah was an active translator[7] who translated the following philosophical works from Arabic into Hebrew:

1. Aristotle's *De Anima*.
2. Themistius' paraphrase of Aristotle's *De Coelo*.[8]
3. Averroes' middle commentary on Aristotle's *Physica*.[9]

---

[4] For the identity of this person see Steinschneider, *HU*, 113.

[5] Ms Cambridge Add. 1235, fol. 91b; Ravitzky *o.c.*, 93. The text is elleptical and it remains uncertain whether Zeraḥyah studied the works of Aristotle themselves or only the commentaries of his medieval predecessors.

[6] In a letter to Hillel b. Samuel Zeraḥyah states (*Oẓar Neḥmad* II, 124): "Because I have the intention to return to my native country to be buried with my ancestors..."

[7] Steinschneider, *Ẓiyyunim*, 239-245; *HU*, 111-24, 125, 146, 160, 262, 295, 652, 681, 764, 765, and Ravitzky *o.c.*, 91-95 list his different translations in the fields of philosophy and medicine. For all the bio- and bibliographical details of Zeraḥyah's life I am deeply indebted to Ravitzky's fundamental monograph.

[8] Ed. by S. Landauer.

[9] Steinschneider, *HU*, 114.

4. Averroes' middle commentary on Aristotle's *De Generatione et Corruptione*.[10]
5. Averroes' middle commentary on Aristotle's *Metaphysica*.[11]
6. Al-Fārābī's treatise on the nature of the soul.[12]
7. Pseudo-Aristotle's *Liber de Causis*.[13]

Zeraḥyah translated Aristotle's *De Anima*, the commentaries of Averroes on Aristotle's *Physica* and *Metaphysica*, Themistius' paraphrase of Aristotle's *De Coelo*, and al-Fārābī's treatise on the nature of the soul in the year 1284 A.D. at the request of Shabbetai b. Solomon,[14] Rabbi of Rome and a friend and staunch defender of Zeraḥyah in his polemic with Hillel b. Samuel.

At the beginning of his translation of al-Fārābī's work on the nature of the soul entitled *Sefer al Mahut ha-Nefesh* he states:

> After I completed the translation of Aristotle's *De Anima*, *Physica*, and *Metaphysica*, from the commentary by Averroes, and the *De Coelo* and *De Mundo*, the commentary of Themistius, to the best of my ability, I thought it a good thing to translate Al-Fārābī's *Sefer Mahut ha-Nefesh* as well.[15]

---

[10] Steinschneider, *HU*, 131.

[11] Steinschneider, *HU*, 160. The introduction was published by A. Schreiber in his edition of Zeraḥyah's translation of Pseudo-Aristotle's *Liber de Causis*.

[12] Entitled *Sefer al Mahut ha-Nefesh* and edited by Edelmann in *Ḥemdah Genuzah*, and by Rosenthal.

[13] Ed. by A. Schreiber.

[14] See Vogelstein-Rieger *o.c.*, II, 418-9; Ravitzky *o.c.*, 92.

[15] Ed. Edelmann, *Ḥemdah Genuzah*, 45.

The ambiguity of this statement has led some scholars to conclude that Zeraḥyah produced two groups of translations - i.e., of Aristotle's works and of the medieval commentaries by Averroes and Themistius. However, a comparison of his testimony with that of the extant Mss suggests that he completed only the translations listed above.[16]

In addition to these philosophical works, he translated the following medical works:

1. Galen's *De Causis et Symptomatibus*.[17]
2. Galen's *Katagene* (first three chapters).[18]
3. Avicenna's *Canon* (unfinished).[19]
4. Maimonides' aphorisms.[20]
5. Maimonides' shorter treatise on sexual intercourse.[21]
6. Maimonides' treatise on poisonous drugs.[22]

---

[16] See for instance Seligsohn, *Gracian*; Sarton, *Introduction*, 2, 2, 846. After an extensive discussion of this question, Ravitzky (*o.c.*, 93.) states that an examination of the Mss only confirmed the existence of the above mentioned translations.

[17] Steinschneider, *HU*, 652. In a letter to Hillel of Ferrara Zeraḥyah praises the works of Hippocrates and Galen as more elevated than the mountains of Ararat; see *Oẓar Neḥmad* II, 142.

[18] Introduction to the translation edited by Steinschneider in *Catalog Hamburg*, 197-199; description of Ms, *ibidem*, 143-4.

[19] Unfinished, probably because Zeraḥyah learned about the translation by Nathan ha-Me'ati; see Steinschneider, *HU*, 681.

[20] Steinschneider, *HU*, 766.

[21] Ed. Kroner. This edition contains the Arabic original text, Zeraḥyah's translation, as well as an anonymous Hebrew translation.

[22] Steinschneider, *HU*, 764. Also translated by Moses Ibn Tibbon (Ed. Muntner).

CHAPTER TWO

THE MANUSCRIPTS OF THE HEBREW TRANSLATION

The Hebrew translation of Aristotle's *De Anima* is extant in two Mss:[1]

1. Rome, Casanatense 148, 3; fols. 128r-156v.[2] The text has been written in an Italian script of the 16th century. Though I did not see the Ms itself, it seems from the photostats in my possession, that the Ms suffered at some time considerable water damage in the upper margins, so that the first lines of the text of every folio are practically always stained, and occasionally letters and words are wiped out partially or completely. There are several marginal notes in this Ms, correcting a few of the many corruptions the text of this translation is replete with. One gets the impression that the copyist(s) did not very well understand the text in hand. This has resulted in additions, omissions, and many incomprehensible corruptions, which I tried to reconstruct in my edition to the best of my ability.

---

[1] Steinschneider, *HU*, 146 mentions a third Ms, namely, Tur. 157 (Peyron, 72 n. 76). Unfortunately, however, this Ms was destroyed in the year 1904.

[2] This Ms will be cited as "r". A description of this Ms is found in Sacerdote, *Catalogo*. Unfortunately, I did not have access to this catalogue during the preparation of this edition.

2. Ms London, Beit ha-Midrash 42, 4, fols. 120v-135r.[3] This Ms, written in a clear Sephardic Rabbinic script was copied, in the year 5184 (1424 A.D.) by Jacob Ben Moses at Sovrino on the river Potenza. This Ms has only a few marginal notes, mainly corrections. Although this Ms is not free from copyists' errors, it is not as corrupt as Ms Rome. The problem of corruptions is aggravated by the fact that both Mss represent a single manuscript tradition. Indeed, it seems that the text of Ms Rome has been copied from that of Ms London; with the exception of minor variants - i.e., corruptions - Ms Rome is identical with Ms London.[4]

---

[3] This Ms will be cited as "l". For a description of this Ms see Neubauer, *Catalogue*, 17-8.

[4] Only in two cases Ms Rome clearly has a different reading, namely, I, 1: ben Yizḥaq ben Ḥunayn (ben Yizḥaq Ms London) and I, 505: Talis (Taslis Ms London).

CHAPTER THREE

INTRODUCTION TO THE EDITION

My edition is based on Ms London since it is the only independent tradition preserved, and was apparently the basis of Ms Rome. I have corrected corruptions and omissions in so far as these are the result of mistakes by the copyist(s). For these corrections I consulted Averroes' long commentary on the *De Anima,* which goes back to the same Arabic source as Zeraḥyah's translation.[1] The division of the Hebrew text into paragraphs follows the Greek edition of Hett. The first part of the critical apparatus contains the different variants of the Mss and original readings of the corrections made in the text. In the second part I list all the variant readings of Averroes' text.[2] I add Aristotle's Greek version[3] when it disagrees with that of Averroes, and agrees with that of Zeraḥyah. In some cases I cite Badawī's[4] edition of the text, the Greek text of Aristotle, or the long commentary of Averroes in order to clarify the meaning of an obscure or incorrect Hebrew translation. When a problematic Hebrew translation has been caused by an incorrect reading of the

---

[1] See ch. 4. In one place (III, 364) I have corrected the corrupt Hebrew text according to the Greek source.

[2] Acc. to ed. Crawford. In ch. 5 I list characteristic joint readings of Zeraḥyah and Averroes, as compared with Aristotle's Greek text and Badawī.

[3] Acc. to ed. Ross. In some cases - especially in the case of proper names - I have also cited the Greek text when both Zeraḥyah and Averroes show corrupted readings. See ch. 7B: 6.

[4] See ch. 4 for a description of this text.

Arabic source I add the relevant Arabic terms in parentheses.[5] Since the text is often difficult to follow because of Zeraḥyah's peculiar methods of translation,[6] I provide, between parentheses a "correction" of his translation in the critical apparatus.

---

[5] See ch. 7B: 3-6 for an extensive discussion of all the peculiarities of the text based on the Arabic source.

[6] See ch. 7A.

CHAPTER FOUR

THE ARABIC SOURCE OF THE HEBREW TRANSLATION

Ibn an-Nadīm,[1] the famous Arab bibliographer, states in his *Fihrist* (composed in 987 A.D.):

> Ḥunayn translated all of it (i.e. *De Anima*) into Syriac. Isḥāq translated all but a small part of it. Then Isḥāq translated it a second time in its entire form, with improvements...Isḥāq said: I translated this book into Arabic from a manuscript which was in poor condition. Then after thirty years, when I found a manuscript in the best possible condition, I compared it with the first translation, which was the exposition of Themistius.[2]

The introduction to Zeraḥyah's translation states: "The first book from Aristotle's *De Anima*, translated by Zeraḥyah b. Isaac ha-Sefaradi from Arabic into Hebrew, from (or "after") the translation of Ḥunayn." In the middle of the third book (431a14) we read: "Completion (or "supplement") of what Isaac b. Ḥunayn translated from this book from (or "after") the translation of Abū ʿĪsā b. Isḥāq from Syriac into Arabic."

Steinschneider concludes that the Ḥunayn mentioned here can be none other than the famous translator Ḥunayn ibn Isḥāq, and interprets the second quotation to mean that Isḥāq b. Ḥunayn completed the Syriac translation of his father from that point (431a14) on, while Abū Isḥāq

---

[1] See *Fihrist*, 351ff. (Transl. Bayard Dodge II, 604-5).

[2] For the different interpretations of this ambiguous statement by Ibn an-Nadīm see Gätje, *Studien*, 20-27.

translated the whole text into Arabic.[3] Frank[4] states that the first part of the text was attributed to Isḥāq and the second to Ibn Zurʻa. According to Peters[5] Isḥāq translated the first section, while the rest was the work of Abū ʻĪsā (probably Ibn Zurʻa).

Gätje[6] concludes from an investigation of Arabic bibliographical literature that, apart from a compendium,[7] at least two different versions of Aristotle's *De Anima* were known to the Arabs in the 9th and 10th century:

1. An ancient version from the 9th century A.D., perhaps originating from ʻAbd al-Masīḥ ibn Nāʻima.[8] This version has been excerpted by Averroes in the *lemmata* of his long commentary (only preserved in the Latin translation of Scotus)[9] in 9 places (= *alia translatio*).

---

[3] See Steinschneider, *HU*, 146. This conclusion supposes that Steinschneider understood the Hebrew term *Hašlamah* (completion or supplement) as supplement; Steinschneider remarks that Abū ʻĪsā is probably no one else but Abū ʻAlī ʻĪsā ibn Isḥāq ibn Zurʻa (d. 1008). I adopt this suggestion by Steinschneider.

[4] See Frank, *Some Fragments*, 235, n. 1.

[5] See Peters, *Aristoteles Arabus*, 41.

[6] See Gätje, *o.c.*, 20-44.

[7] Ed. by Ahwānī.

[8] Ed. by Badawī, *Arisṭūṭālīs*; Frank *o.c.*, 231-2 has convincingly contended that this version, replete with many imprecisions and distortions, and characterised by a very peculiar and inconsistant technical vocabulary, is, in spite of its ascription to Isḥāq ibn Ḥunayn, not from his hand. My comparative list in ch. 5 shows clearly that this text is completely different from the Arabic source of both Zeraḥyah and Averroes.

[9] Ed. by Crawford.

2. A later, incomplete translation by Isḥāq ibn Ḥunayn[10] (ending with *De Anima* 431a14). This translation was subsequently "completed" by Yaḥya ibn 'Adī or his student, Ibn Zur'a, who supplied the missing chapters from the ancient translation mentioned above. It is possible that the Syriac translation by Ḥunayn ibn Isḥāq was also consulted for this completion. This combined version has been used by Avicenna in his *Kitāb al-Inṣāf*.[11]

Gätje refers to a possible third version, namely, the one used by Averroes as his main source for his long commentary on the *De Anima*. A comparison of Averroes' text with the Hebrew translation of Zeraḥyah clearly shows that both versions are identical, making use of the same Arabic translation.[12] Another comparison of Zeraḥyah's and Averroes' texts with fragments from Isḥāq's incomplete translation shows that these versions are sometimes different,[13] as already concluded by Frank.[14] Gätje's suggestion[15] that this third version might be the supposed

---

[10] For fragments surviving of this translation see Frank, *o.c.*, 240-251.

[11] Ed. by Badawī, *Arisṭū*, 75-116.

[12] Cf. ch. 5 for a list of characteristic joint readings of Zeraḥyah and Averroes, as compared with the Greek text of the *De Anima* and the version edited by Badawī.

[13] See ch. 6. For this comparison I made use of the fragments as reconstructed by Frank from Avicenna's glosses.

[14] See Frank, *o.c.*, 234, n. 2.

[15] Gätje, *o.c.*, 41: "Es spricht also immer noch einiges dafür, dass Ibn an-Nadīm Recht hatte, wenn er von zwei Redaktionen der aristotelischen Schrift über die Seele durch Isḥāq ibn Ḥunain berichtete."

second complete and revised translation by Isḥāq[16] can be refuted with the following arguments: 1. If it had existed, Avicenna would surely have used this revised version instead of Isḥāq's incomplete one for the first part (until 431a14) and the bad translation that is available to us in Badawī's edition, for the second part. 2. The textual evidence concerning the authorship from Zeraḥyah's translation itself.[17] My interpretation of this passage is in accordance with that of Steinschneider, mentioned above. That is to say that Ḥunayn translated the first part from Syriac into Arabic, Isḥāq the second part (from 431a14), while Abū 'Īsā ibn Zur'a translated the complete text from Syriac into Arabic.[18]

---

[16] See Ibn an-Nadīm's statement quoted above.

[17] See quotation above; whatever interpretation one gives of this rather ambiguous statement, it can never mean that Zeraḥyah's *Vorlage* was Isḥāq's second complete translation.

[18] This interpretation is corroborated by the fact that the Hebrew translation does not show a sudden change in style or vocabulary from 431a14 on, indirectly indicating a different Arab translator.

CHAPTER FIVE

CHARACTERISTIC JOINT READINGS BY ZERAḤYAH AND AVERROES, AS COMPARED WITH THE GREEK TEXT OF THE *DE ANIMA* AND BADAWĪ

Book 1

1. לגוף (I: 12) corpori (I: 3, 5) τοῖς ζῴοις (402a10) الحيوان
2. כשיהיה הגוף מזומן (I: 67) quando corpus fuerit paratum (I: 14, 8-9) ὅταν ὀργᾷ τὸ σῶμα (403a21-2) إذا كان الجسد هائجا
3. ולדעת אנכסאגוריש (I: 123) et cum hoc dicebat (I: 23, 2) καὶ εἴ τις ἄλλος εἴρηκεν (404a26) وغيره ممن قال
4. ואלו הם המספרים שהם צורות (I: 151-2) Ista autem sunt numeri qui sunt forme (I: 27, 10-11) εἴδη δ' οἱ ἀριθμοὶ οὗτοι τῶν πραγμάτων (404b27) فصور الأشياء هذه الأعداد
5. אמר בזה מאמר יותר קרוב להיותו נעלם (I: 163) dixit in hoc sermonem magis latentem (I: 30, 1-2) καὶ γλαφυρωτέρως εἴρηκεν (405a8) أثبت إثباتا غامضا في هذا
6. וייחס אותו אל התנועה (I: 165) Et attribuit ipsum motui (I: 30, 4-5) κινητικὸν δὲ (405a10-11) وأنها محركة
7. אנשים שראוי לגנות בהם (I: 186) Et alii, qui digniores sunt derideri (I: 32, 18) τῶν δὲ φορτικωτέρων (405b1-2) وقال بمنزلة الوقر أقوام في النفس قولا جافيا
8. עד ששם תנועת השמים תנועת הנפש (I: 274-5) ita quod posuit motus celi sicut motus anime (I: 45, 12-3) ὡς οὔσας τὰς τοῦ οὐρανοῦ φορὰς τὰς τῆς ψυχῆς κινήσεις (407a1-2) فصير حركات الفلك حركات النفس
9. *כשעור (I: 280) sicut mensura (I: 47, 4) ὡς ὁ ἀριθμός (407a8) كمثل العدد
10. אם תהיה התנועה כלה אחת בעצמה (I: 301-2) si totus motus idem est (I: 48, 23) εἰ ἡ αὐτὴ περιφορὰ (407a31) وإذا كانت

حركة العقل حركة دور

11. אף על פי שזה ראוי במה שאני חושב על כל פנים (I: 318-9) Et licet hoc, ut reputo, necessarium sit (I: 52, 1) καίτοι δόξειεν ἂν τοῦτ' ἀναγκαῖον εἶναι (407b17) مع أن هذا قد يكون بالاضطرار

12. אמנם הרכבת חלקי הגוף באור הענין בו והמגיע ממנו בתכלית הוא נקל (I: 342-3) Compositio autem partium corporis facile potest determinari (I: 57, 10-11) ἡ δὲ σύνθεσις τῶν τοῦ σώματος μερῶν λίαν εὐεξέταστος (408a10-11) وقد يمكننا الفحص إمكانا كثيرا عن تركيب أجزاء الجسم

13. וכל אחד מהם תניע שום דבר (I: 369) et quodlibet eorum moveat aliquid (I: 63, 3) καὶ ἕκαστον κινεῖσθαι τούτων (408b6-7) وكل واحد منها بشيء متحرك

14. במין (I: 401) in specie (I: 68, 9) τῷ εἴδει (409a10) لصورته

15. בהוית העצם (I: 450) in generatione ossis (I: 77, 8-9) τὸ ὀστοῦν (410a3) في العظم

16. הארץ הגדולה (I: 450) terra magna (I: 77, 9) ἡ δὲ χθὼν ἐπίηρος (410a4) الأرض

17. החי ומה שאינו חי (I: 456) vivum et non vivum (I: 77, 18) τὸ ἀγαθὸν καὶ τὸ μὴ ἀγαθόν (410a12)

18. הממציא לאלו מה הוא (I: 481) quod dedit istis esse (I: 82, 1-2) τὸ ἑνοποιοῦν αὐτά (410b11) ما الذي يؤلف العناصر؟

19. כח החוש (I: 492) virtutem sensus (I: 83, 7-8) τὸ αἰσθητικὸν (410b22) الحس

20. עניני הנפש (I: 545) res anime (I: 94, 4) τὰ μόρια τῆς ψυχῆς (411b25) أجزاء النفس

Book 2

1. והשינה כעין ענין הדבר כיון שיהיה לו שיפעל ולא יפעל (II: 21-2) sompnus autem est similis dispositione rei cum potest agere et non agit (II: 5, 6-7) ὁ δ' ὕπνος τῷ ἔχειν καὶ μὴ

ἐνεργεῖν (412a25-6) والنوم معادل للجدة

2. וכמו שהראות כח הכלי, כן הנפש (II: 46) Et sicut visus est potentia instrumenti, ita anima (II: 10, 5-6) ὡς δ' ἡ ὄψις καὶ ἡ δύναμις τοῦ ὀργάνου, ἡ ψυχή (413a1) والنفس هى مثل البصر والقوة
3. בצורה (II: 87) in figura (II: 20, 3) ἐντελεχείᾳ (413b18) بمعنى الانطلاسيا
4. בבעל חיים כשיחותך (II: 88) in animalibus anulosis (II: 20, 6) ἐπὶ τῶν ἐντόμων ἐν τοῖς διατεμνομένοις (413b20-1) الحيوان الذى يسمى أنطوما ، فان هذا ضرب من الحيوان إذا قطع
5. הבדלת המזון (II: 131) distinctio cibi (II: 28, 1) ἡ...ἁφὴ τῆς τροφῆς (414b7) اللمس هو حس الغذاء
6. אמנם הטעם כאלו הוא סבת אלו (II: 135-6) Sapor autem est quasi causa istorum (II, 28, 10-11) ὁ δὲ χυμὸς οἷον ἥδυσμά τι τούτων ἐστίν (414b13-4) والكيموس كأنه هذه
7. אבל הענין בדמיון הוא נעלם (II, 138) De ymaginatione autem latet (II: 29, 4) περὶ δὲ φαντασίας ἄδηλον (414b16) وأما التوهم فلم يستبن لنا الأمر فيه بعد
8. כי אין שם השלמה יוצאת מהכוחות אשר זכרנום (II: 142) Non enim est illic perfectio extra virtutes predictas (II: 30, 3-4) οὔτε γὰρ ἐκεῖ σχῆμα παρὰ τὸ τρίγωνον ἔστι καὶ τὰ ἐφεξῆς, οὔτ' ἐνταῦθα ψυχὴ παρὰ τὰς εἰρημένας (414b21-2) لأنه ليس هناك اشكيم غير اشكيم المثلثة وما بعدها ، ولا ها هنا نفس غير الأنفس التى قيلت
9. כי הפעולות והמעשים יתקדמו בשכל החזק (II: 167-8) actiones enim et operationes antecedunt in intellectu virtutes (II: 33, 7-9) πρότεραι γάρ εἰσι τῶν δυνάμεων αἱ ἐνέργειαι καὶ αἱ πράξεις κατὰ τὸν λόγον (415a18-20) فان الأعمال والأفعال متقدمة فى الحد القوى
10. שני הכתות יחד (II: 237) utraque istarum sectarum (II: 45, 14) ἀμφότεροι (416b8) كلاهما
11. כי אין מאמרנו תחלה (II: 272) Sermo...noster primo non est

(II: 54, 1) πρῶτον...λέγωμεν (417a14-6) فلنقل أولا

12. אבל מה שהוא חוזר אל ההשלמה (II: 294-5) Quod autem revertitur ad perfectionem (II: 58, 4) τὸ μὲν οὖν εἰς ἐντελέχειαν ἄγειν (417b10) حركة ذى القوة إلى الانطلاشيا
13. בשער הציור בשכל (II: 295) in capitulo intelligendi (II: 58, 5) [κατὰ] τὸ νοοῦν (417b10) فى موضع العلم
14. המאמר באלו המאמרים (II: 309) loqui de istis (II: 60, 8) περὶ μὲν τούτων διασαφῆσαι (417b29) وسنوضح القول فيها
15. ומפני זה יהיה נמצא משני אלו יחד (II: 393) et ideo invenitur in utroque (II: 76, 4) ὃ ἐν ἀμφοτέροις ὑπάρχει τούτοις (419a34-5) كذلك ما فى هذين
16. בלתי תנועה והעתק (II: 406) sine motu et translatione (II: 78, 7) ἄνευ φορᾶς (419b13) إلا بحركة
17. למען (= למנע: لمنع) היציאה על אשר יניע (II: 409-10) propter prohibitionem exitus (II: 78, 13) ἀδυνατοῦντος ἐξελθεῖν τοῦ κινηθέντος (419b17-8) لا يمكنه الخروج سريعا
18. מנחיריו (II: 463) per vias narium (II: 87, 10) τοῖς βραγχίοις (420b13) بمجارى الصدر التى يقال لها برانخيا
19. הלב (II: 474) cor (II: 89, 5) ὁ περὶ τὴν καρδίαν τόπος (420b26) موضع القلب وما أحاط بالقلب
20. אינה...אמתית (II: 490) non...verus (II: 92, 5) οὐκ...ἀκριβῆ (421a10) ليس بنقى
21. יותר דק (II: 499) subtilior (II: 94, 4) φρονιμώτατον (421a22) أحكم
22. השום (II: 509) allii (II: 95, 10) θύμου (421b2) شىء معادل للصعتر
23. ומה שיהיה ריחו רעה (II: 513) aut quia habet malum (II: 96, 7) καὶ φαύλην (421b8) وإما كانت له رائحة يسيرة
24. שזה המקום ספק (II: 518) quod iste est locus dubitationis (II: 98, 1) ἄπορον φαίνεται (421b13)
25. והוא שהיה בזה הכח בזה הענין (II: 541) et est illud quod est in potentia istius dispositionis (II: 101, 1-2) καὶ τοῦτ᾽ αἴτιον

τοῦ μὴ εἶναι αἰσθητὸν (422a8-9) وعلة ذلك أن المحسوس...لم

26. והוא נראה במי שהוא בתכלית הבריקה (II: 551) et est etiam manifestum in eo quod est valde fulgorosum et resplendens (II: 103, 3-4) ἔτι τε τοῦ λίαν λαμπροῦ (422a22) ويقضى على المفرط فى نوره المستضىء جدا

27. אבל תחלת מה שיראה, כלומר הבשר (II: 590-1) sed est primum quod apparet, scilicet caro (II: 109, 1-2) ἀλλ' εὐθέως ἡ σάρξ (422b34-423a1)

28. ושאינו זה (II: 625) et non est illud (II: 114, 16-7) καὶ οὐδὲν εἶναι διὰ μέσου (423b12) بغير شيء متوسط بيننا وبينها

29. ולולי זה (II, 632) et si non esset hoc (II, 116, 9) οὕτω γὰρ (423b23)

30. ומזה גם כן יתפעלו (II: 676) Ex illo etiam patiuntur (II: 126, 8) ἆρ' οὖν κἀκεῖνα ποιήσει (424b14) فلا محالة أنها ولا هي أيضا تفعل

31. הוא רוח (II: 678) est enim ventus (II: 127, 4) ὄζει γὰρ (424b19) فانه إذا ألم وتغير فاحت رائحته

Book 3

1. ואמנם האש או שתהיה משותפת להם (III: 15-16) Ignis autem aut est communis eis (II: 130, 4-5) τὸ δὲ πῦρ ἢ οὐθενὸς ἢ κοινὸν πάντων (425a5-6) ثم لا تصير النار حاسة لشيء واحد، بل تكون شائعة بينهما

2. מרגיש מה (III: 23) aliquod sentiens (II: 133, 1) αἰσθητήριον τι ἴδιον (425a14) حس خاص

3. אבל זה יהיה לראות (III: 48) sed illud erit visus (II: 136, 3-4) ἀλλ' ἡ αὐτὴ ἔσται τῆς ὄψεως (425b13-14) أو يكون مدركا نفسه

4. והנה נראה המראה (III: 52) et videt colorem (II: 137, 2) ὁρᾶται δὲ χρῶμα ἢ τὸ ἔχον (425b18-9) والمنظور اليه لون أو كان له لون

5. ואמנם יראה האדם מה שלו המראה כשיהיה שום דבר (III: 52-3) et

homo non videt illud quod habet colorem nisi quando videt aliquid (II: 137, 2-4) εἰ ὄψεταί τις τὸ ὁρᾶν (425b19) فالانسان إذا نظر إلى المنظور

6. הדעת...יקבל (III:135) consilium...recipit (II:150, 8) μῆτις ἀέξεται (427a23)

7. הבהמות והשרצים (III: 167-8) bestiis et reptilibus (II: 156, 8-9) τοῖς θηρίοις (428a10) الدواب

8. והיא שלם עם שלמות הענין (III: 188) et est salva salute rei (II: 159, 6-7) σωζομένου τοῦ πράγματος (428b7) وهو سالم فى الأمر لم يتألم

9. והם אשר מציאותם לייחודים בהם (III: 202) et sunt ea quorum esse est propriorum in eis (II: 161, 13-4) οἷς ὑπάρχει τὰ ἴδια (428b23)

10. ומפני היות ההרגשות יתקיימו בו והוא על דמיון אחד (III: 210) Et quia sensationes figuntur in eo, et ipse est eodem modo (II: 162, 3-4) καὶ διὰ τὸ ἐμμένειν καὶ ὁμοίας εἶναι ταῖς αἰσθήσεσι (429a4-5) فلأن يكون الحيوان باقيا

11. וזה השכל גם כן נבדל, בלתי מעורב, ואינו מתפעל (III: 275) Et iste intellectus etiam est abstractus, non mixtus neque passibilis (III: 19, 1-2) καὶ οὗτος ὁ νοῦς χωριστὸς καὶ ἀπαθὴς καὶ ἀμιγὴς (430a17-8) وهذا العقل الفعال مفارق لجوهر الهيولى، وهو غير معروف ولا مفارق لشىء

12. וצוארים רדפו, באחרונה בהרכבת האהבה (III: 286) et colla disponuntur...in postremo per compositionem amicitie (III: 21, 5-7) ἀναύχενες ἐβλάστησαν, ἔπειτα συντίθεσθαι τῇ φιλίᾳ (430a29-30) بلا أعناق

13. כי אלו מתחלקים (III: 301) sed illa duo sunt divisibilia (III: 24, 4) καὶ οὐχ ᾗ ἐκεῖνα διαιρετὰ (430b16) فان فيها ما لا يتجزأ

14. הפעולות (III: 311) actiones (III: 26, 5) τὸ ὁρᾶν (430b29) النظر من العين

15. וזה בעבור דבר אחר (III: 330-1) et hoc ab alio (III: 31, 2) αὕτη

δ' ἕτερον (431a18) والحدقة جعلت شيئا آخر

16. בחומת המדינה (III: 344) in turribus civitatum (III: 33, 5) τὸν φρυκτὸν (431b5) على المنار
17. התחלה במלחמה (III: 345) principium preliatori (III: 33, 6) πολέμιος (431b6) الحرب
18. הענינים אשר יהיו נאמרים על צד השלילה (III: 351) res que dicuntur negative (III: 35, 1) τὰ δὲ ἐν ἀφαιρέσει λεγόμενα (431b12-3) الأشياء المعراة من الهيولى
19. והכח המרגישה אשר מה מאחד הקל במספרה (III: 390-1) et virtutem sensibilem, quam nullus vult numerare (III: 41, 12-3) καὶ τὸ αἰσθητικόν, ὃ οὔτε ὡς ἄλογον οὔτε ὡς λόγον ἔχον θείη ἄν τις ῥᾳδίως (432a30-1)
20. המשתרר (III: 396) Principale (III: 42, 7) ἡ βούλησις (432b5) الروية
21. כי זה הכח תמיד ייוחס אל אלו (III: 405) ista enim virtus semper attribuitur illis (III: 44, 4) ἀεί τε γὰρ ἕνεκά του ἡ κίνησις αὕτη (432b15-6) هذه الحركة إنما تكون أبدا من أجل شيء واحد
22. והתאוה מפני הדבר ההווה ההערבות (III: 454-5) et appetitus propter rem presentis voluptatis (III: 53, 6) ἡ δ' ἐπιθυμία διὰ τὸ ἤδη (433b8) فأما الشهوة فمن أجل اللذة إنما تحض عليها أبدا
23. הגדה (الجيد) מושכלת (III: 462) bonum intellectum (III: 54, 10) τὸ πρακτὸν ἀγαθόν (433b16) الخير المعمول
24. כמו התנועה *הכלולית (III: 467-8) sicut motus girativus (III: 55, 3) οἷον ὁ γιγγλυμός (433b22) مثل الذى يسمى باليونانية جنجلموس
25. ומתנועעת נוכח התנועה (III: 490-1) ita quod sunt mote erga motum (III: 57, 14-5) ὥστε τρεῖς φορὰς ἤδη κινεῖσθαι (434a15) ومن أجل هذا يجب أن تكون مذاهب ثلاثة عند تحركه
26. מהאש (III: 557) ex igne (III: 66, 23) γῆς (435b3) من الأرض
27. על דרך המקרה (III: 564-5) sed per accidens (III: 67, 11) τῇ ἁφῇ (435b12) اللمس

CHAPTER SIX

COMPARISON BETWEEN ZERAḤYAH, AVERROES AND AVICENNA

(The references mentioned with the Arabic text are to Badawī's edition and to Frank's (= F) article)

1. λυπεῖσθαι χαίρειν, θαρρεῖν φοβεῖσθαι, ἔτι δὲ ὀργίζεσθαι τε καὶ αἰσθάνεσθαι καὶ διανοεῖσθαι· ταῦτα δὲ πάντα κινήσεις εἶναι δοκοῦσιν. (408b2-3) שהיא תדאג ושהיא תשמח ושהיא תפחד ונאמר גם כן שהיא תכעס ושהיא תרגיש ושהיא תבדיל, ואלו כלם יחשב שהיא תנועות (I: 365-7) contristatur et gaudet et audescit et timet et etiam irascitur et sentit et distinguit; et omnia ista videntur esse motus (I: 62, 3-5) الاغتمام والسرور والإحساس والتمييز(...) فهذه أنها حركات ثم يظن أن النفس تتحرك بها (83, 16f. 19; F7). Isḥāq omits the elements of fear, anger and courage. Zeraḥyah omits the element of courage only, while Averroes mentions them all. The version ثم...بها is probably not a translation of ταῦτα...δοκοῦσιν (Frank), but of the next sentence ὅθεν οἰηθείη ἄν τις ἀν αὐτὴν κινεῖσθαι.
2. ὁ δὲ νοῦς ἔοικεν ἐγγίνεσθαι οὐσία τις οὖσα, καὶ οὐ φθείρεσθαι (408b18-9) אבל השכל ראוי שיהיה עצם אחד בלבד ולא יפסד (I: 380) Intellectus autem videtur esse substantia aliqua que fit in re et non corrumpitur (I: 65, 1-2) فقال: فأما العقل (...) فإنه شيء يكون فينا بعد ما لم يكن (...) وليس مما يفسد. (85, 10-1; F10). Instead of 'substance' Isḥāq translates 'something...' According to Gätje, *Studien*, 40-1, this reconstruction of the text of Isḥāq by Frank is questionable; at least the words بعد ما لم يكن should be omitted. Gätje then concludes that Averroes does not quote

literally, even when he uses words like قال.

3. φυσικώτατον γὰρ τῶν ἔργων τοῖς ζῶσιν, ὅσα τέλεια καὶ μὴ πηρώματα ἢ τὴν γένεσιν αὐτομάτον ἔχει (415a26-8) כי החזק שבפעולות ניאות לטבע מה שיחיה, ממה שהוא תכלית ואין בו כלל ואין תולדתו מעצמו (II: 173-5) actio enim que est magis conveniens nature omnis viventis, ex eis que sunt perfecta et non habent occasionem neque generantur casu per se (I: 34, 6-8) التوليد للمثل وذلك إنما هو للكامل (...) دون ذى العاهة ودون ما يتولد من تلقاء نفسه (94, 13-4; F16). Instead of כי...שיחיה, Isḥāq has the version التوليد للمثل.

4. ἵνα τοῦ ἀεὶ καὶ τοῦ θείου μετέχωσιν ᾗ δύνανται (415a29-b1) כדי לשתף הדבר הנצחי האלהי בשיעור מה שאיפשר בו (II: 176-7) ita quod habeat communicationem cum sempiterno divino secundum suum posse (I: 34, 10-2) أن تشبه ما أمكنها بالأمور الأبدية والإلهية (94, 20-1; F17). Instead of לשתף (شرك) for μετέχωσιν Isḥāq has تشبه.

5. διὰ τὸ μηδὲν ἐνδέχεσθαι τῶν φθαρτῶν ταὐτὸ καὶ ἓν ἀριθμῷ διαμένειν (415b4-5) מפני שאי איפשר שיהיה דבר מן הדברים <הנפסדים> שישאר בעצמו אחד במספר (II: 179-180) quia impossibile est ut aliquod corruptibile permaneat idem in numero (I: 35, 5-6) ولما كان الفاسد لا يمكنه أن يبقى دائما (94, 22; F19). Instead of אחד במספר Isḥāq has the version دائما for καὶ ἓν ἀριθμῷ.

6. πάντα γὰρ τοῦ ἁπτοῦ ᾗ ἁπτὸν πάθη τῇ ἁφῇ ἡμῖν αἰσθητά ἐστιν (424b25-6) כי נפעלי הממושש מדרך מה הוא ממושש כולם הם מורגשים לנו במישוש (III: 5-6) quoniam passiones tangibilis, secundum quod est tangibile, omnes sunt sensibiles per tactum (II: 128, 5-7) وما ينفعل عنه بالملاقات (...) فكله محسوس لنا (...) (96, 17f.; F25). Isḥāq's translation is a paraphrase; instead of the usual المماسّة for τοῦ ἁπτοῦ Isḥāq has الملاقات.

7. οὕτω καὶ ταῦτα κεχωρισμένα συντίθεται, οἷον τὸ

ἀσύμμετρον καὶ ἡ διάμετρος· ἂν δὲ γενομένων ἢ ἐσομένων, τὸν χρόνον προσεννοῶν καὶ συντιθεὶς (430a30-1) כן אלו גם כן הם נבדלים והתרכבו, משל זה אמרך זולתי משותף ואמרך הקוטר. וכשתהיה עוברת ועתידה, אנו עם זה נשכיל הזמן והרכבתו. (III: 286-8) ita etiam sunt separata per compositionem, v.g. dicere assimetrum et dicere diametrum. Et si fuerint preterita aut futura, tunc cum hoc intelligit tempus, et componit ipsum (III: 21, 7-9; 22, 1-2) كذلك تركيب القول من معقولات تفارق مثل تركيب العطر (= قطر) والمشارك (...) إذا كان التركيب يشير إلى مضى واستقبال (أو حال) تمثل للعقل الزمان، وتهيأ لأن يقرنه بتركيباته. (104, 22-105, 1; F50). Isḥāq's version is probably a paraphrase. According to Frank, it might also go back to a Greek variant διάμετρος ἢ σύμμετρον (see Ross *ad loc.*).

CHAPTER SEVEN

ZERAḤYAH'S TECHNIQUE OF TRANSLATION

(References between brackets are to the Hebrew text of my edition; Latin citations are from Averroes' long commentary, ed. Crawford; Greek citations are from the edition by Ross; Arabic citations, introduced by B, are from Badawī's ed.)

A. General linguistic characteristics

Zeraḥyah himself gives some general rules and examples of his technique of translation in the introduction to Galen's *Katagene* (Steinschneider,*Catalog Hamburg*, 197-9): “Before I begin to translate this work, I want the reader to know that [if] I follow the <grammatical rules of the> Arabic in many places. For instance, I use a word in the third person feminine singular < instead of the plural>;...and, a word in the feminine gender instead of the masculine gender and vice versa.”

1. *3rd person feminine singular used for plural subjects:*

(I: 225-7) התנועות...‹ראוי בהכרח› או שתהיה מתנועעת
(I: 298-9) והיא (המופתים)...לא תהיה משמשת וחוזרת אל התחלותיה
(I: 339) לגדלים, בהיות לה
(I: 366-7) ואלו כולם יחשב שהיא
(I: 427-8) אחדים גדולים, מדרך מה היא
(II: 150) נפש...ונפש...ונפש...היתה
(III: 383) הענינים אשר ילך המנהג בזכרונה

2. *3rd person masculine singular used for plural subjects:*

הצמחים...כשיחתך (I: 540)
כי האחד ושיהיה הדבר נמצא, כיון שיהיה נאמרים (II: 30)
הענינים המתבארים...יקבל...כי אין יגדל...אבל יגדל (II: 66-68)
אלה הכוחות...ימצא (II: 123)
השכל העיוני והמחשבה, המאמר בו (II: 159-160)
והאחרים...יהיו..., בין שיהיה עמו (III: 206)

3.*Words of the masculine gender used for words of the feminine gender and vice versa:*

כי היא אז יודע (I: 453)
מן האיפשרות כי תקדם...שום דבר (I: 484)
שתהיה הנפש הוא הגשם (II: 15)
החכמה היא אשר ישיג (II: 304)
כי זה גם כן היא (II: 373)
For a description of these phenomena which are indeed very common in the Hebrew translated from the Arabic see Gottstein, *Taḥbirah*, 15-21.

4.*The number of the predicate does not correspond to the subject, but to the preceding word or phrase:*

שטבע הראשונים מנענעים (I: 160)
נקודות הרבה, ושיהיו כל גוף (I: 423-4)
ולשני אלו המאמרים...ישיגו גנאי (I: 510-1)
החלק...אשר ישתתף בו הצמחים (II: 78)
כי לא יהיה ולא אחד משאר החושים נעדרים (II: 152-3)
והם אשר עצם אחד אחד מן החושים מוטבעים (II: 333-4)
מפני שהדבר...כלומר הראות והשמיעה והריחה, מתפרדים (II: 598-9)
חוש הענינים המשתנים משתנים (II: 617-8)
כן פעולת החושים ‹והמוחשים› הם במרגיש (III: 71-2)

ציור העניינים...יהיו (III: 283)
For the description of this characteristic, frequent in Zeraḥyah's translation and not caused by the Arabic see Gottstein, *o.c.*, 21: "התמדה, perseveration."

5.*The number of the predicate corresponds to the following word:*

הריתניים החזקים אשר יפסיד האדם (II: 526)
כי דבר אחד בלתי מתחלק הם השני הפכים (III: 119)
Cf. Goshen-Gottstein, *o.c.*, 21 (הקדמה).

6.*The passive form of the verb used instead of the active:*

כיון שהוא אומר שהוא האד אשר ממנו יושם (= ישים)...וישימנו (I: 179-180)
ועל כן אין השכל...כי אין דרך לומר איך יצוייר (= יצייר)...ואם יהיה עתה יצוייר (= יצייר) בנקודה (I: 280-5)
אבל בנדקליס הוא לא מצא בזה הענין כשיושג (= ישיג) (II: 200)
ועל כן אינו נכון שיאמר במה שיובן (= יבין), כשהבין (II: 293)
והמורגש (= מרגיש) בכח כמורגש בהשלמה (II: 315)
אמנם האויר אשר באזנים...כמו שיורגש (= ירגיש)...כל מיני התנועות (II: 433-4)
כל אחד מן החושים הם...והם נמצאים...ויודן (= וידונו) (III: 94-5)
Cf. Goshen-Gottstein, *o.c.*, 5-8.

B. Specific idiolect characteristics

1. *Interpolations:*

1. כלומר אבן קלמיטא (I: 174-5) (See Löw, *Fauna*, 234: "Korinthisches Erz, als Lehnwort bei Juden קלוניטא").
2. והעצים הנקרי טימוני (II: 252) et remus (II: 50, 3) Cf. Lewis-

Short, *Dictionary*, 1848 *temo* : "a beam, pole...".
3. כי המראה הוא הקולור בלעז (II: 338-9).
4. הקול החוזר הנקרא בערבי צדי (صدى) (II: 416). Ms 1 has a marginal note: תרי קלי (= Aram.: שני קולות).
5. ושיפוי כובע (II: 472).
6. החומר הנקרא היולי (III: 252).

We know from Zeraḥyah's own testimony and from his translations that he used to add foreign words (Italian or Arabic) in case of a lack of appropriate Hebrew terminology. (Cf. Steinschneider,*Catalog Hamburg*, 197-199; Al-Fārābī, *Al-Mahut ha-Nefesh*, 47b: והרוח בלעז אישפריט, ופורמא ; Ravitzky, *o.c.*, 99-100). It is therefore very reasonable to assume that these interpolations were added by Zeraḥyah himself or one of his students. The following interpolations, however, are most probably added by a pious copier:

מזולתי האלהים (I: 253)
יתרומם האל מזה התרוממות גדול (I: 476-7)
מן האלוה יתי׳ (I: 505)
האלהים (III: 407)
האלהים (III: 562)

The following interpolations also occur in the translation by Averroes:

כלומר שהלב יתנפח (I: 371); scilicet quod cor inflatur (I: 63, 6)
וזולתי הדומה מזולתי הדומה (II: 259-260); et dissimile a dissimili (II: 51, 7). These interpolations were probably part of the same Arabic text which both translators used.

The following interpolations, however, do not feature in Averroes' translation, but in his commentary:

1. וזה לא יאמר לו יציאת קול אלא בשיתוף השם (II: 463-4) Et intendebat per hoc quod tale non dicitur vociferatio nisi equivoce (II: 87, 35-6)
2. והשוללת (III: 309) et negatio (III: 26, 10). Cf. Themistius, *Paraphrase*, 112, l. 12.

In the following cases Zeraḥyah gives an interpretative translation:

1. הגשמים הנמצאים באויר, הנקראים תהו ובהו (I: 105) corpora existentia in aere, que dicuntur atomi (I: 20, 10). Cf. כי קצתם אמרו שהנפש היא ההבלה אשר באויר (I: 116-7) Quidam enim illorum dicunt quod anima est atomus existens in aere (I, 22, 2-3). Cf. ch. 7B: 10, no. 5.
2. שאומרים שהנפש היא המניעה לנשמה (I: 215-6) qui dicunt animam esse aliquod movens se (I: 36, 4).

2. *Readings corresponding to variants or emendations of the standard Greek text:*

1. שהשכל והנפש דבר אחד בעצמו (I: 131) quod intellectus et anima idem sunt (I: 24, 3-4) τὸν νοῦν εἶναι ταὐτὸν τῇ ψυχῇ (C; 404b3).
2. כי אז לא תהיה יודעת הכל ולא תרגישם (I: 446-7) et tunc neque cognoscit universum neque sentit (I: 77, 2-3) ἀλλὰ τὸ σύνολον οὐ γνωριεῖ οὐδ' αἰσθησεται (X; 409b31).

3. אשר בו נהיה בריאים האחד מהם הבריאות (II: 104-5) per quam sanatur quod una est sanitas (II: 24, 5) [ᾧ] (secl. Bywater) ὑγιαίνομεν τὸ μὲν ὑγίεια (eΣ; 414a7).
4. וענין בפועל ‹ל›שני הדברים המקבלים (II: 106-7) et intentio in actu illis duobus recipientibus (II: 24, 8-9) καὶ λόγος καὶ οἷον ἐνέργεια τῶν δεκτικῶν (XPcSpTpΣ; 414a9-10).
5. ואנו גם כן מדברים בו בזה המקום (II: 261-2) et in hoc loco etiam locuti sumus de eo (II: 51, 9-10) λεκτέον δὲ καὶ νῦν (Al. ap. Pp et ut v. TΣ; 417a2).
6. המתנפש...כענין הרואה בלחות (II:431) anelans...sicut dispositio videntis apud humorem (II: 82, 6-8) Torstrik: ἔμψυχον codd.: ἔμψυχον ὥσπερ ἡ κόρη τὸ ὑγρόν Pc et ut v. Σ (420a7) B: ذي نفس...[كالرطوبة للحدقة] (Disregarding the Greek variant reading Badawī suggests to omit the part between brackets).
7. ומי שאומר זה הוא טועה (II: 484-5) (et qui dicit hoc esse peccat) (II: 91, 3) ἀλλ' οἱ λέγοντες οὕτω διαμαρτάνουσιν (XPp+; 421a5).
8. באותה שעה (III: 109) In illo eodem instante (II: 146, 17-8) τότε (XTp; 426b26).
9. שהוא אחד והוא באחד (III: 127) quod est unum, per unum (II: 149, 7) ἕν, ἑνί (CSp; 427a14).
10. שיהיה היודע בכח אחד בעצמו (III: 307-8) Et cognoscens potentia debet esse unum in se (III: 25, 5-6) καὶ ἓν εἶναι ἐν αὑτῷ (LX; 430b24).
11. מן הענינים (III: 308) rerum (III: 25, 7) τῶν ὄντων (Torstrik; 430b25).
12. והוא בפועל (III: 309) et est in actu (III: 25, 8) καὶ ἐνεργείᾳ (codd; 425b25).

In the following case a small emendation of the Greek text gives the same version as that of Zeraḥyah and Averroes:

וזה שנאמר הבהיר מה הוא (II: 343) et hoc erit in dicendo quasi in diaffono quid sit (II: 67, 5-6) ἔστι δή τι (τί*) διαφανές (418b4). This emended version may well be the original one.

3. *Arabic words in transcription:*

1. (علة) עלה (I: 386); Possibly a loan-translation. Cf. 10, no. 2.
2. (كم) (ה)כם (I: 403, 405, 459).
3. (متحركة) מתחרכת (I: 489).
4. (شعر) שיער (poetry; I: 497). A copier reading this word as the Hebrew שיער (hair), added צמיחת ה- (the growing of the hair).
5. (مزمار) מזמר (II: 458) fistula (II: 87, 2)
6. (دقّة الهواء) *הדקת האויר (II: 475), percussio aeris (II: 90, 1).
7. (على) עלי (II: 516, 518).
8. (قول) וזה הוא הקול (III: 70) Et iste...sermo (II: 140, 1).
9. (أخلّ) יחלו (III: 93) nocebunt (II: 143, 17). Possibly a loan-translation.
10. (بل) בל (III: 110).
11. (صدّق) יצדק (III: 176) credat (II: 157, 7). Possibly a loan-translation.
12. (ردف) רדפו (III: 286) disponuntur (III: 21, 6). Cf. 10, no. 24.
13. (الآخِر) האחר (III: 331) postremum, (III: 434) τὸ δ' ἔσχατον. It is also possible that the translator did not read الآخِر but الآخَر, which he then translated as אחר. Cf. Tessier, *Verbum*, 34.
14. (الجيد) הגדה (III: 462) bonum intellectum (III: 54, 10).
15. (متقدّمة) מתקדמת (III: 490) prior (III: 57, 14).
16. (الحكمي) החכמיי (III: 491) scientialis (III: 58, 1).

17. (الكلي) הכלי (III: 492) universalis (III: 58, 3).

Faulty transcriptions, possibly caused by "corrections" by a copier, not understanding the meaning of the transcribed term:

1. (طراوة) תואר (I: 451) νῆστις (410a5).
2. (أغطية) תירה (II: 25) περικαρπίον (412b2).
3. (خلل) כלל (II: 174) occasionem (II: 34, 8).
4. (لمنع) למען (II: 409) propter prohibitionem (II: 78, 13).
5. (يماس) ישים (II: 611) occurrunt (II: 113, 7) ἁπτόμενα (423a26).
6. (شمع) שמיעה (II: 654) cera (II: 121, 3).
7. (نكسب) שנכזב צלמים (III: 153) fingere formas (II: 153, 8).
8. (يحقّ عليه) יתרחק עליו (III: 189) necessario (II: 159, 9).
9. (يعتبر) יתערב (III: 456) aspicit (III: 53, 8).

4. *Unusual loan-translations:*

1. יסתור...מן (I: 78), from ستر عن; prohibens ab (I: 16, 12).
2. תפשנו על (I: 99), from اخذ على; accepimus ab (I: 19, 10). Cf. זה מה שלקחנוהו ממי שקדמנו (I: 211) Hoc igitur accepimus ab Antiquis (I: 35, 13-4).
3. נצחון (I: 141), from غلبة; litem (I: 25, 12). Cf. בנצחונם (III: 561) per dominium (III: 67, 6).
4. יוחקו (I: 151), from حقّ; considerantur (I: 27, 7).
5. יחתכנה (I: 286), from قطع; pertransit (I: 47, 13). Cf. כשיחתך (I: 401) cum abscinduntur (I: 68, 7).
6. יקח קבלה (I: 494), from تقبّل; concesserit (I: 84, 1).
7. בהודיעו שורשיו (II: 201), from وضع; quod ramificatur per radices (II: 38, 3).
8. שנקח לדבר (II: 343), from أخذ; dicamus igitur (II: 68, 1).
9. קובץ (II: 572), from قابض; stipticus (II: 105, 5). Cf. B.

422b15.

10. הדבר המושם (II: 588-9), from الموضوع (נושא); subiectum (II: 108, 7). Cf. 10, no. 15.
11. העתה (II: 600; III: 30), from الآن; modo (II: 111, 1; 134, 3). ושהעתה (III: 111) is probably a corruption of: ושהוא עתה; et quod est instans (II: 146, 20-1).
12. צידוק (III: 177), from تصديق; fides (II: 157, 6). Cf. 10, no. 19.
13. ימנה (III: 246), from منا; experimentatur (III: 10, 3). Cf. 10, no. 28.
14. והתרכבו (III: 287), from تركّب; per compositionem (III: 21, 7).
15. תמה (III: 319), from تامّ; perfecti (III: 28, 14), התמות (III: 320). Cf. ישלמו (III: 412) sunt perfecte (III: 45, 6).

5. *Incorrect translation caused by incorrect reading of the Arabic:*

1. טעו (غلط) I: 157; admiscent (خلط) I: 28, 8.
2. לא...ויבוא עליה (ولا تنفذ) I: 285-6; B: ولا تنفد, 407a13-14; cf. 4: no. 5.
3. ימצאו (يجد) I: 436; diffinitionum (يحدّ) I: 75, 1.
4. דבק (متعلّق) I: 451; αἴγλη (متألّق) 410a5.
5. המימיים (المائية) II: 71; in rebus mortalibus (المائتة) II: 15, 3.
6. יפחות (ينقص) II: 143, 145; propria, proprius (يخصّ) II: 30, 6, 9.
7. המקבלים (القابلة) II: 169; oppositis (المقابلة) II: 33, 10.
8. הפעולה (الفعل) II: 190; intellectus (العقل) II: 37, 5.
9. בנין (البناء) II: 294; edificator (البنّاء) II: 58, 3.
10. מביא ל- (موصل إلى) II: 429; copulatus cum (متّصل إلى) II: 82, 3.
11. יפגשו (تقابل) II: 535; recipientibus (تقبّل) II: 100, 10.
12. ומה שאין כח לו (ما لا عجز له) II: 557-8; τὸ ἀπύρηνον, B: ما خفى عجمه, 422a29.

13. הפוך (منقوضا) III: 19; diminuta (منقوصا) II: 131, 3. Cf. B. 425a10.
14. בסבת (بسبب) III: 27; per negationem (بسلب) II: 133, 8.
15. כשיספיקו (إذا صفقا) III: 31; cum sint ambo coniuncta (II: 134, 5) ὅταν συμπέσωσιν, B: إذا إتفقا, 425a23-4.
16. הזדמנות (وقع) III: 85-6, 92; consonantia (وفق) II: 143, 1-2, 14. Cf. 10, no. 11.
17. נחלקם (قسم) III: 98; comparando (قاس) II: 145, 2.
18. המקבל (القابل) III: 105; dicens (القائل) II: 146, 16.
19. מוצאים (وجد) III: 131; determinabant (حدّ) II, 150, 1.
20. חלקות (ملاسة) III: 143; tangere (مماسّة) II: 151, 9.
21. ישוער (قدّر) III: 238; poterit (قدر) III: 8, 3.
22. יסופר (يقصّ) III: 244, 250; experimentetur, experimentatur (يقضى) III: 9, 5; 11, 3. Cf. 10, no. 28.
23. ינהיג (يقود) III: 272; efficitur (يكون) III: 18, 2.
24. מוכן (مصوّر) III: 306; intelligitur (متصوّر) III: 25, 2.
25. הגידו (قصّ) III: 336; κρίνει (قضي) 431a24.
26. השכל (العقل) III: 349; operatione (الفعل) III: 34, 4.
27. בענינים מתאחרים (متخلّفة) III: 412; in rebus monstruosis, ἐν τοῖς πηρώμασι (متخلّلة) III: 45, 6; 432b22.
28. השכלי (العقلي) III: 445; actuale (الفعلي) III: 51, 5.
29. משובחת (مجود) III: 481; terminato (محدود) III: 56, 13.
30. ההקפה (ضمّ) III: 490; continentie (عمّ) III: 57, 13.
31. הפחד (الفزع) III: 523; sonus (القرع) III: 64, 1.
32. ישא (يرفع) III: 568; expellit (يدفع) III: 68, 2.

In the following examples the mistake is caused by translating one of the meanings of the Arab word not fitting in this context:

1. וזה שיתחלק (تجزّأ) I: 501; sufficit enim (I: 85, 3-4).
2. בריא(ה) (صحيح) II: 382, 493; verus (II: 92, 9). Cf. 10, no. 19.

3. אויר שוחז (II: 442-3); B: الهواء محدودا (420a19); aer distinctus (II: 84, 7).
4. המאסף (II: 454); B: المملم (420b2; Kazimirsky, *Dictionnaire*, 1029: 1. Rassemblé. 2. Rond); obtuso, obtusum (II: 86, 11, 12).
5. אבל לא יאמר בו (II: 461); B: وما قيل من الحيتان (420b12); Sed ea que dicuntur (II: 87, 7).
6. כל זמן (ما) II: 667-8; quod (II: 125, 1).
7. יגיע (قضى) III: 133; iudicat (II: 150, 5)

6. *Translation of proper names:*

1. לוקיש (I: 107) Leucippus (I: 20, 14) Λεύκιππος (404a5). Cf. Fobes, *Averroes*, 186.
2. מה שאין כן (I: 173) Melissus (I: 32, 1) = ما ليس, corruption of ثاليس, Θαλῆς. Cf. תאליס (I: 505) Melissus (I: 86, 2).
3. אבראקלידס (I: 178) Empedocles (I: 32, 9) Ἡράκλειτος (405a25).
4. הירחונים (I: 182) = القمرون, corruption of القمايون, Ἀλκμαίων (405a29).
5. רינון (I: 186) Zeno (I: 32, 19) Ἵππων (405b2).
6. קומאטיאס (I: 189) Kritias (I: 32, 25) Κριτίας (405b6).
7. קיליס (I: 262) Chili (I: 44, 4) = قيليس, corruption of فيلبس, Φίλιππος (406b17).
8. מן האש (I: 452) de igne (I: 77, 11) = من النار, for Ἡφαίστοιο (410a6).
9. ארקוס (I: 497) Archoiz (I: 84, 6) = ارقو س, corruption of ارفوس, Ὀρφεύς, cf. ἐν τοῖς Ὀρφικοῖς ἔπεσι (410b28).
10. דיארק (II: 330) Socrates (II: 65, 2), for Greek Διάρους υἱός (418a21)
11. בן פלוני (III: 32-33, 35-36) filius, filium Socratis (II: 134, 7-9), corruption of إبن إقليون for Greek τὸν Κλέωνος υἱὸν,

Κλέωνος υἱός, υἱῷ Κλέωνος (425a25-7).

12. פלוני (III: 291), Socratem (III: 22, 7), corruption of إقليون for Greek Κλέων (430b5).

7. *Use of words or expressions with a specific sense:*

1. מצא, מצא באמת (I: 127; II: 200; III: 78, 229) vere, recte, bene dicere (I: 23, 6-7; II: 38, 1; II: 142, 1; III: 6, 5-6). Cf. ומצא באמת כי איקטור (I: 127) et verum dixit, quod Acteon (I: 23, 6-7) διὸ καλῶς ποιῆσαι...ὡς Ἕκτωρ (404a29); Exceptions are: שאין טוב לומר (I: 276) quod non est rectum dicere (I: 46, 1); הנכון נאמר (II: 423) recte fuit dictum (II: 81, 1).
   Tessier, *o.c.*, 40-1, explains this expression as a translation ofوجد, instead of اجاد.
2. הוצאת קול, יציאת קול, מה שיצא מן הקול (II: 457-482) vox (II: 87, 1-II: 91, 2). Cf. מה שיצא מן קול הוא קול (II: 457) vox enim est sonitus (II: 87, 1-2) ἡ δὲ φωνὴ ψόφος τίς (420b5). This distinction is obviously introduced here in order to mark the difference between "voice" (vox) and "sound" (sonitus). The term קול (III: 71) sermo (II: 140, 1) is a transcription of the Arabic term قول.
3. מקום ספק (II: 226, 518, 578; III: 51) locus dubitationis, dubium esse, quaestio esse (II: 44, 1; II: 98, 1; II: 106, 4; II: 137, 1). Cf. יש בענין מקום ספק (II: 226) in hoc est locus dubitationis (II: 44,1) ἀπορίαν δ' ἔχει (416a29).
   For the occurrence of this expression in Maimonides' *Moreh Nebukim* see Efros, *Philosophical Terms*, 93.
4. מפני (III: 573-6) ut (III: 68, 10-14). Cf. הראות מפני שיראה (III: 573-4) visus ut aspiciat (III: 68, 10) ὅπως ὁρᾷ (435b22).Goshen-Gottstein, *o.c.*, 96, only knows of מפני in a final sense in the works of Ibn Falaquera, and wonders if

it also occurs elsewhere.
5. אחד (II: 543) aliquid (II: 101, 6).
Cf. ממשש אחד (II: 543) aliquid tangibile (II: 101, 6) ἁπτόν τι (422a11).
Goshen-Gottstein, *o.c.*, 73, refers to this use of אחד only after a negation. Cf. 10, no. 3.
6. החידה (I: 323) Apologus (I: 53, 3) μύθους (407b22).
Wolfson, Averroes' Long *De Anima*, 451, and esp. 454, n. 4, treats the different translations of the Greek term μύθος. Wolfson's suggestion that the addition of some Latin Mss, reading "scilicet Apologo quem posuit ad corrigendum animas civium," may be part of the original Arabic text used by Averroes, is refuted by the fact that Zeraḥyah's translation does not have this addition.
7. תכלה (II: 90, 125, 127) desiderium, desiderativam, desiderativa (II: 20, 8; II: 27, 6; II: 27, 9).
These references are clearly an exception to Klatzkin's statement (*Thesaurus* IV: 197) that this word does not feature in this meaning in the philosophical literature.

8. *Poor, incorrect translations:*
(It should be noted that this list is not complete, but just a selection)

1. המחודד (I: 44) curvum (I: 11, 5) τὸ καμπύλον (402b 19). Cf. המחודד (III: 87) acutus (II: 143, 5) τὸ ὀξὺ (426a31).
2. על דרך ההשאלה (I: 373) secundum alterationem (I: 63, 9) κατ' ἀλλοίωσιν (408b10-1). Cf. על דרך ההשאלה (III: 162) secundum similitudinem (II: 155, 6) κατὰ μεταφορὰν (428a2).
3. החי המת (I: 478) animal mortale (I: 80, 6) τὰ θνητὰ (410b6).

4. כפות (II: 34) securis (II: 8, 5-9) πέλεκυς (412b12-15).
5. החוק (II: 168) virtutes (II: 33, 9) αἱ ἐνέργειαι (415a19). Cf. וחוזק (II: 413) et fortiter (II: 79, 7) σφοδρῶς (419b22).
6. החרס (II: 369) concha (II: 72, 5) μύκης (419a5).
7. מגובן (II: 408) concava (II: 78, 11) κοῖλα (419b14). Cf. גבנות (III: 468) gibbositas (III: 55, 4) τὸ κυρτὸν (433b23); חללות (III: 353) concavitas (III: 55, 4) τὸ κοῖλον (433b23).
8. הכף (II: 458) λύρα (420b7).
9. בחמימות אשר נכנס (II: 470) calore intrinseco (II: 88, 9) τὴν θερμότητα τὴν ἐντὸς (420b20-1).
10. למנוחה (II: 553) silentii (II: 103, 7) σιγῆς (422a23).
11. האונס (II: 555) ὁ βίαιος (422a26).
12. המרירה (III: 37) colera (II: 134, 16) χολῆς (425b1).
13. לשכל הפועל, השכל הפועל (III: 433-4) intellectus operativus, intellectus operativi (III: 49, 1-5) ὁ πρακτικός, τοῦ πρακτικοῦ νοῦ (433a 14-16). Cf. בשכל הפעליי (I: 295) Intelligere enim mechanicum (I: 48, 11) τῶν πρακτικῶν νοήσεων (407a23-4). The proper term is: השכל המעשי.
14. בשילוח (III: 540) per transmutatione (III: 65, 19).

9. *Pleonasms:*

1. זה סוף מה שנאמר אותו לבד (II: 81) tantum est dicendum (II: 18, 3). Cf. 10, no. 8.
2. ראוי מזה שיהיה צריך בהכרח (II: 381) unde necesse est (II: 74, 7-8).
3. אבל בכלל לא יהיה נראה שום דבר כלל (II: 382-3) sed nichil omnino videbitur (II: 74, 9-10).
4. ומפני זה יהיה נמצא משני אלו יחד, כי אנו נמצא (II: 393-4) et ideo invenitur in utroque, quoniam (II: 76, 4).
5. ושאר מה שדומה לזה, ממה שילך זה הדרך (II: 584) et alia similia (II: 107, 9).

TECHNIQUE OF TRANSLATION 37

10. *Inconsistent translations:*
(Selection)

1. על הסגולות (I: 17) in passionibus (I: 4, 8) τῶν ἰδίων (402a15); ובסגולותיו (III: 27) et per eius proprietates (II: 133, 8) καὶ τοῖς ἰδίοις (425a19); ייחודי קצתם (III: 36) sensibilia quorundam (II: 134, 14) τὰ δ' ἀλλήλων ἴδια (425a30); המיוחדים (III: 202) propria (II: 161, 13) τὰ ἴδια; לייחודים (III: 202) propriorum (II: 161, 14).
For the occurrence of the term סגולות (translation of خواص) in Maimonides' *Moreh Nebukim* see Efros, *o.c.*, 91.
2. חידושים (I: 65) passiones (I: 14, 5) παθημάτων (403a20) מחידוש (III: 212) ab aliquo accidente (II: 162, 8) πάθει (429a7); בלתי מקבל להפעלות (I: 201-2) non recipit passionem (I: 34, 5) ἀπαθῆ εἶναι (405b20); אין עלה בו (I: 386) nichil patitur (I: 66, 3) ἀπαθές ἐστιν (408b25).
3. אינו שוה אחד (I: 83) nullus est (I: 17, 4) οὐκ ἔστι τις (403b9); מה מאחד (III: 391) nullus (III: 41, 12); לא...שום דבר (II: 382-3) nichil (II: 74, 10) οὐθὲν (419a21); מה מדבר (III: 406) nichil (III: 44, 6) οὐθὲν (432b16). Cf. ch. 7B: 7, no. 5.
4. בלא תכלית (I: 104) infinitis (I: 20, 8) ἀπείρων (404a1); תכלית (II: 174) perfecta (II: 34, 7) τέλεια (415a27); תכלית (II: 191) finis (II: 37, 7) τέλος (415b17); בתכלית (II: 434) perfecte (II: 83, 5) ἀκριβῶς (420a10); עד תכלית (III: 506) ad finem (III: 60, 10) εἰς τέλος (434b1); יבוא אל תכליתיו (III: 542) redditur ad ultima eius (III: 65, 22) διεδίδοτο μέχρι τοῦ πέρατος (435a9-10); בלתי הולכים אל הכליה (III: 385-6) infinite (III: 41, 3) ἄπειρα (432a24).
5. הנקראים תהו ובהו (I: 105) que dicuntur atomi (I: 20, 10) τὰ καλούμενα ξύσματα (404a3); ההבלה אשר באויר (I: 117) atomus existens in aere (I: 22, 2-3) τὰ ἐν τῷ ἀέρι

ξύσματα (404a18); להבלה (I: 117) atomos (I: 22, 4).

6. המקשה (I: 149) solidi (I: 27, 4) τοῦ στερεοῦ (404b24); קשה (II: 401) durum (II: 77, 6) στερεὰ (419b7); חלק (II: 601) durum (II: 111, 3) στερεὸν (423a13); חלק (II: 401) lene (II: 77, 6) λεῖα (419b7); חלק (II: 642) molle (II: 118, 5) μαλακοῦ (424a3); הגשמים החלקים (II: 346) corpora celestia (II: 68, 4) τῶν στερεῶν (418b7); מן הגופות החלקים (II: 411-2) corporibus solidis (II: 79, 3) στερεῶν (419b20).

7. חוצה מן הראוי (I: 160) extra veritatem (I: 29, 3) ἀλόγως (405a5); ריקה מן (II: 114) extra (II: 26, 2) ἄνευ (414a20); יוצאת מ- (II: 142) extra (II: 30, 3) παρὰ (414b22); נעדר מן (II: 610) extra (II: 113, 5) ἄνευ (423a25); ימלט מן (III: 236), נמלט מן (III: 244) extra (III: 7, 9; 9, 7) ἄνευ (429b5, 14); ערום מן (III: 263) abstracta a (III: 16, 5) ἄνευ (430a7); בלתי (III: 438) extra (III: 50, 3) ἄνευ (433a20).

8. על דרך הסוף (I: 280) secundum consequentiam (I: 47, 3) τῷ ἐφεξῆς (407a8); זה סוף מה שנאמר אותו לבד (II: 81) tantum est dicendum (II: 18, 3) ἐπὶ τοσοῦτον εἰρήσθω μόνον (413a11); עד לבסוף (II: 99, 138) post (II: 23, 4; 29, 5) ὕστερον (414a1; b16); עד סופו (II: 136) post (II: 29, 1) ὕστερον (414b14); עד סופו (II: 233) in postremo (II: 45, 6) τελευταῖον (416b3); זה סוף מה שהוא נראה (II: 371-2) hoc tantum apparet (II: 73, 1) ἐπὶ τοσοῦτον φανερόν ἐστιν (419a7-8); עדיין (II: 80) post (II: 18, 2) ὕστερον (413b10); יהיה עדיין לעתיד (II: 309-10) erit post (II: 60, 9) εἰσαῦθις (417b29-30); ועדיין (II: 337) et post (II: 66, 3) προελθοῦσι (418a28); ועדיין...עד סופה (II: 396) et post (II: 75, 8) ὕστερον (419a31).

9. דעת (I: 328) opinio (I: 54, 1) δόξα (407b27); דעת (II: 64) intellectus (II: 13, 5) νοῦς (413a23); דעת (III: 150) consilium (II: 153, 3) ὑπόληψις (427b16); דעת (III: 487) cogitationem (III: 57, 7) δοκεῖν (434a10); ידע ,יודיע (III: 223,

307) cognoscat, cognoscit (III: 4, 3; III: 25, 4) γνωρίζῃ, γνωρίζει (429a19-20; 430b22).

10. להותיר (I: 336) in perficiendo (I: 56, 5) ἀποδιδόναι (408a3-4); עודף (I: 433) perficere (I: 74, 5) ἀποδιδόναι (409b16).

11. ניאותות (I: 337) convenientia (I: 56, 7) ἐφαρμόζειν (408a5); ניאותות (II: 663) consonantia (II: 123, 6) ἡ συμφωνία (424a31-2); הזדמנות (III: 86, 92) consonantia (II: 143, 1, 14) συμφωνία (426a27, b6).

For the occurrence of the term ניאותות, derived from האותות, corresponding to موافقة, see Wolfson, *Crescas*, 401, n. 8. Wolfson suggests that this term reflects the Greek ἐπιτηδειότης. The term הזדמנות is the result of an incorrect reading of the Arabic موافقة as derived from وقع (Cf. 5, no. 16).

12. הזק (I: 434) tristitiam (I: 74, 7) λύπας (409b17); הזק (II: 492) contristatione (II: 92, 8) τοῦ λυπηροῦ (421a12); הזק (III: 479) tristitiam (III: 56, 10) λύπη (434a3); סער (II: 129) tristitiam (II: 27, 12) λύπη (414b4).

13. שקר (I: 539) impossibili (I: 92, 6) ἀδυνάτῳ (411b17); שקר (III: 154) falsari (II: 153, 9) ψεύδεσθαι (427b21); שקר (III: 169) falsa (II: 156, 11) ψευδεῖς (428a12); כוזב (III: 173) falsa (II: 157, 3) ψευδής (428a18); ענינים בטלים (III: 185) res falsas (II: 159, 1) ψευδῆ (428b2); בטל (III: 291) falsum (III: 22, 7) τὸ ψεῦδος (430b4).

For the occurrence of these terms in Maimonides' *Moreh Nebukim* see Wolfson, o.c., 343, n. 47.

14. שאין זה מקצר מהם (I: 544) hoc non dat (I: 94, 3) οὐδὲν ἧττον (411b24) ולא נקצר שנאמר (II: 75) et non sumus contenti indicendo (II: 16, 4-5) λέγομεν (413b4); -מקצר מ (II: 498) diminuitur (II: 94, 3) λείπεται (421a21); ולא תקצר (III: 411) et perfecte operatur (III: 45, 5) μήτε ἀπολείπει (432b22).

15. במקום (II: 16) in subiecto (II: 4, 3) καθ' ὑποκειμένου (412a18); הדבר המורגש (II: 110) subiectum (II: 24, 15) τὸ ὑποκείμενον (414a14); הדבר המושם (II: 588-9) subiectum (II: 108, 7) τὸ ὑποκείμενον (422b32-3); למראה המונח (III: 49) coloris subiecti (II: 136, 4) τοῦ ὑποκειμένου χρώματος (425b14).
16. בשם מוחלט (II: 210) simpliciter (II: 40, 2) ἁπλῶς (416a10); במפשט* (II: 279) simpliciter (II: 55, 3) ἁπλῶς (417a22); במאמר מוחלט (II: 344; III: 84) simpliciter (II: 68, 2; 142, 9) ἁπλῶς (418b5; 426a26); הפעולה הגמורה (III: 319) actio simpliciter (III: 28, 5) ἡ δ' ἁπλῶς ἐνέργεια (431a7); לגמרי (III: 501) simpliciter (III: 60, 1) ἁπλοῦν (434a28).
17. בהיר (II: 340) diaffonum (II: 67, 1) διαφανοῦς (418b1); לבהיר כל זמן היותו מזהיר (II: 350) diaffoni cum fuerit diaffonum (II: 69, 3, 4) τοῦ διαφανοῦς, ὅταν ᾖ ...διαφανὲς (418b11-12); יזהירו (II: 347) diaffona (II: 68, 6) διαφανὲς (418b7). For the term בהיר in this sense see Efros, *o.c.*, 13.
18. שיעבור מעלינו (II: 360) non percipi (II: 70, 9) λάθοι ἄν (418b25); עובר מעלינו (II: 623) non perciperemus (II: 114, 13) λανθάνοντος (423b9-10); שיהיה יסור מעלינו (II: 360-1) non percipi (II: 70, 9) λάθοι ἄν (418b25); לא נשער בו (II: 621) non fuit perceptum (II: 114, 9) λανθάνει (423b7); מבלתי ישוער בו (III: 190) absque ea quod sit percepta (III: 159, 11) λάθοι (428b8); עבר מדעת (I: 500) Et ignoraverunt (I: 85, 1) λέληθε (411a1-2); שיעבור עלינו (II: 615) ignoramus (II: 113, 14) λανθάνει...ἡμᾶς (423a31); שלא נעזוב (III: 41) ut non ignoremus (II: 135, 3) ὅπως...λανθάνῃ (425b5); יעבור מעלינו (II: 622) non comprehenditur a nobis (II: 114, 10-11) λανθάνει (423b8); סכל (I: 80) et ignorabat (I: 16, 17) ἀγνοῶν (403b8).
19. בריא (II: 382) vera (II: 74, 9) ἀκριβῶς (419a21); אמתית (II:

490) verus (II: 92, 5) ἀκριβῆ (421a10); בריאה (II: 493) verus (II: 92, 9) ἀκριβοῦς (421a12); צודק (III: 147) verum (II: 152, 7) ἀληθῆς (427b12); צידוק (III: 175) fides (II: 157, 6) πίστις (428a20); יצדק (III: 176) credat (II, 157, 7) πιστεύειν (428a21).

20. בהפוך (II: 409) per reflexionem (II: 78, 12) τῇ ἀνακλάσει (419b16); תתהפך (II: 420) reflectitur (II: 80, 6) ἀνακλᾶται (419b29-30); להיפוך אחד (II: 581) contrarietatis (II: 108, 2) ἐναντιώσεως (422b23); יתהפך (II: 607) convertitur (II: 112, 6) ἀντιστρέφειν (423a21); העניינים המתנגדים (III: 337) rerum contrariarum (III: 32, 5-6) τὰ ἐναντία (431a25); בעניינים המתהפכים (III: 339) in rebus contrariis (III: 32, 8-9) ἐναλλάξ (431a27).

21. לחבוט (II: 429) cum percussione (II: 82, 3); אם יפגשו שני מחטים (II: 446-7) si acus percusserit acum (II: 85, 7-8) ἐὰν πατάξῃ βελόνη βελόνην (420a24); יכה (II: 465) percutiendo (II: 88, 3) τύπτοντός (420b14); *הדקת האויר (II: 475) percussio aeris (II: 90, 1) ἡ πληγὴ τοῦ...ἀέρος (420b27-8).

22. ויש לתמוה אם (II: 443) utrum (II: 85, 1) πότερον (420a19); האם (III: 115) utrum (II: 147, 6); ואם (III: 382) et utrum (III: 40, 6) πότερον (432a19); התראהו (III: 382) utrum (III: 40, 9) πότερον (432a21); זה תמה אם (III: 478) utrum (III: 56, 9) πότερον (434a1); וזה תמה (III: 512) utrum (III: 62, 1).

23. והוא שלם (II: 565) et est salvatum (II: 104, 6) σωζόμενον (422b4); ושלומם (III: 76) et...serventur (II: 141, 3) καὶ σώζεσθαι (426a17); והיא שלם (III: 188) et est salva (II: 159, 6) σωζομένου (428b6); לא ישלמו (III: 412) non sunt perfecte (III: 45, 6) ἀτελέσιν (432b23); שימלט (III: 521) ut salvetur (III: 63, 9) σώζεσθαι (434b17-8); שינצל (III: 529) salvari (III: 64, 11) σώζεσθαι (434b26).

24. ההכרחים (III: 41) consequentia (II: 135, 3) τὰ ἀκολουθοῦντα (425b5); יחייב (III: 43) consequuntur (II: 135, 8) τὸ ἀκολουθεῖν (425b8); ירדוף, ירדפנה (III: 178) consequitur (II: 157, 10-11) ἀκολουθεῖ (428a22); אשר יחייבנו (III: 199) quam consequuntur (II: 166, 8) τοῦ συμβεβηκέναι (428b20); וחייבה (III: 421) affirmaverit (III: 47, 1) ἐπιτάττοντος (433a1); יבוא אחריה (III: 175) consequitur (II: 157, 6) ἕπεται (428a20); הרודפים (III: 201) consequentium (II: 161, 12) ἑπομένων (428b21).
25. הבנה (III: 114) intellectum (II: 147, 4) νόησιν (427a1); הציור בשכל (III: 122) intelligere (II: 148, 6) ἡ νόησις (427a9); החכמה (III: 230) intellegens (III: 6, 7) ἡ νοητική (429a28); החכמה (III: 157) scientia (II: 154, 7) ἐπιστήμη (427b25); ידיעה (III: 361) scire (III: 37, 4) ἡ ἐπιστήμη (431b22). Cf. no. 9.
26. ענין (III: 160) dispositio (II: 155, 7) ἕξις (428a3); הענין (III: 190) aliquid (II: 160, 2) τουδὶ (428b10); הענין (III: 277) re (III: 19, 5) τῷ πράγματι (430a20); הענינים הלימודיים (III: 354) intentiones mathematice (III, 35, 6) τὰ μαθηματικά (431b15).
27. השיגו (III: 203) contingunt (II: 161, 15) συμβέβηκε (428b24); יכנס (III: 237) continget (III: 8, 2) συμβαίνει (429b7).
28. יסופר, ימנה, נודיע (III: 244-250) experimentatur (III: 9, 5; 10, 1, 3; 11, 3; κρίνει (429b15, 17).
29. דמיונות (III: 327, 372) imagines (III: 30, 1; 39, 8) τὰ φαντάσματα (431a15; 432 a9); דמיון (III: 372) imaginatio (III: 39, 9) ἡ φαντασία (432a10).
30. אמונת אמת (III: 186) opinionem veram (II: 159, 2) ἀληθῆ δόξαν (428b5); דעות, אמונות (III: 374) creditionum, creditiones (III: 39, 12-13) νοημάτων, νοήματα (432a11, 12); אמונה (III: 431) existimationem (III: 48, 10) νόησις

(433a12); האמונה אשר נוכח הפעולה (III: 436) cogitatio apud actionem (III: 49, 7-8) διάνοια πρακτική (433a18).

31. תנועה בהעתק ממקום אל מקום (III: 379-380) motum localem (III: 40, 3-4) τὴν κατὰ τόπον κίνησιν (432a17); בתנועה ממקום אל מקום (III: 403) motu locali (III: 44, 2) τῆς κατὰ τόπον κινήσεως (432b13); ההעתק (III: 414) motus localis (III: 45, 10) τῆς πορείας (432b26).

32. המחלים (III: 450) cogitantem (III: 52, 5) βουλευτικόν (433b3); הכח המיעץ (III: 483) virtus cogitativa (III: 57, 2) ἡ δὲ βουλευτική (434a7); הכח העצניי (III: 488) virtutem cogitativam (III: 57, 10) τὸ βουλευτικὸν (434a11-2).

33. עמידה (III: 467) finis (III: 55, 3) τελευτή (433b22); שיעמדו (III: 508) quiescere (III: 60, 14); עמידת הנפש (III: 141) mora anime (II: 151, 6) διατελεῖ ἡ ψυχή (427b2); אם יהיה עומד (III: 538-9) remanet (III: 65, 16) ἐὰν μένῃ (435a5).

Summarizing the results of this survey, it is clear that this translation has many peculiarities, such as transcriptions (rather than translations) of Arabic terms, loan translations, faults, and inconsistencies. The question of how someone like Zeraḥyah, an expert in Maimonides' *Moreh Nebukim* and its philosophical terminology, could be the author of such a translation is difficult to answer. One possibility is that the text which survives is not the definitive one, but only a first draft. Another possibility is that the translation is not the work of a single translator, but of several, amongst whom may have been some of Zeraḥyah's students in Rome. This supposition also gives a possible explanation for the problem how someone managed to translate five philosophical works in one year (1284), a feat attributed to Zeraḥyah. A definitive answer, however, to this complicated question can only be given after an exhaustive comparative investigation of all his translations.

CHAPTER EIGHT

THE HEBREW TEXT

Sigla and abbreviations:

r	=	Ms Rome, Casanatense 148, 3
l	=	Ms London, Beit ha-Midrash 42, 4
A	=	Averroes, ed. Crawford
Ar	=	Aristotle, ed. Ross
B	=	Ed. Badawī
+	=	added by
-	=	omitted by
del.	=	delevit (deleted by)
f.l.	=	fortasse legendum (to be read?)
i.l.	=	intra lineas (between the lines)
s.l.	=	sub linea/supra lineam (under/above the line)
i.m.	=	in margine (in the margin)
inv.	=	invertunt (transposed by)
*	=	conjecture or correction
ditt.	=	dittography
e.p.	=	et passim
< >	=	to be added
[ ]	=	to be omitted
?	=	doubtful reading
...	=	lacuna

המאמר הראשון מספר הנפש לארסטו, העתק זרחיה בן יצחק הספרדי מלשון ערבי אל לשון עברי מהעתקת חנין

פרק א

אמר ארסטו: [402א] אנו מפני היותנו רואים כי הידיעה היא מן הענינים השלמים והמעולים, אלא שיש יתרון קצתם אל קצתם או בדקות, או שתהיה ידיעה בענינים יותר נכבדים ויותר טובים עד שיש להפלא מהם, על כן ראוי לשני אלו הענינים יחד להתיתרנו ההגדה מענין הנפש על ההקדם. [5] הנה אנו רואים כי לדעת בה יעזור גם כן בכל דבר אמת עזר גדול, וכל שכן בענין ‹הטבע›. כי הוא כמו התחלה לבעלי חיים. ומה שאנו מחפשים אותו הוא לעמוד על הענין ולדעת טבעה ועצמותה, ואחר כך כל אשר יקרה בה. ויש מי שחושב באלו המקרים כי קצתם הפעלויות מיוחדות לנפש, [10] וקצתם כוללים בסבת הנפש לגוף גם כן. ומן הדברים היותר קשים להיות מוכרחים מכל הפנים הוא שימצא דבר שנהיה סומכים עליו בענין הנפש. כי מפני היות זאת החקירה משותפת לענינים אחרים הרבה זולתה, כלומר לחקור על ענין עצמותה ובעבורה ומה היא, וכל שכן שיחשוב חושב כי החקירה בעד כל הענינים אשר נרצה לדעת עצמותה [15] מהם הוא דרך אחד, כמו שדרך המופת על הסגולות הקורות לעצם דרך אחד, על כן ראוי בענין זה שנבקש זה הדרך, ואף על פי שלא תהיה הדרך הזאת אחת משותפת. כי לבקש מה שיכוון בו יותר קשה. כי צריך להמציא בכל אחד ואחד בכל הענינים דרך מן הדרכים, ושידע איזה דרך יהיה. ואם הוא מבואר אם הוא מופתי או חלוקיי [20] או דרך אחרת, הנה ישאר בענין אחר מכן ספקות רבות ומקום מבוכות

(1) העתק: העתקת r, בן יצחק: בן חנין +r (7) מענין: על ענין r, מ s.l. r (19-20) דרך מן הדרכים: מן הדברים r, דרך i.m. r

(5) השלמים והמעולים: honorabilibus A, θαυμασιωτέρων Ar (6) עד...מהם: -A (9) ‹הטבע›: Natura A (12) כוללים...לגוף: accidunt corpori A, ומן...מכל הפנים (13): Et valde est difficile et grave A (15) וכל שכן: necesse est A (17) סגולות: passionibus A, ἰδίων Ar (21) ומקום מבוכות: -A, καὶ πλάνας Ar

בענינים אשר ממנה הנה ראוי שיבוקש. כי התחלות הענינים ‹השונים שונות, כמו התחלות המספרים› והתחלות השטחים.

ומן הדין שיהיה ראוי לחקור תחלה באיזה סוג מן הסוגים היא ומה היא, כלומר אם היא דבר רמוז אליו, או עצם או איך או כמה או אחת [25] מן המאמרות זולתי אלו אשר חלקנום. ועוד אם היא ממה שהוא נמצא בכח, או הוא יותר ראוי שתהיה שלמות אחת מן השלמויות, כי ההפרש שיש בין שני הענינים אינו מועט. [402ב] והנה ראוי גם כן שנראה אם היא מתחלקת או היא בלתי מתחלקת, ואם כל נפש מאורעת במין או לא. ואם איננה מאורעת במין, [ו]אם החילוף בנפש הוא במין או בסוג. כי אנו מוצאים עתה אותם שאזנו וחקרו על ענין הנפש, ידמה שהם אמנם עיינו בענין נפש האדם לבד. [5] וראוי שנשמור עצמינו שלא נעזוב מחקור אם גדר הנפש אחת *כגדר החי, או הוא בכל אחד זולתי באחר, כמו גדר הסוס וגדר הכלב וגדר אדם וגדר אלוה. כי הגדר הכללי או שלא יהיה שום דבר או שיהיה אחרנו. וכן אם יהיה דבר *אחר ינשא משא על שהוא כולל. ועוד אם לא תהיינה הנפשות הרבה אבל החלקים, אם ראוי לחקור [10] תחלה בעבור הנפש בעבור עצמה או על חלקיה. וממה שהוא קשה גם כן להבדילו איזה מהם משתנים בטבעם, ואם ראוי ‹לחקור› תחלה בעבור החלקים או על פעולתם. ומשל זה אם ראוי תחלה שנחקור על הציור בשכל או על השכל, על ההרגשה או על המרגיש, וכן שאר מה שדומה לזה. ואם יהיה ראוי לחקור בעד הפעולות תחלה, [15] הנה יהיה ספק לאדם אם ראוי שנהיה חוקרים בעבור המורגש קודם המרגיש ועל המושכל קודם השכל. וידמה שלא יהיה זה לבדו, כלומר

(24) דין: דרך r del., דין r i.m. (32) אחת: אחד r, *כגדר: בגדר l, r (35) *אחר: אחד l, r (40) וכן: מה + l del.

(22-23) ‹השונים...המספרים›: principia diversarum sunt diversa, v.g. numerorum A (26) חלקנום: determinata a nobis A (29) מאורעת במין: univocantur in specie A (31) אזנו: loquentes A (32) *כגדר: ut diffinitio A (34) הגדר הכללי: vivum universale A (35) *אחר: aliud A (36) בעבור עצמה: secundum totum A (38) ‹לחקור›: perscrutandum est A (39-40) על המרגיש: de sensu A

לדעת במה שהדבר, מועיל לעמוד על מקרי העצמויות, ומשל זה בלמודים מה הישר ומה המחודד ומה הקו ומה השטח [20] מועילים בידיעה *זויות המשולש כמה זויות קמות ישתוו, אבל הענין גם כן הפך זה כלומר שהמקרים עוזרים *עזר גדול על הידיעה במה שהוא הדבר. כי כשיהיה לנו להביא דבר על דרך הדמיון בעבור המקרים, או כולם או על רובם, יהיה לומר [25] בענין העצמיות מאמר יותר טוב. כי מה הוא הדבר הוא התחלת כל מופת, כי מה שיהיה מן הגדרים בלתי אפשר בו [403א] ידיעת המקרים ולא יורגש בהם שום דבר בקלות, מן המבואר הוא שכולם הולכים דרך הדבר אשר בו גמר.

וממה שיסופק בו מנפעלי הנפש גם כן, אם הם כולם משותפים והם גם כן עם זה למה שהם בו, או קצתם גם כן מיוחד בנפש. [5] כי זה צריך אל השגתו בהכרח, אלא שאינו דבר נקל. והנה אנו מוצאים שרובם אינו לא לפועל ולא לנפעל שום דבר ממנו חוצה לגוף, ומשל זה הכעס והגבורה והתאוה ובכלל ההרגשה. ואשר ידמה שיהיה מייחד לה הוא הציור בשכל. ואם יהיה זה גם כן דמיון או לא יהיה בלא דמיון, אי איפשר [10] שיהיה ולא זה נעדר מן הגוף. ונאמר כי אם היה שום דבר מפעולות הנפש ונפעליה מיוחד לה, תהיה ההפרדה איפשר בה. ואם לא יהיה לה דבר שמיוחד לה, לא יתכן שתהיה נפרדת. אבל הענין בזה כמוהו בישר, כי מדרך מה שהוא ישר יקרה לו ענינים הרבה, והמשל בזה כי מישוש כדור נחושת על נקודה. אלא שאי איפשר שיהיה היושר [15] לפי מה שיהיה לבדו מישוש. כי הוא בלתי נפרד, כיון שהוא תמיד עם אחד מן הגשמים. וידמה שיהיו נפעלי הנפש כולם גם כן עם הגוף, כמו הכעס והרצון והפחד והרחמנות והגבורה והשמחה גם כן, והשנאה והאהבה. כי הגוף מתפעל הפעלות אחד עם אלו. וממה שיורה על זה כי איפשר שיתחדשו חידושים [20] חזקים נראים, ‹ולא יקרה› לאדם מהם

(45-44) *זויות המשולש: ואיזה מן המשולש r, l (46) *עזר: עוזר r, l

(43) לעמוד על: +causas A (44) המחודד: curvum A (45-44) *זויות המשולש: angulos trianguli A (50) שכולם...גמר: quod non sunt nisi verba sine certitudine A (61) לבדו: +abstracta A, מישוש: -A, ἅψεται Ar (63) רצון: gratia A, הרחמנות: pietas A, והשמחה: +et tristitia A (65) חידושים: passiones A, ‹ולא יקרה›: et non accidet A

‹לא› כעס ולא פחד, ואיפשר שיעוררום החידושים המועטים, החלושים, כשיהיה הגוף מזומן, וזה ענינו כענין עת הכעס. ויותר ‹מבואר› ממה שאנו מוצאים קצת בני אדם בגדר השוטים, ואף על פי שלא קרה לו דבר מפחד. ואם [25] היה הדבר לפי מה שסיפרנו, מן המבואר הוא שנפעלי הנפש ענינים בחומר הנקרא היולי. וראוי שיהיו הגדרים כן, ומשל זה כי הכעס תנועה בחלק מזה הגוף, או לכח, בשביל כך, בסיבת כך. ועל כן העיון בענין הנפש, או כל נפש או הנפש הרמוז אליה, הוא ממעשה הטבעי. והנה ישתנה מה שבו יהיה גדר הטבעי כל אחד מאלו למה שיגדר כן הדברי, [30] ומשל זה הכעס מה הוא. כי הדברי יאמר שהוא תאות הנקמה ומה שהולך על זה הדרך, והטבעי יאמר שהוא רתיחת הדם אשר בלב [403ב] והחמימות. והענין כי ענין הדבר הוא זה הרמוז אליו, והנה ראוי בהכרח שיהיה זה בחומר, ענינו כך, והוא אשר יהיה בו מציאותו. ומשל זה הבית: כי אחד יתן ענינה ויאמר שהיא מחסה יסתור האדם מן ההפסד הקורה מן הרוחות [5] והמטר והקור והחום, ואחר יאמר שהוא מאבן או מלבנים ועצים, ואחר יתן הצורה הנמצאת באלו בסיבת אלו הענינים. כי זה הוא הטבעי, אשר כיון כונת ההיולי וסכל הענין, או אשר כיון כונת הענין לבדו? או היותר טוב שיהיה הוא אשר קיבץ שני הענינים? כי כל אחד משני אלו אל איזה צד ייוחס? ונאמר כי אשר כיון בו העיון בענין נפעלי ההיולי [10] אשר היא בלתי נפרדת, אינו שוה אחד אלא הטבעי אשר ישקיף בכל פעולות זה הגוף וזה ההיולי *ונפעליה. אמנם מה שלא יהיה מהם כן, המעיין בה זולתו, כי קצתה יכוון לה בעל המלאכה כמו הנגר ‹ו›הרופא. ואמנם הענינים שאינם נבדלים, אלא באמת הם [הם] נפעלים לזה הגשם [15] על דרך ההסרה, יכוון בהם הלימודיי. אבל הנפרדות באמת יכוון בהם הפילוסוף הראשון.

(71) הגוף: r i.m. (84) *ונפעליה: ופעולותיה r, l (88) בהם: להם l

(66) ‹לא›: neque A (67) וזה...הכעס: -A, καὶ οὕτως ἔχῃ ὅταν ὀργίζηται Ar, ‹מבואר›: manifestum A (68) השוטים: valde timorosi A (76-77) ענינו...מציאותו: -A, τοιᾳδί, εἰ ἔσται Ar (78) מן ההפסד הקורה מן הרוחות: ab imbribus A, φθορᾶς ὑπ᾽ ἀνέμων Ar (80) כי זה הוא: quis igitur istorum A (82) אלו: +aliorum A (84) *ונפעליה: et passionibus A (86) ‹ו›: et A

DE ANIMA I, 1-2 49

וראוי שנשוב אל מקום כלות מאמרינו ואשר היינו בו, כי נפעלי הנפש אינם נבדלים להיולי בעלי חיים הטבעיים. וממה שהולך בזה הדרך באמת הכעס והפחד, לא כמו הקו והשטח.

פרק ב

[20] והנה צריך בהכרח בחקרנו על ענין הנפש על שנקדים ספור דעות מי שקדמנו, ונחקור על מי שגזר עליה דינו בשום דבר מן הדברים על מה שראוי לבקש עליו. ונהיה נעזרים בדעותיהם כדי שנחזיק במה שנאמר מזה כמו שראוי, ונעזוב דבר אם הוא נאמר לפי מה שאינו ראוי. וראוי שנקדים בחקרנו הענינים [25] אשר יחשב בהם ‹כי הם מיוחדים לה בטבע›. *ונשים זה התחלה לו, ונאמר כי בעל נפש יחשב בו שהוא יהיה חלף זולתי בעל נפש בשני אלו הענינים יחד: בתנועת ההרגשה והנה תפשנו על מי שהקדים גם כן שני אלו הענינים בנפש. כי קצתם אומר כי הדבר שהוא לנפש תחילה ביחוד הוא אשר יניע. ומפני שחשבו כי מה [30] שלא יתנועע אי איפשר שיניע לזולתו, חשבו שהנפש תהיה דבר מן הענינים המתנועעים. [404א] ועל כן אמר דימוקראטיס שהיא אש או חום, כי הוא יאמר שהיא מן הגשמים והצורות אשר לא יתחלקו מפני שהם בלא תכלית, והכדוריות מהם אש ונפש. ומשל זה כי הגשמים הנמצאים באויר, הנקראים תהו ובהו, והם הנראים בניצוץ השמש הנכנס בחלוני הבית. ויאמר שהם, בהתקבץ השורשים בהם, [5] יסודות לטבע בעצמו. וכן לוקיש. ושהכדוריים מאלו היא הנפש, מפני שכמו אלו הצורות איפשר בהם שיעברו בדבר בעצמו, ויניעו שאר הענינים כשהם גם כן יתנועעו, מפני שהם חושבים כי הנפש היא אשר תתן אל החי התנועה. ועל כן אמרו כי הניפוש הוא גדר [10] החיים. כי האויר המקיף כשיקבץ

(98) *ונשים: ושם r, l (110) היא: הוא r

(94-95) ונחקור...לבקש עליו - A (98): ‹כי הם מיוחדים לה בטבע›: proprie esse naturalia A, *ונשים: et ponemus A (99) יחד: proprie A (= במיוחד), בתנועת ההרגשה: motu et sensu A (105) תהו ובהו: atomi A (107) לטבע בעצמו: omnium naturalium A, לוקיש: Leucippus A (108) בעצמו: secundum totum A

הגופות וילחץ באלו הצורות יתן לבעלי חיים התנועה, מפני שאלו גם כן לא ינוחו בעת מן העתים, יתרפדו מחוצה כשיכנסו בניפוש צורות אחרות כמותן, אמרו, כי אלו גם כן ימנעו מה שהוא נכנס בבעל חיים מהם מן היציאה, וינגדו [15] וידחו עמהם הדבר אשר ידחה אותם ויקבצם, ושהחיות יהיה כל זמן שבעל החיים יתכן לו לעשות זה. והנה ידמה שיהיה מה שאמרו כמו כן סיעת פיתאגוריש ענינו הוא זה הענין בעצמו. כי קצתם אמרו שהנפש היא ההבלה אשר באויר, וקצתם אמרו שהוא הדבר המניע להבלה. ואמרו זה מפני שאנו רואים אותה [20] מתנועעת תמיד, ואף על פי שלא יהיה שום רוח באותו מקום כלל. ויסורו אל זה הענין בעצמו אשר אמרו גם כן שהנפש דבר יניע עצמו. כי ידמה שאלו כולם יהיו חושבים כי התנועה ענין ניאות לנפש בתכלית הניאותות, מפני שאין אנו רואים [25] שום דבר יניע מבלתי היות הוא גם כן מתנועע.

וגם כן אנכסאגוריש אמר כי הנפש היא המניעה, ולדעת אנכסאגוריש שאמר שהשכל מניע הכל, שאין אנכסאגוריש הולך בזה על דעת דימוקראטיס. כי דימוקראטיס התיר המאמר שהנפש והשכל דבר אחד בעצמו, כי הוא אומר כי האמת הוא הענין הנראה לחוש. אמר: ועל כן אמר אומריש, ומצא באמת, [30] כי איקטור היה מושם בעל ההבנה. ולא היה עושה גם כן השכל על שהוא כח מה בחי, אבל הוא אומר כי הנפש והשכל דבר אחד בעצמו. [404ב] ואמנם אנכסאגוריש באורו מהם נסתר, כיון שרוב מה שאומר הוא שהשכל הוא סיבת הנכון והישר. והיה אומר במקומות

(121) שאין אנו: שאנו l del., שאין אנו l

(111) יתן (= יתנו) (112) יתרפדו: sustineri A (114) וינגדו וידחו: contra expellunt A (117) ההבלה אשר באויר: atomus A, להבלה: atomos A (121) בתכלית הניאותות: -A, Ar οἰκειότατον, et quod omnia non moventur nisi per animam, anima autem movetur per se A+ (125) התיר המאמר: absolute dixit A (127) ומצא באמת: et verum dixit A, איקטור: Acteon A, Ar Ἕκτωρ, מושם בעל ההבנה: et apopletizabatur et carebat intellectu A, Ar κεῖτ' ἀλλοφρονέων (128) בחי: -A (129) באורו... נסתר: latentius loquebatur A (130) הנכון והישר: in inventione A, Ar τοῦ καλῶς καὶ ὀρθῶς

אחרים שהשכל והנפש דבר אחד בעצמו. כי השכל אצלו נמצא בבעלי חיים כולם, הגדול [5] מהם והקטון והנקלה והנכבד. אבל אנו לא נמצא השכל אשר ירצה לומר בו ההבנה נמצא על דמיון אחד בבעלי חיים כולם, ולא באדם.

כי אותם ששמו סדר בעלי הנפש *ההתנועעות, חשבו כי הנפש יותר ראוי משאר הענינים בהתנועעות. ואמנם אותם ששמו סדר הידיעה וההרגשה בענינים הנמצאים, [10] כי הם אמרו כי הנפש היא ההתחלות, יותר מהתחלה אחת. וקצתם שמו הנפש אחת, כמו בנדקליס. כי הוא שם אותה מן היסודות כולם, אלא שהוא שם כל אחת מן היסודות גם כן נפש. ואמר זה הדבר: "אנו אמנם נשיג האדמה באדמה והמים במים והאויר באויר והאש גם כן במה שדומה לו, והוא האש, והחיבה [15] בחיבה והנצחון, והיא הנפרדת, בנצחון." ועל זה המשל גם כן כי אפלאטון בספר הנקרא טימיאוס ישים הנפש אחת מן היסודות, כי הדבר אצלו הוא נודע בדומהו, ושהענינים אמנם יהיו מהתחלותיהם. וכן ייוחד במה שנאמר בפילוסופיא, [20] כלומר ממדרשי אפלאטון, ומן המבואר כי ספר טימיאוס יוצא ממנו, כי החי המוחלט מצורת האחד בעצמו והאורך הראשון והרוחב הראשון והעומק הראשון, ושהשאר הולכים מהם על זה הדרך. ונאמר זה על צד אחר והוא שהשכל הוא האחד ושהחכמה היא השניה, וזה שהוא *בהפרדה אל אחד, ושהמחשבה מספר השטח ושהחוש מנין המקשה. כי [25] המספרים היו אומרים שהם צורה והתחלות הענינים הנמצאים, והמספרים מיסודותיהם. והענינים יוחקו קצתם בשכל וקצתם במחשבה וקצתם בהרגשה. ואלו הם המספרים שהם צורות.

(135) *ההתנועעות: המתנועעות l, r (148) *בהפרדה: ההפרדה l, r

(133) אשר ירצה לומר בו ההבנה: -A, ὅ γε κατὰ φρόνησιν λέγομενος Ar (135) *ההתנועעות: motum A (137) ההתחלות: Quidam igitur eorum ponebant ista principia A+ (141-142) והיא הנפרדת: -A, λυγρῷ Ar (145) ממדרשי אפלאטון: in suis disputationibus A (148) השניה: duo A (= שנים), *בהפרדה: per se A (151) יוחקו: considerantur A, בשכל: et quedam per scientiam A+

ומפני שחשבו בנפש שהוא דבר מניע ויודע, הסכימו אנשים לקבץ שני ענינים וגזרו [30] על הנפש שהוא מספר מניע עצמו. והנה נפל החילוף בהתחלות מה הם וכמה הם, ורוב מה שנפל ממנו בין מי ששם אותה גשמיית ובין מי ששמה בלתי גשם. [405א] וגם כן נפלה החילוף בין אלו ובין אותם אשר טעו ושמו ההתחלות משני הענינים. והחילוף גם כן נפל במספר ההתחלות כי קצתם אמרו שהיא התחלה אחת, וקצתם אמרו שהיא יותר מאחד. והם הולכים בגדר הנפש הדרך המחוייב לאלו הענינים. כי [5] חשבם שטבע הראשונים מנענעים, לא חוצה מן הראוי. ועל כן חשבו בני אדם שהיא אש, כי האש יותר דק שביסודות בחלקיו, ודומהו כשלא יהיה גשם. והיא גם כן מתנועע ומניע שאר הגשמים על הכוונה הראשונה. אמנם דימוקראטיס אמר בזה מאמר יותר קרוב להיותו נעלם, וגזר דינו על הסיבה בכל אחד משני הענינים, ואמר שהנפש והשכל דבר אחד בעצמו, ושזה [10] מן הגשמים הראשונים שאינם נחלקים. וייחס אותו אל התנועה בסיבת קטנות חלקיה וסיבת הצורה. ונאמר כי היותר נכון שבצורות לתנועה היא הצורה הכדוריית, ושהשכל והאש צורתם זאת הצורה. אבל אנקסגוליס ידמה שהוא אמר כי הנפש דבר זולתי השכל, כמו שאמרנו בשעבר, אלא שהוא גם כן יעשה יחד [15] כולם כמו טבע אחד. אבל ישימו השכל יותר טוב שבעניינים כשהוא התחלת הענינים כולם, כי הוא אמר שהשכל לבדו מבין שאר הענינים הנמצאים דבר פשוט, טהור ונקי. ויסמוך שני הענינים יחד בהם, כלומר הידיעה והתנועה, אל ההתחלה אחת בעצמה, ויאמר שהשכל הניע הכל. וידמה [20] שיהיה מה שאין כן, לפי מה שיסופר עליו, שהיה חושב בנפש דבר מתנועע, כיון שהיה אומר כי לאבן נפש כי הוא מניע הברזל, כלומר אבן קלמיטא. אבל דיוגניס ואנשים אחרים חשבו כי הנפש אויר, מפני שחשבו כי

(167) אנקסגוליס: אנקאסגוליס r

(153) הסכימו: voluerunt A (154) החילוף: +magna A (157) אשר טעו
(غلط): qui admiscent A (خلط) (160) מנענעים (= מנענע), הראוי: veritas
A (161) ודומהו: et quod magis videtur A (166) ונאמר: et dixit A (169)
יחד כולם: eis A, ישימו (= ישים) (171) ויסמוך: attribuit A, בהם (= בו)
(172) אל ההתחלה אחת בעצמה: -A (173) מה שאין כן: Melissus A,
Ar Θαλῆς, חושב: dicere A (174-175) אבן קלמיטא (= קלוניטא): -A

DE ANIMA I, 2 53

האויר יותר דק מאלו כולם בחלקיו, והתחלתה, ושמפני זה היתה הנפש יודעת ומתנועעת, כי מדרך מה שהוא ראשון והתחלת כל דבר יהיה ידוע, ומדרך מה שהוא יותר דק [25] שבעניינים הוא מניע. ואבראקלידס יאמר כי ההתחלה נפש, כיון שהוא אומר שהוא האיד אשר ממנו יושם עצמות שאר העניינים, וישימנו יותר רחוק שבדברים מן הגשמים, ושהדבר המתנועע אמנם הוא נודע במתנועע. והנה היה זה חושב והרבה אנשים זולתו כי העניינים הנמצאים הם בתנועה. וידמה שיהיו הירחונים [30] גם כן רואים בנפש דומה לזה הדעת, כי הם אומרים כי היא בלתי מתה מפני שהיא תדמה לאותם שאינם מתים, ושזה לה מדרך שהיא מתנועעת תמיד. אמר כי האלהיים כולם, גם כן השמש [405ב] והירח והכוכבים והשמים בעצמם, מתנועעים תנועה דבקה תמיד. ואנשים שראוי לגנות בהם אמרו שהיא מים, ומהם רינון. וידמה שיהיו נוטים לזה הדעת מפני הזרע, כיון שהוא לח משאר הדברים. כי הוא סותר למי [5] שאמר שהנפש דם, כי אומר שהזרע אינו דם, ושהזרע הוא הנפש הראשון. ואחרים אמרו שהיא דם, כמו קומאטיאס, מפני שחשבו כי ההרגשים כאיבין(?) העניינים בנפש, ושההרגשה היא מפני טבע הדם. כי כל אחד מהיסודות, מלבד האדמה, נפסק עליו הדין, אבל האדמה שום אדם לא פסק דינו בה, אבל [10] אמר מי שאמר בה שהיא מן היסודות או שהיא היסודות כולם.

(176) והתחלתה: A-, Ar καὶ ἀρχήν (177) כל דבר: A aliarum rerum, ידוע: A cognoscit (= יודע) (178) אבראקלידס: A Empedocles, Ar Ἡράκλειτος (179) יושם: A constituit (= ישים), עצמות: A- (180) הגשמים: A+ et semper liquidum, ושהדבר...חושב (181): A-, τὸ δὲ κινούμενον κινουμένῳ γινώσκεσθαι...κἀκεῖνος ᾤετο Ar (182) הירחונים: A aliquis, Ar Ἀλκμαίων (185) והשמים בעצמם: A-, καὶ τὸν οὐρανὸν ὅλον Ar (186) ראוי: A digniores, אמרו: A iudicaverunt, רינון: A Zeno, Ar Ἵππων (189) קומאטיאס: A Critias, ההרגשים...בנפש (190): A quod nihil consequitur animam sicut sentire, τὸ αἰσθάνεσθαι ψυχῆς οἰκειότατον Ar (192) מן היסודות: A+ omnibus

והם על דרך הכללות *יגדירו הנפש בשלשה ענינים, בתנועה ובחוש ובשהיא אינה גוף, וכל אחד מאלו ישוב אל ההתחלות. ומפני זה שמוה גם כן, אשר גדרוה בידיעה, *יסוד ‹או› מן היסודות. ומה שאמרו קצתם בזה דומה למה שאמרו הקצת בזה, מלבד אחד. [15] כי הם אומרים כי הדבר גם כן יודע בדומהו. ומפני שהנפש מודיעה הדברים כולם, שמו עצמותה מן ההתחלות כולם. כי יש מי שאומר שההתחלה והיסוד אחד, והם שמים הנפש גם כן דבר אחד, אש או אויר. ומי ששם ההתחלות יותר מאחת, הם שמים הנפש יותר מדבר אחד. [20] ואמנם אנכסאגוריש היה לבדו אומר כי השכל בלתי מקבל להפעלות, ואין בו דבר מן הדברים ישתתף שום דבר משאר הענינים זולתו. אלא שהוא לא יאמר באיזה צד ובאיזו סיבה הוא בזה הענין יודיע הדברים, ואין זה ממה שיהיה נראה ממאמרו. ואותם אשר שמו בהתחלות הפכות, כי הם שמו עצמות הנפש גם כן מן ההפכים. ואותם ששמו ההתחלה אחד משני הענינים המתהפכים, [25] כמו החם והקר וזולת זה מה שדומה לו, הם האמינו בנפש גם כן על זה המשל שהיא אחת מזה הצד. והנה אנו מוצאים אותו על כן שהם נמשכים אחר השמות, כי קצתם אומרים שהיא החם, מפני ששם החיות בלשון יון נופל על זה הענין. וקצתם אומרים שהיא [גודרים אותה כי] הקר, סיבת הנפש, ושהקרירות אשר יבוא לה מן הניפוש נקרא בלשון יון ׳פסוסי׳, כלומר ׳נפשי׳. זה מה שלקחנוהו ממי שקדמנו בענין הנפש, [30] ואלו הם הסיבות אשר הביאם לומר מה בו.

פרק ג

והנה ראוי לחקור תחילה על ענין התנועה. כי אין ראוי להיות זה לבדו בטל, כלומר שעצמותה [406א] *כענין אשר יספרו בו אותם שאומרים שהנפש

(194) *יגדירו: יגדילו l, r (196) *יסוד: יסודות l, r (215) *כענין: בענין l, r

(194) *יגדירו: diffiniunt A (196) *יסוד: elementum A (198) מודיעה: cognoscit A (= יודעת), עצמותה: constitui A (203) יודיע: cognoscit A (= ידע) (204) הפכות: contrarietatem A (209) שהיא: +algidum A (210) הנפש: anelitum A (= ניפוש) (211) בלשון יון: -A, ׳פסוסי׳ (= פסחוס): ysargi A, ׳נפשי׳: anelitus A, Ar ψυχήν (215) *כענין: talis dispositionis A

היא המניעה לנשמה ואשר איפשר לו שיניע עצמו, אבל לנפש תנועות אחד מן הענינים המשותפים. ואומר שאין ראוי בהכרח שיהיה המניע הוא גם כן מתנועע, וזה גם כן מפני שנאמר במה שקדם. וכל מתנועע אמנם יתנועע על אחד משני פנים: או בזולתו [5] או בעצמו. ונרצה לומר במאמרנו בזולתו מה שיהיה אמנם יתנועע מדרך שהוא בדבר מתנועע, כמו רוכב הספינה שמתנועע לא כמו תנועת הספינה. כי הספינה תתנועע בעצמה ורוכביה מתנועעים בשהם במתנועע. וזה יתבאר מן האיברים, כי התנועה אשר היא ברגלים היא ההליכה והיא גם כן ניאותה באדם, [10] ואינה נמצאת ברוכבי הספינה באותו הענין. ‹ומפני שהתנועה יאמר בשני פנים, ראוי עתה שנחקור על הנפש אם היא תתנועע בעצמה או› בזולתו. ואומר כי התנועות מפני היותם ארבעה והם: התנועה והשינוי והגידול והחיסרון, ‹ראוי בהכרח› או שתהיה מתנועעת אחת מאלו התנועות, או יתנועעו יותר מתנועה ‹אחת› מהם, או שתהיה מתנועעות אלו התנועות כולם. ואם היא מתנועעת לא בדרך המקרה, [15] התנועה נמצאת לה בטבע. ואם יהיה זה כן, יש לה גם כן מקום. כי כל התנועות אשר זכרנום אמנם הם במקום. ואם יהיה עצם הנפש הוא המניע עצמו, ההתנועעות לה אינו הוא על דרך המקרה ‹כמו ללבן ולשלוש אמות. כי הם יתנועעו [20], אבל על דרך המקרה›. כי אשר יתנועע אמנם הוא אותו הגשם אשר שני אלה לו, ועל כן אין לה מקום. אבל הנפש הוא ראוי שיהיה לה מקום, כיון שתהיה בטבע משותפת בתנועה.

ועוד שאם תהיה מתנועעת בטבע, היא גם כן תתנועע באונס, ואם תתנועע באונס, היא גם תתנועע בטבע. ועל זה המשל ילך הענין במנוחה, ‹כי

(235) באונס: אונס 1

(216) נשמה: se A, אחד מן הענינים המשותפים (217): impossibile A (221) ורוכביה: equitans A (224-225) ‹ומפני...או›: Et quia motum dicitur duobus modis, debemus modo perscrutari de anima utrum moveatur per se aut A, ואומר: -A (226) ‹ראוי בהכרח›: necesse est A (227) יתנועעו (= תתנועע), ‹אחת›: uno A (228) מתנועעות (= מתנועעת) (231-232) ‹כמו...המקרה›: ut albo et tricubito. Ista enim moventur, sed accidentaliter A (236-237) ‹כי...בטבע›: a quod enim movetur naturaliter, in eo quiescit naturaliter A

הדבר אשר תתנועע אליו בטבע, היא תנוח בו [25] בטבע›, וכן הדבר אשר יתנועע אליו באונס, הלא היא תנוח בה באונס. כי איזו תנועות ואיזו מנוחות הם אלו התנועות והמנוחות, אנו רואים אונס לנפש, אני איני חושב, ולא מי שבחר להתחטא בזה באותות יקל עליו להשיבו מהם. ועוד כי אם תהיה מתנועעת אל מעלה, הוא אש, ואם תהיה מתנועעת אל מטה, הוא אדמה. כי שתי אלו התנועות אמנם הם לשתי אלו הגשמים. והמאמר בשני הגשמים שביניהם [30] הוא זה מאמר בעצמו.

ועוד כי אם אנו נמצא אותה מנועעת הגוף, ראוי שתניעהו באותם התנועות אשר תניעם היא גם כן. ואם יהיה זה כן, המאמר כשיהופך, גם כן יהיה אמת, והוא שהתנועה אשר יניעה הגוף [406ב] יתנועע גם כן היא אותה התנועה. והגוף יתנועע תנועת ההעתק, יהיה ראוי מזה שתהיה הנפש תשתנה לפי השתנות הגוף, נעתקת או בעצמה או בחלקיה. ואם יהיה זה כן, איפשר שתהיה יוצאת ממקום, שתחזור ותכנס, ויהיה מוכרח מזה שיהיה מה שמת מבעלי החי, שיחזור [5] ויתנפש.

אמנם התנועה על דרך המקרה היא תתנועע בה אם תהיה בזולתה, וזה שיהיה החי ידחה באונס. אבל אין ראוי שיהיה הדבר אשר עצמותו המתנועע מעצמו יתנועע מזולתי האלהים, אלא אם יהיה זה בדרך המקרה, כמו שאין ראוי שיהיה הענין הטוב בעצמו טוב מפני זולתו, ולא הענין המובחר מפני שהוא מובחר בסיבת זולתו. [10] אם כן הטוב שבדברים הנאמר בנפש, והיא שהנפש תתנועע, הוא שיאמר שהיא יניעוה הענינים המורגשים.

אבל אם תהיה היא תניע עצמה, היא גם כן תתנועע, אם כן הראוי מזה שיהיה, מפני שכל תנועה היא הסרת המתנועע במין תנועתו, שהנפש גם כן תסור מעצמותה, אם לא תהיה מניעה עצמה על דרך המקרה, [15] אבל

(259) מעצמותה: מצי .l del, מעצמותה l

(239) אנו רואים: accidunt A (= קורים), אני...מהם (240): -A, οὐδὲ
πλάττειν βουλομένοις ῥᾴδιον ἀποδοῦναι Ar (242) שני: -A (245)
תניעם: movetur A (= תתנועע) (246) יניעה: movetur A (= יתנועע) (249)
ותכנס: +A et existat in eo, מוכרח: possibile A (253) מזולתי האלהים:
per aliud A (258) הסרת המתנועע: processus moti A (259) תסור:
procedat A

DE ANIMA I, 3 57

תהיה התנועה ממש. ויש שאומרים שהנפש תניע הגוף גם כן אשר היא בו על דרך שתתנועע היא, כמו דימוקראטיס. כי הוא אמר מאמר דומה למאמר קיליס, מלמד הניקוד. כי זה יאמר כי דאדליס שם פסל אפרודיטוס מתנועע, ששם בו כסף חי. [20] וכן יאמר דימוקראטיס כי הכדורים שאינם מתחלקים, תנועתם תמיד, מפני כי מטבעם שאינם נחים כלל בשום עת מן העתים, והם מושכים עמהם הגוף כולו ויניעוהו. ואנו שואלים אותו אם זה הענין בעצמו פועל המנוחה גם כן. ויקשה לומר איך יפעל זה, אבל הוא בלתי איפשר. ובכלל כי אנו אין מוצאים הנפש שמניע [25] אל בעל החיים על אלו הפנים, אבל ברצון ומחשבה.

ועל זה המשל הולך הענין בזה שיאמר אותו טימיאוס במאמר הטבעי שהנפש מניעה הגוף, בשהיא תניעהו מפני עירובה לו. [אמר] כי עצמות הנפש מן היסודות, והיא מתחלקת לפי התחלק המספרים המחוברים, [30] כדי שיהיה לה הרגש ניאות לחיבור, ויתנועע הכל תנועות ניאותות. ועל כן עקומות ישימנה גלגל, וחולק מן האחת שתי גלגלים [407א] מתפרדים בשני מקומות, ואחר חולק גלגל אחת גם כן *בשבע הגלגלים, עד ששם תנועות השמים תנועת הנפש.

ונאמר תחילה שאין טוב לומר שהנפש גודל. כי הוא מבואר כי הוא כיון אל [ה]נפש הכל, וכאלו אמרת הדבר אשר יקרא [5] שכל, כן. כי הוא אינו מכוון אל ההרגשות על דרך משל, ולא אל התאוה על דרך משל, כי תנועתם אינה חוזרת חלילה. והשכל אחד מתדבק, וכן הציור בשכל. והציור בשכל הוא הענינים המושכלים, וזאת אחת על דרך הסוף *כשעור ולא גודל לו. ועל כן אין השכל גם כן מתדבק על אלו הפנים, אבל או שיהיה בלתי מתחלק *או [10]

(274) *בשבע: בטבע l, r (280) *כשעור: בשעור l, r (281) *או: אבל l, r

(260) ממש: sue substantie per se A (262) קיליס: Chili A, Φιλίππῳ
מלמד הניקוד: -A, هجاء الناس B, Ar, κωμῳδοδιδασκάλῳ τῷ Ar, (268)
ומחשבה: -A, Ar καὶ νοήσεως (272) חיבור: armonie A, עקומות
ישימנה גלגל (273): incurvavit rectitudinem et posuit eam circulum A
(274) *בשבע: in septem A (278) ההרגשות: sensibilem animam A,
התאוה: desiderativam A (280) *כשעור: sicut mensura A (281) *או: aut A

יהיה דבר מתדבק לא *כגודל. כי אין דרך לומר איך יצוייר בחלק מחלק מחלקיו, איזה חלק יהיה דבר אחד בעצמו. וההצטיירות בחלק ממנו או שיהיה בגודל או שיהיה בנקודה, אם ראוי שיקרא זה הענין חלק. ואם יהיה עתה יצוייר בנקודה, ויהיו הנקודות בלא תכלית, מן המבואר הוא כי לא יחתכנה ויבוא עליה בשום עת מן העתים. ואם אמנם יצוייר בגודל, [או] יצוייר [15] הדבר האחד בעצמו פעמים רבות ופעמים אין תכלית להם. אבל אנו מוצאים הציור גם כן פעם אחת איפשר. ואם יספיק שיבוקש בחלק אחד ממנו, איזה חלק שיהיה, מה צורך שיתנועע תחילה ובכלל עם היות לו גודל? ואם ראוי בציור השכל שיבוקש בגלגל בעצמו, מה המשוש בחלקים? ועוד איך יושכל בזולתי מתחלק מתחלק, או ‹ב›מתחלק בלתי מתחלק? וראוי בהכרח שיהיה השכל [20] הוא זה הגלגל, *כי הציור בשכל הוא תנועה לשכל וההקפה תנועה לגלגל. ואם יהיה הציור בשכל הקפה, יהיה גם כן זאת ההקפה ציור לו בשכל. וזה [לא] יושכל תמיד, כי זה ראוי אחר היות ההקפה חוזרת חלילה. כי הציור בשכל הפועליי יש לו תכלית, [25] כי כל דבר ממנו אמנם יהיה בסיבת דבר זולתו. והציור בשכל העיוני, והוא הגדר המאמרים על משל אחד, כן. כל מאמר הוא או גדר או מופת. והמופתים ילקחו *מן התחלותיהם, ולהם *כאחרון, והוא ההקש או התולדה. והיא, ואם לא תפול בה התולדה, לא תהיה משמשת וחוזרת אל התחלותיה, אבל תהיה מתוספת

(282) *כגודל: בגודל: l, r (291) בזולתי מתחלק מתחלק: בזולתי מתחלק r
(292) *כי: כן l, r (297) *מן: בין l, r (298) *כאחרון: באחרון l, r

(282) *כגודל: sicut magnitudo A, יצוייר: intelligit A (= יצייר) (284-285) אם...בנקודה: -A, εἰ μὲν οὖν κατὰ στιγμήν, εἰ δεῖ καὶ τοῦτο μόριον εἰπεῖν Ar, ויהיו הנקודות: et punctus est A (285-286) לא יחתכנה ויבוא עליה (= ولا تنفذ): pertransit A, فليس تنقطع النقط ولا تنفذ B, יצוייר: intelligit A (= יצייר) (288) יבוקש: tangere A (= ימומש) (289) תחילה: circulariter A (= הקפה) (290) יבוקש: tangat A (= ימומש) (291) יושכל: intelligit A (= ישכיל), ‹ב›מתחלק: per divisibile A (292) *כי: enim A (294) וזה: Quid igitur? A (295) חוזרת חלילה: semper eterna A (297) *מן: ex A (298) *כאחרון: sicut ultimo A, והיא (= הם) (299) משמשת וחוזרת: revertuntur A

DE ANIMA I, 3 59

תמיד אמצע או קצה, ותלך על היושר. אבל ההקפה [30] תהיה חוזרת אל התחלתה. והגדרים כולם כלים גם כן. ועוד, אם תהיה התנועה כלה אחת בעצמה פעמים רבות, ראוי שיושכל הדבר בעצמו פעמים רבות. ועוד כי הציור בשכל הוא במנוחה והעמידה יותר ממנו בתנועה, וכן ההקש. וכן כי מה שאינו נקל אינו ענין יוטרח בו, אבל ילך דרך האונס. [2407ב] ואם תהיה התנועה בלתי היותה מעצם הנפש, אמנם תתנועע על הענין היוצא מטבעו. וממה שהוא קשה גם כן שיהיה השכל מעורב לגוף עירוב אי איפשר לו עמו *שיסור ממנו, אם יהיה היותר מעולה לשכל שלא יהיה מעורב לגוף, [5] כמו שנהוג במאמר ולפי מה שיראו רבים. וממה שהוא נעלם גם כן הסיבה אשר השמים מתנועעים הקפה. כי אין עצם הנפש היא הסיבה בתנועתה הקפה, אבל יתנועע זאת התנועה על דרך המקרה. ולא הגוף גם כן הסיבה בזה, אבל הנפש יותר ראויה בזה. ועוד כי לא יאמר למה זה הענין יותר מעולה, עם שראוי [10] שיהיה הבורא יתי אמנם שם הנפש מתנועע תנועת הקפה, מפני שההתנועעות לה יותר נכבד מהמנוחה, ושתתנועע על זה הצד יותר נכבד מהתנועה על זולתו. ובהיות זה העיון הוא בזולתי זה המאמר יותר טוב אנו עוזבים זה מהרה.

ואומרים כי יש הנה דברים תחיב זה המאמר ורוב המאמרים [15] בנפש. והם שהם יחבאו הנפש בגוף וישימוהו בו מבלתי השיגם עם זה באיזה סיבה נחבאה בו, ומה ענין אותו ‹הגוף›, אף על פי שזה ראוי במה שאני חושב על כל פנים. כי מפני השיתוף יהיה זה פועל פעולה אחת מן הפעולות וזה מתפעל וזה יניע וזה יתנועע, ולא יהיה שום ‹דבר› מזה באיזה מן הענינים יזדמן [20] קצתם בקצתם. ואלו אמנם מבקשים שיאמרו לבד איזה דבר היא, ולא יבארו עם זה שום דבר מענין הגוף המקבל אותה. כאלו היא כמו החידה שעשה פיתאגוריש שתהיה איזה נפש שיזדמן נכנסת באיזה גוף

(306) *שיסור: שיעור l, r

(302) ראוי...רבות: -A, Ar δεήσει πολλάκις νοεῖν τὸ αὐτό (303) והעמידה: -A, Ar καὶ ἐπιστάσει (304) יוטרח בו: delectabile A (306) *שיסור: recedere A (315) מהרה: statim A (317) יחבאו: coniungunt A (=יחברו) (318) נחבאה: sit coniuncta A, ‹הגוף›: corporis A (320) שום ‹דבר›: nichil A (323) חידה: Apologus A, Ar μύθους

שיזדמן. כי אנו רואים כי כל אחד יש לו צורה ובריאה מיוחדת. וזה המאמר מהם דומה למאמר אומר אלו אמר כי מלאכת הנגרות [25] תתר בזמירות. כי ראוי שתהיה המלאכה עושה כליה והנפש גם כן תעשה גופה.

פרק ד

ובמקום זה גם כן דעת אחר בא אלינו בנפש שיספיק לרבים, אינו פחות מזולתו בדעות שזכרנו. והנה שפעה אמתתו מן המאמרים ההולכים דרך התיכון במאמרים גם כן אשר נאמרו בכלל. כי הם אומרים שהיא חיבור מה, כי החיבור גם כן המזגות הפכים והרכבתם, והגוף מורכב מהפכים.

עם שהחיבור הוא יחס מה שבין הענינים המעורבים או הרכבה, והנפש לא יתכן שתהיה שום דבר מאלו. ועוד כי אין לחיבור התנועעות. [408א] וזה הענין בלבד כאלו הם כולם יתנוהו לנפש. והיותר ראוי והיותר טוב הוא לומר שהחיבור ילך דרך הבריאות, ובכלל שום דבר מן המדות הטובות הגופניות, לא דרך הנפש. והענין בזה מבואר בתכלית הביאור כשירצה האדם להותיר נפעלי הנפש ופעולותיה באחד מן החיבורים, [5] כי הניאותות בזה יקשה. ועוד שאנו נאמר החיבור ואנחנו נרצה אחד מן שני הענינים, אמנם הענין האמיתי הוא לגדלים, בהיות לה תנועה ומקום. ונרצה הרכבתה כשתהיה ניאותה ניאותות לא יסבול עמה שיכנס הנה שום דבר מן הסוג שלה. ואמנם המוצא מזה היחס כמו כן שתהיה לענינים המעורבים.

[10] ‹על כן› אינו במוקש שיאמר ולא על אחד משני הענינים. אמנם

(329) שפעה: שמעה r

(325) תתר בזמירות: existat in Musica A ,Ar εἰς αὐλοὺς ἐνδύεσθαι (326) עושה כליה והנפש: ita utitur instrumentis sicut A (330-329) והנה...בכלל -A, λόγον δ᾽ ὥσπερ εὐθύνοις δεδωκυῖα κἀν ἐν τοῖς ἐν κοινῷ γινομένοις λόγοις Ar (336) להותיר: perficiendo A (337) יקשה: +A valde, Ar χαλεπὸν (340) ניאותה ניאותות: superposite tali superpositione A, οὕτω συναρμόζωσιν Ar (341) המוצא: Quod autem extrahitur A (342) ‹על כן›: igitur A, במוקש: rectum A

הרכבת חלקי הגוף ביאור הענין בו והמגיע ממנו בתכלית הוא נקל, כי הרכבות חלקי הגוף הרבה ועל ענינים הרבה. כי השכל הרכבת איזה חלק ראוי לחשוב שהוא, ואיך זה? והחוש הרכבת איזה חלק והתאוה הרכבת איזה חלק? [15] וממה שיש להיות בו אדם נבוך בזאת המבוכה הוא שתהיה הנפש יחס העירוב, כי אין עירוב היסודות אשר בו יהיה הבשר ושבו יהיו העצמות על יחס אחד בעצמו. ויתחייב מזה שיהיו בגוף נפשות הרבה ובכל הגוף, אחר היות האיברים כולם מעירוב היסודות ותהיה יחס העירוב חיבור ונפש. ולאדם שיבקש בזה לבנדקליס גם כן, [20] וזה כי בנדקליס יאמר כי כל אחד מן האיברים הוא לפי יחס מה, ואם היחס הוא נפש או הנפש הוא דבר אחר אלא שהיא תתחדש באיברים? ועוד אם החיבה היא סיבת העירוב כמו שיזדמן שיהיה, או שהיא סיבת הערוב על יחס? והחיבה אם היא זאת היחס או דבר אחר זולתי היחס? ואלו הם הענינים וזה עיקר מה שבה מן הספקות. [25] ואם תהיה הנפש דבר בלתי העירוב, מה ענינה תסור, כשיסורו יחסי העירוב אשר יהיו נמצאים עם הבשר וגם שאר איברי בעלי חיים? וגם בה, אם לא יהיה כל אחד מאיברי הגוף לו נפש, או לא תהיה הנפש יחס העירוב, מה זה הוא הדבר אשר יפסד כשתפרד הנפש?

אבל אם הנפש לא יתכן להיות חיבור ולא שתהיה מתנועעת על ההקפה, [30] זה מבואר ממה שזכרנו. אבל אם היא מתנועעת על דרך המקרה, כמו שאמרנו, ושהיא תתנועע בעצמה, אמנם זה שהנפש כולו היא תתנועע בדבר אשר היא בו ושזה גם כן יתנועע בעבור הנפש. אבל על פנים אחרים אי איפשר שתהיה מתנועעת במקום.

ואמיתת הענין יותר שיהיה הספק בענינה כשהיא תתנועע [408ב4] העיון באלו הענינים ודומיהם, והם שאנו אומרים בנפש שהיא תדאג ושהיא תשמח ושהיא תפחד ונאמר גם כן שהיא תכעס ושהיא תרגיש ושהיא תבדיל, ואלו

(361) כולו: כאלו r, כולו r i.m.

(343) והמגיע ממנו: A- (344) ועל ענינים הרבה: Ar, A- καὶ πολλαχῶς
(354) וזה עיקר מה: A- (355) תסור: tollitur A (356) יחסי העירוב: propter mixtionem A, וגם בה (357): Et etiam A (361) כולו: A- (364) העיון: per considerationem A (= בעיון) (365) ושהיא תשמח: +A et audescit

כולם יחשב שהיא תנועות. [5] ויקדים במחשבת האדם בעבור זאת הסיבה שהנפש תתנועע. ואין זה ראוי, כי אם יהיו אלו כלומר שתדאג ותפחד ושתבדיל יותר ראוי בשתהיינה תנועות בלבד, וכל אחד מהם תניע שום דבר, כי זאת ההתנועעות אמנם היא תנועה בעבור הנפש, המשל בזה אם יכעס הוא מנועע אל הלב, כלומר שהלב יתנפח, וההבדל תניע, כלומר שאבר כמו זה האבר ילך על זה הדרך. [10] וקצת אלו הענינים יקרה בדרך העתק ענינים שיתנועעו, וקצתם יקרה על דרך ההשאלה אמנם איזה מן הענינים יהיה ואיך יהיה, זה המאמר בו באמת זולתי זה המאמר. אבל המאמר בשהנפש תכעס דומה למאמר אומר אלו אמר שהיא אורגת או בונה. כי הוא ראוי שיהיה היותר טוב לא שנאמר שהנפש תראה או תלמד או תבדיל, [15] אבל יאמר שהאדם יפעל זה בנפש. ואין זה בשהתנועה תהיה בנפש, אבל פעם תגיע אליה ופעם תהיה ממנה, ומשל זה שהחוש מן הענינים הרמוז אליהם, והזכרנות מן הנפש אל התנועות או האיחור ההווה בחושים.

אבל השכל ראוי שיהיה עצם אחד בלבד ולא יפסד. [20] כי אלו היה נפסד היה ראוי בזה בלבד בזמן העייפות אשר תהיה בזקנה. אבל אנו מוצאים מה שיקרה בחושים מזה, כי הזקן אלו היה לו עין, כעין הבחור, [לא] היה רואה כמו שהיה רואה הבחור. ותהיה הזקנה אינו ענין שהתפעלה הנפש בו שום דבר, אבל ענין הוא בה כמו שיהיה בענין השכרות ובענין החולי. [25] והציור בשכל והעיון יותר ראויים ש‹‹ישתנו› כשיהיו נפסדים בפנים שום דבר אחר, אבל הוא בעצמו אין עלה בו. אבל ההבדל או החיבה או השנאה

(382) כעין: בעין l (386) או החיבה: והחיבה l, או i.m. l

(367) ויקדים במחשבת האדם: homo existimat A (369) יותר ראוי בשתהיינה: -A, בלבד: -A (372) זה הדרך: cum sit rectum ut aliud currat tali cursu A+ (373) שיתנועעו: -A, Ar κινουμένων, על דרך ההשאלה: secundum alterationem A (374) באמת: -A (376) תראה: habet pietatem A (= תירא) (379) אל...בחושים: -A, Ar ἐπὶ τὰς ἐν τοῖς αἰσθητηρίοις κινήσεις ἢ μονάς (380) בלבד: que fit in re (= שיתחדש בדבר) (381) בלבד: -A (382) מזה: accidit in corpore A+ (385) ‹‹ישתנו›: diversantur A, כשיהיו נפסדים: (= כשיהיה נפסד) (386) עלה: patitur A (= علة)

אינו עלה לזה, אבל לזה אשר לו זה מדרך מה שלו זה. ועל כן כשיפסד זה לא יזכור ולא יאהב, כי זה לא יהיה בעבור זה אבל למשותף אשר *יתחרב. אבל השכל ראוי יותר שיהיה דבר אלוהיי ודבר בלתי מתפעל. [30] הנה נראה מזה כי לא יהיה איפשר שהנפש תתנועע, ואם תהיה בלתי מתנועעת בכלל, אם כן מן המבואר שהיא ולא מעצמה תתנועע.

והמאמרים היותר רחוקים, אשר זכרתי, מן ההקש הוא שיאמר שהנפש מנין יניע עצמותו. כי יתחייב להם ענינים משתנים, אמנם תחילה הענינים הראויים מן המאמר שהיא תתנועע, [409א] ואחר כן ייחדם הענין אשר יתחייב מן המאמר כשהיא מספר. כי הוא לא ידע איך ראוי שיושכל אחדים מתנועעים, ובעבור איזה דבר היא מתנועעת, ואיזה תתנועע, וראוי שתתחלף. ועוד אם היו אומרים, יאמרו כי הקו כשיתנועע יתחדש שטח, והנקודה [5] כשתתנועע תחדש קו. כי הנקודה והיא אחת לה מקום, ומספר הנפש על כל פנים במקום ולה מקום. ועוד כי המספר, אם חסר ממנו מחסר מספר או אחת, יהיה הנשאר מספר אחר. והצמחים והרבה מן בעלי החיים ישאר חי כשיחתך, ויחשבו [10] שנפשו היא אותו הנפש בעצמה במין. ולאדם לראות שאין הפרש בין שיאמר אחדים ובין שיאמר גופות קטנות. כי יהיו מכדורי דימוקראטיס הקטנות נקודות, ונשאר הכם לבדו, יהיו בו מה שהוא מתנועע ומה שהוא מניע במה שהיה במתדבק. כי אין מפני שהוא משתנה בגודל או בקטנות [15] יתחייב מה שאמרנו, אבל מפני שהוא כם. ועל כן ראוי בהכרח שיהיה הנה דבר מניע לאחדים. כי אם יהיה בבעל חיים הנפש היא הדבר

(388) *יתחרב: יתחבר l, r

(387) עלה לזה: esse illius A ,Ar ἐκείνου πάθη, לא יזכור ולא יאהב (388): non rememorabimur neque diligemus alios A, *יתחרב: amittebatur A (393) ענינים משתנים: impossibilia A (394) הראויים: contingunt A (395) לא ידע: nescimus A, יושכל: intelligimus A (= נשכיל), אחדים: unitatem A (397) יתחדש: facit A (= תחדש) (398) ומספר הנפש: sicut numerant A, על כל פנים (399): -A (401) ויחשבו: +tamen A, נפשו: anima eorum A (= נפשם) (403) הכם: quantum A (= כם) (404) שהוא משתנה: diversantur A (= שהם משתנים) (405) כם: ראה 403

המניע ובמספר גם כן, ראוי מזה להיות הנפש לא הדבר המתנועע והמניע, אבל הדבר המניע לבדו. ואיך יתכן שיהיה אחת: כי הוא ראוי להיות לה הבדל אחד [20] ישנה בו שאר האחדים. כי איזה חילוף יפול בנקודה אחדיית, אלא אם יהיה במקום: כי אם תהיינה האחדות והנקודות במקום אחד בעצמו ‹כי יש להם מקום הנקודה, עם לא יהיה שום דבר ימנע שתהיינה במקום אחד בעצמו› שתי נקודות ונקודות בלא תכלית. כי הענינים אשר מקומם בלתי מתחלק, [25] הם כמו כן [כן] ואם תהיה מספר הנפש הוא הנקודות אשר בגוף או שתהיה הנפש במספר אשר מן הנקודות אשר בגוף, למה לא יהיו הגופות כולם להם נפש: כי הם יראו שבגופות כולם נקודות ושהם בלא תכלית. ועוד איך יתכן שיתפרדו הנקודות הגופות ויעדרו מהם, [30] כיון שהקוים לא יתחלקו אל נקודות:

פרק ה

והנה התחייב כמו שאמרנו מצד אחד שיהיה מאמריהם זה כמו מאמר מי ששמה גוף דק החלקים, [409ב] אבל מצד אחר כמו שאמר אותו דימוקראטיס בתנועת הנפש כי תייחדם *הדבה. כי אם תהיה הנפש בגוף המרגיש *כולו, יהיה ראוי בהכרח שיהיו שני גופות במקום אחד, אם תהיה הנפש גוף מה. וראוי על אותם שאמרו במספר שתהיה בנקודה אחת נקודות הרבה, [5] ושיהיו כל גוף לו נפש, אם לא יהיה מתחדש בדבר מספר מה אחר משתנה לנקודות הנמצאות בגופות. והנה יתחייב להם שיהיה הבעל חיים אמנם יתנועע בעבור המספר כמו שאמרנו מדעת דימוקראטיס

(421) *הדבה: הרבה l, r (422) *כולו: בלא l, r (424) כל גוף: לא + r del.

(407) במספר: in numeris A (= ובמספרים) (409) בנקודה אחדיית: in puncto et unitate A (412-410) ‹כי יש להם מקום הנקודה, עם לא יהיה שום דבר ימנע שתהיינה במקום אחד בעצמו›: quia occupant locum puncti; licet nichil prohibeat ut in eodem loco sint A (419) מאמריהם: sermo eorum A (= מאמרם) (421) הנפש: -A, ὑπὸ τῆς ψυχῆς Ar *הדבה: impossibilitas A (422) *כולו: toto A, אחד (= אחד בעצמו) (424) שיהיו (= שיהיה), מתחדש בדבר: contingat A

בתנועתו. כי אין הפרש בין שיאמר חלקים קטנים או אחדים גדולים, [10] מדרך מה היא בכלל אחדים מתנועעים. כי ראוי בהכרח על שני הפנים יחד שיתנועע החי בשהיא גם כן תתנועע.

כי אותם שקבצו התנועה והמספר בדבר אחד יתחייב להם זאת הדבה והרבה זולתם ממה שילך זה הדרך. כי אי איפשר שתהיה גדר הנפש הולך על זה הדרך ולא מקרה ממקרים. וזה מחשבה מבוארת אם יבקש המבקש [15] שיהיה עודף מזה המאמר פעולות הנפש ונפעליה, *כמחשבה, והחוש וההנאה וההזק ושאר מה שילך זה הדרך. כי הענין, כמו שאמרנו במה שקדם, [כי] לא הוא נקל, ולא שנכזב שום דבר מזה.

ומפני היותנו זוכרים שלושה מינים בהם ימצאו [20] הנפש, כי קצתם גזר שהיא מניעה עצמה בתכלית התנועה, וקצתם זוכרים שהיא גשם בתכלית הדקות, ובתכלית מה שאיפשר שיהיה הגוף עליו מן ההרחקה משאר הגשמים, ויוכל להיות שאנו נהיה מביאים מה שנשים ספק על שני אלו המאמרים ומה שנתפוס בו עליהם, [ו]הנה נשאר לנו לדרוש על איזה צד יאמר שהיא מהיסודות. [25] כי הם אומרים בזה כמו שתרגיש הענינים הנמצאים ותדע כל אחד מהם, אלא שראוי בהכרח שזה המאמר יהיה

(429) בשהיא: כשהיא r (433) *כמחשבה: במחשבה l, r

(427) בתנועתו: κινεῖν Ar,A-, גדולים: μεγάλας Ar,A- (428) היא: (= הם) (429) היא גם כן תתנועע (= הם גם כן יתנועעו) (430) אחד (= אחד בעצמו), יתחייב: habent A, הדבה: impossibilia A (ראה 421) (432) מקרה ממקרים: accidens accidentium eius A (433) עודף: perficere A, *כמחשבה: ut cogitationem A (434) ההזק: tristitiam A, ושאר מה שילך זה הדרך: ὅσα ἄλλα τοιαῦτα Ar,A- (435) נכזב: per figmentum A, μαντεύσασθαι Ar (436) ימצאו (= وجد): diffinitionum A (= حدّ) (437) שהיא...התנועה: ipsam esse motam ex se A, τὸ κινητικώτατον...τῷ κινεῖν ἑαυτό Ar (439) ויוכל להיות: visi sumus A, מה שנשים ספק: dubitationes A (440) מה שנתפוס בו עליהם: -A, καὶ ὑπεναντιώσεις Ar (442-441) שתרגיש...ותדע: sentimus...et cognoscimus A, αἰσθάνηται...καὶ...γνωρίζῃ Ar

מחוייב עניינים הרבה משתנים. כי הם שמים כי הדומה אמנם יהיה נודע בדומה, וכאלו הם ישימו ‹ה›נפש אלו העניינים, ‹אבל› הם ‹לא› אלו לבד, אבל הם הרבה זולתם, אבל ראוי שיהיו העניינים אשר מהם בלא תכלית. [30] נחשוב שהנפש תדע ותרגיש העניינים אשר מהם כל אחד, כי אז לא תהיה יודעת הכל ולא תרגישם, המשל בזה האלוה ומה האדם ומה הבשר ומה העצם, [410א] וכן איזה דבר שיהיה משאר העניינים ‹ה›מורכבים. כי כל אחד מהם הוא לא כיסודות ב‹איזה ענין יזדמן, אבל ביחס והרכבה מן ההרכבות, כמו שספר בנדקליס בהוית העצם. ואמר כי הארץ הגדולה, [5] אשר הגיעה באמתחתה הנשואה מן התואר הדבק שני חלקים מן השמונה חלקים ומן האש ד׳ חלקים, חדשה העצמות הלבנות. ואין תועלת כשיבאר שיהיו היסודות בנפש, כל זמן שלא יהיה בה היחס וההרכבה. כי היא אז יודע כל אחד בדומהו, ולא יהיה מודיע העצם והאדם שום דבר, [10] אם לא יהיו שני אלו גם כן בה. כי אין זה המאמר ממה שיצטרך בשנותו אל מאמר. כי אין שום דבר יהיה ספק ויחשוב כי בנפש אבן או אדם, וכן החי ומה שאינו חי, וכן ילך הענין בשאר הטבעים.

ועוד שיהיה הנמצא נאמר על צדדים הרבה, כי יש ממנו מה שיורה על הדבר הרמוז אליו, וממנו מה שיורה על הכם, וממנו מה שיורה על האיך,

(443) מחוייב (= מחייב), עניינים...משתנים: impossibilia A (444) ‹אבל›: sed A, ‹לא›: non A (445) אבל ראוי: immo videtur A (446) נחשוב: ponatur A, אשר מהם: +fit A (448-449) המורכבים...ב: composita. Esse enim uniuscuiusque istorum non est ut elementa sint in A (451) אשר הגיעה באמתחתה הנשואה: que est in vasis ossis habet A, Ar ἐν εὐστέρνοις χοάνοισιν...λάχε, מן התואר (= طراوة) de pallore A, Ar νήστιδος, הדבק (= متعلقة): -A, Ar αἴγλης (= متألقة), (452) שני חלקים מן השמונה חלקים: octavam partem A, Ar τὼ δύο τῶν ὀκτὼ μερέων (452) חדשה: et sic facta sunt A, כשיבאר: -A (453) ידע (= ידעת) (454) יהיה מודיע: cognoscet A (= יהיה ידע) (455) בשנותו אל מאמר: contradictione A, כי...ויחשוב (456): nullus enim existimat A (457) וכן...הטבעים: -A, Ar τὸν αὐτὸν δὲ τρόπον καὶ περὶ τῶν ἄλλων (459) כם: ראה 403

DE ANIMA I, 5 67

וממנו מה שיורה על זולת זה משאר המאמרים [15] אשר חולקו, אם הנפש מהם כולם? כי לא יחשב כי לכל הענינים יסודות. או אם הם מיסודות העצמים לבד? אבל אם תהיה כן איך תודיע גם כן כל אחד משאריה? ויאמרו כי לכל אחד מהסוגים יסודות והתחלות ייחודיות, מהם עצמות הנפש? [20] ותהיה איך וכמה ועצם. אלא שאי איפשר שיהיה מיסודות הכמה עצם, לא כמה. כי אותם שאומרים שהוא מן הכל, יתחייב להם אלו הענינים וענינים אחרים הולכים דרכם. ומן המגונה גם כן המאמר שהדומה בלתי מתפעל מדומהו ושהדומה ירגיש דומהו וידיע [25] הדומה דומהו, אם אמונתם *בשההרגשים הפעלות והתנועעות, וכן ההודעה והציור בשכל.

והנה יועד על המאמר אשר אמר אותו בנדקליס כי כל אחד מן הענינים אמנם יודיעו היסודות החושיות על דרך ההדמות, יש בו ספקות הרבה והאונס במה שהוא אומר [30] במקום זה. והוא כי מה שהוא בגופות הבעלי חיים [410ב] אדמה פשוטה, כמו העצמות, אינו מרגיש בשום דבר מן הענינים, ולא תרגיש גם כן ולא הענינים הדומים, אם שזה היה ראוי. ועוד כי כל אחד מן ההתחלות יהיה מה שיסכלהו יותר ממה שיודיעהו, כי כל אחד מהם אמנם יודיע אחת ויסכל ענינים הרבה, וגם יסכל אחרים כולם. [5] ויתחייב לפי בנדקליס שיהיו יחסי האלית בתכלית הסכלות, יתרומם האל מזה התרוממות גדול. כי הוא לבדו לא ידע מן היסודות זה האחד, והוא הנצחון, אבל החי המת ידיעם כולם, כי כל אחד מבעלי חיים הוא מהם כולם. ובכלל באיזה סיבה אין כל הדברים הנמצאים להם נפש, כיון שכל הנמצאים

א

(468) *בשההרגשים: בשהתרגשים r, l

(460) המאמרים אשר חולקו: predicamentorum A (461) הם (= היא) (462) תודיע: cognoscit (= תדע) (467) ידיע: cognoscit (= יודע) (468) *ההרגשים: sentire A, ההודעה: distinguere A (470) יודיעו: cognoscit A (= ידע), היסודות החושיות: corporalia elementa A (471) והאונס: -A, καὶ δυσχερείας Ar (473) אומר: dicemus A (474) תרגיש (= תרגישו) (474) יודיעהו: sciat A (= ידעהו) (475) יודיע: cognoscit A (= ידע), אחרים כולם: plura A, πάντα γὰρ τἆλλα Ar (476) יחסי האלית: attribuere Deum A, יתרומם האל מזה התרוממות גדול (477): -A (478): הנצחון: litem A, החי המת: animal mortale A, ידיעם: scit (= ידעם)

או שהם יסוד או מיסוד אחד או מכולם; [10] כי ראוי בהכרח שיהיה מודיע אחת או קצתה או הכל. ולאדם שיספק בדבר הממציא לאלו מה הוא, כי היסודות אמנם דומים להיולי, כי הדבר אשר יפעל הוא גדול השיעור. ואיזה דבר שיהיה אי איפשר שיהיה דבר יותר מעולה ויותר ראוי בראשות מן הנפש. והיותר רחוק גם כן מן האיפשרות כי תקדם על השכל שום דבר מזה, כי הראוי להיות זה הוא יותר קדמון בטבע [15] ממה שיגדל אליו ויביא העילוי בו. אמנם היסודות הם ראשונים מן הענינים הנמצאים.

וכל מי ששם הנפש מן היסודות מפני הודעת הענינים וההרגשים בהם, ומי ששם אותה בתכלית ההתנועעות, לא שמו דבריהם בכל נפש. כי אנו אין אנו מוצאים הענינים המרגישים כולם מתחרכת, [20] כיון שאנו מוצאים קצת מבעלי חיים דבק במקום אחד, אף על פי שיחשב שזאת התנועה לבדה מבין שאר התנועות אשר היא תניע לנפש הבעל חיים. ועל זה המשל גם כן ילך ענין מי ששם השכל וכח החוש מן היסודות, כי אנו מוצאים הצמחים גם כן חיים ואין להם תנועת העתק ולא מן החוש. ונמצא הרבה מבעלי חיים שאין להם הבדלה. [25] ואם יקח האדם קבלה אלו הענינים גם כן *ויחשוב שהשכל חלק אחד מן הנפש וכן גם כן כח החוש, כי הם אינם עם זה מדברים בכלל בכל נפש ולא בנפש אחת בעצמה. והנה קרה כמו זה בעצמו במאמר גם כן אשר יסופר כשהוא נמצא ב[צמיחת ה]שיער המיוחס אל ארקוס, כי הוא אומר שהנפש חוזר אל פנימה מן הכל [30] בזמן הניפוש, כי הרוחות ישאנה.

(494) *ויחשוב: וחשוב l, r

(480) מיסוד אחד: +aut pluribus A, מודיע: sciant A (= יודעים) (481) הממציא לאלו מה הוא: quod dedit istis esse A (482) יפעל: ligat A, גדול השיעור: valde nobile A (484) תקדם (= יקדם) (485-486) שיגדל אליו ויביא העילוי בו: quod per eum acquirit nobilitatem A (487) הודעת: cognitionem A (= ידיעת), ההרגשים: et sensum A, בהם (= בה), ומי...ההתנועעות (488): et per motum A, καὶ οἱ τὸ κινητικώτατον Ar (489) מתחרכת (= متحركة, מתנועעת) (493) ולא מן החוש: -A, οὐδ' αἰσθήσεως Ar (494) אם יקח...קבלה: si concesserit A, *ויחשוב: et posuerit A (497) שיער (= شعر, שירה): in versibus A, המיוחס אל ארקוס: attributis Archoiz A, τοῖς Ὀρφικοῖς καλουμένοις Ar

ואי איפשר שיקרה מזה בצמוח ולא [411א] בקצת בעל חיים, כיון שאין הבעל חיים כולו מתנפש. והנה עבר מדעת מי שחשב שהיה ראוי להשים הנפש מן היסודות, אם לא יהיה בהם צורך להשימה מהם כולם. וזה שיתחלק אחד מחלקי ההפך בשידע על עצמו ועל המנגד לו. [5] כי יודע בישר הישר והעקום, כי היא השופטת על שני הענינים בישרה. אבל העקום לא יודע בו לא הוא עצמו ולא הישר. והנה אמרו בני אדם גם כן כי הנפש מתפשטת בכל, וכל שכן תאליס מזה המקום היה חושב כי הענינים כלם מליאים מן האלוה ית׳. אלא שבזה המקום יש בו ספק. כי יש לשאול באיזה דבר היתה הנפש, והיא נמצאת או באויר [10] או באש, לא תפעל בעל חיים, ותפעל זה במערב, אע״פ שיחשב בנפש אשר היא באלו שהיא יותר מעולה. ולאדם גם כן שיחקור באיזו סבה תהיה הנפש אשר באויר יותר מעולה מן הנפש אשר בבעלי חיים, ויותר קרובה לכל תהיה ‹בלתי› מתה. ולשני אלו המאמרים יחד ישיגו גנאי יוצא מן ההקש. כי המאמר בשהאש [15] והאויר בעל חיים יותר דומה למאמר מי שאין לו דעת. ולאומרים שהם בעלי חיים, ובהם נפש, מאמר מגונה. וידמה שיהיה שהם חשבו שהנפש נמצאת באלו מפני שהכל מהם צורתו כמו צורת חלקיו. על כן ראוי עליהם שיאמרו שהנפש גם כן צורתה כצורת חלקיה, כיון שהבעל[י] חיים יהיה בעל נפש כשיכלא בו שום דבר מן האויר המקיף. [20] ואם יהיה האויר, כי יפרד, מתדמה הצורה, ותהיה הנפש, כשתפרד, לא תהיה מתדמת החלקים, מן המבואר הוא כי שום דבר ממנה יהיה נמצא ושום דבר לא יהיה נמצא. הנה ראוי בהכרח בה או שתהיה מתדמת החלקים, או שלא תהיה נמצאת באיזה חלק שיזדמן מן הכל.

(505) תאליס: תאסליס l (516) כי יפרד: כיפרד r (517) כשתפרד: בשתפרד r

(499) בצמוח: in plantis A (500) עבר מדעת: ignoraverunt A (501) יתחלק: sufficit A (502) בשידע על: in iudicando A, יודע: scimus A (503) יודע: scimus A (504-505) וכל שכן: forte A, תאליס: Melissus A, Θαλῆς Ar, יתי: -A (509) שיחקור: debet respondere A, ἐπιζητήσειε δ' ἄν τις Ar (510) ויותר...‹בלתי› מתה: et magis immortalis A (511) ישיגו (= ישיג)...ההקש: improbabile et irrationabile A (512) יותר דומה: similis A, ולאומרים: Et etiam non dicere A (513) מאמר מגונה: improbabile A (517, 519) מתדמת (= מתדמה)

והנה יהיה נראה ממה שאמרנו שאין ההודעה [25] נמצאת בנפש מפני שהיא מן היסודות, ולא ההתנועעות יאמר בה בנכון ולפי האמת. ומפני היות לנפש ההודעה וההרגשה והמחשבה ועוד התאוה והתכלה ובכלל מיני החפץ ומיני הרצונים, וגם יהיה לבעל חיים בעבור הנפש [30] התנועה במקום וגם הגידול והעמידה והחסרון, [411b] ואם כל אחת מאלו לנפש בעצמה, ובה כולה תדע ותרגיש ותניע ותפעל כל אחת משאר התנועות והפעולות ותהיה נפעלת, ואמנם תפעל ותפעל באיברים המשתנים פעולות והפעלויות משתנים? ואם החיים באחת מאלו או יותר מאחת או בהם כולם [5] וסבתם סבה אחרת? ואמרו קצת בני אדם שהנפש מתחלקת ושהיא תדע בדבר ותתאו באחר. ומה זה ידביק הנפש אם תהיה בטבעה מתחלקת? כי זה אינו הוא הגוף, כי המחשבה יהיה בענינים על ההפך, כלומר שהנפש יותר ראויה שתהיה מדביקה הגוף. והראיה על זה שהיא, כשתצא ממנו, יתעפש ויתעפר. ואם יהיה במקום זה שום דבר אחר שישימנה אחת, [10] אותו הדבר בלבד הוא הנפש. אלא שצריך גם כן לחקור מענין אותו הדבר אם הוא אחד או הרבה חלקים. כי אם הוא אחד...ואם הוא מתחלק, יגזור המאמר הדבר אשר הוא ידביק זה מה הוא. ויתמשך זה באלו הפנים בלא תכלית. והנה ישים ספק האדם גם כן בענין חלקיה, [15] ויבקש איזה כח יתן כל אחד מהם לגוף. כי אם תהיה הנפש בעצמה תניע הגוף כלו, ראוי שיהיה אחד אחד מחלקיה ידבק

(524) וגם: r del., וגם r i.m. (536) ישים: r i.m.

(521) ממה שאמרנו: -A, Ar ἐκ τῶν εἰρημένων, ההודעה: cognoscere A (= הידיעה) (522) ולפי האמת: -A, Ar ἀληθῶς (523) ההודעה: ראה 521, התאוה והתכלה: appetere A, מיני החפץ ומיני הרצונים (524): et velle et universaliter modos desiderii A (527) ואמנם: aut A (528) וסבתם: aut habent causam A (529) בדבר: per hoc A, ותתאו (= ותתאוה) (531) יותר ראויה שתהיה: -A (532) שהיא (= שהוא), יתעפש ויתעפר: putrefiet A, Ar διαπνεῖται καὶ σήπεται (535) יגזור המאמר: quaerendum est A, Ar ὁ λόγος ζητήσει (536) ויתמשך...בלא תכלית: Et erunt principia eius infinita A, Ar καὶ οὕτω δὴ πρόεισιν ἐπὶ τὸ ἄπειρον (538) תניע: copulat A

חלק חלק מן הגוף. וזה המאמר דומה לשקר, כי יקשה ושיפרע פריעה שיאמר איזה ידביקנו השכל, ואיך זה. והנה נמצא הצמחים גם כן כשיחתך שיחיה, [20] וכן קצת הבעל חיים הנחתך, יהיה הנפש בהם אחת בצורה, ואע״פ שלא תהיה אחת במספר. כי אנו מוצאים כל אחד משני החלקים יש לו חוש ויתנועע במקום זה זמן אחד. ואי איפשר שיהיה נשאר על זה, כי אין להם כלים ישמרו בהם טבעם. אלא שאין זה מקצר מהם שלא יהיה בכל אחד מן החלקים עניני [25] הנפש כולם, והם מתדמים במין קצתם לקצתם. אמנם לכל הנפש מדרך שהיא סובלת לחלוק. וידמה שתהיה ההתחלה גם כן הנמצאת בצמחים נפש, כי זה לבדו ישתתף הצמח והחי. [30] וזה יבדיל ההתחלה החושית, ולא יהיה שום דבר מן הענינים יהיה לו חוש בלתי זה.

נשלם המאמר הראשון מספר הנפש לארסטו, ש״ל יתברך שמו ויתעלה, ונתחיל המאמר השני בעזרת האל יתי׳ אשר כל נפש לו תכלה.

(539) דומה לשקר: similis impossibili A, ושיפרע פריעה (= فرع؟): et etiam in fingendo A, καὶ πλάσαι Ar (540) כשיחתך (=כשיחתכו) (541) הנחתך: anulosa A, τῶν ἐντόμων Ar, יהיה: quasi A (543) ואי איפשר: non est inopinabile A

מאמר שני

פרק א

[412א] אמר: וזה מה שנאמר אותו ממה שבא לידינו ממי שקדמנו בנפש. ונתחיל עתה בענין אחר, [5] ונתחיל לומר ולדרוש ביאור הנפש מה היא, והגדר שהוא יותר שלם מהגדרים להם. ונאמר כי העצם סוג מהסוגים אשר לדברים הנמצאים. ומן העצמים מה שהוא עצם על דרך ההיולי, וזה אינו הוא בעצמו דבר רמוז אליו, וממנו דבר אחר הוא יצירה וצורה ויאמר בה אז בדבר שהוא רמוז אליו, וממנו שלישי והוא אשר מהם. והחומר הוא אשר בכח, [10] והצורה היא שלמות. והצורה על שני צורות: האחד מהם *כחכמה, והאחר היה רואה. הגשמים הם אשר יחשב בהם בלבד שהם גשמים, וכל שכן הגשמים הטבעיים, כי אלו הם התחלות שאר הגשמים. והגשמים הטבעיים מהם שיש להם חיות ומהם שאין להם חיות. ונרצה לומר במאמרנו חיות הפרנסה והגידול והחיסרון בעצם. [15] על כן ראוי מזה שיהיה כל גשם טבעי לו שיתוף בחיות הוא עצם, ושיהיה עצם על דרך שהוא מורכב. ומפני שהגשם אשר לו חיות הוא גשם, והוא בענין כך, אי איפשר שתהיה הנפש הוא הגשם. ‹כי הגשם› אינו הוא בענינים אשר במקום, אבל הוא *כמקום והיולי. [20] וראוי בהכרח שתהיה הנפש עצם על דרך שהיא צורת גשם טבעי לו חיות בכח. וזה העצם הוא שלמות, אם כן היא שלמות גשם זה ענינו. והשלמות

(9) *כחכמה: בחכמה r ,l (10) היה רואה: מחשבה i.m. r (12) מאמרנו: מאמרינו l (16) *כמקום: במקום r ,l (17) וראוי: והיותר ראוי l, שתהיה: שלא תהיה r ,l, לא r del.

(3) נאמר: accepimus A, εἰρήσθω Ar (7) וממנו דבר אחר: et quedam A, ἕτερον Ar, יצירה וצורה: forma A, μορφὴν καὶ εἶδος Ar, אז: A-, ἤδη Ar (9) *כחכמה: est sicut scire A (10) היה רואה: est sicut speculari A, בלבד: proprie A (= במיוחד) (13) בעצם: A- (15) הוא הגשם (= היא הגשם) (16) ‹כי הגשם›: Corpus enim A, במקום: in subiecto A, *כמקום: sicut subiectum A

נאמר על שני מינים, אחד מהם *כחכמה והאחר יהיה רואה, אם כן הוא מבואר כי זה השלמות *כחכמה. כי בזמן מציאות הנפש ימצא היקיצה [25] והשינה, והיקיצה כעין שיראה, והשינה כעין ענין הדבר כיון שיהיה לו שיפעל ולא יפעל. והחכמה באחד בעצמו יותר קדמון בהויה. ועל כן הנפש ‹ה›השלמה הראשונה בגשם טבעי אשר לו חיות. והוא שיהיה על דרך שהוא כליי. [412ב] וחלקי הצמחים גם כן הם כלים אבל הם פשוטים בתכלית, ומשל זה כי העלים הם קרום ומלבוש לאילן, הוא התירה לאילן, והשרשים כעין הפה, כי שני המינים יחד ימשכו המזון. ואם יהיה ראוי שנאמר דבר כולל בכל נפש, [5] הוא שהיא השלמות הראשון בגשם טבעי כליי. ועל כן אין ראוי שנחקור גם כן אם הגוף והנפש דבר אחד, כמו שאין ראוי שנחקור על זה ולא בצורה והחומר, ובכלל בחומר כל אחד מן הענינים והדבר אשר לו אותו החומר. כי האחד ושיהיה הדבר נמצא, כיון שיהיה נאמרים על מינים הרבה, כי ההשלמה היא אשר יסופר בזה על הכוונה הראשונה.

[10] והנה אמרנו הנפש מה היא על דרך הכלל. והוא שהיא עצם על זה הענין, וזה הוא שיהיה לגשם הרמוז אליו. ומה הוא, כמו שהוא אלו היתה כלי מן הכלים גשם טבעי, *ככפות על דרך המשל, היה *חדות הכפות והוא עצמותו ונפשו על זה הענין. ועל כן, אלו כשיתפרדו, לא יהיו כבר כפות כל זמן שלא יהיה על דרך השיתוף בשם. [15] אבל עתה במה שכבר כפות, כי הנפש לא תהיה לכמו זה הגוף מה הוא וענינו, אבל לגוף טבעי על תואר כך, בו

(19) *כחכמה: בחכמה r, l (20) *כחכמה: בחכמה r, l (28) אין: -r, אין r i.m.? (34) *ככפות: בכפות r, l, *חדות: כדור r, l

(19-20) *כחכמה: est sicut scire A, כי...והשינה (21): quoniam apud ipsum est esse anime A, ἐν γὰρ τῷ ὑπάρχειν τὴν ψυχὴν καὶ ὕπνος καὶ ἐγρήγορσίς ἐστιν Ar, כעין שיראה: sicut studio A, ἀναλογον...τῷ θεωρεῖν Ar (23) חיות: +in potentia A (25) קרום: coopertoria A, מלבוש: vestes A, לאילן: fructibus A, הוא התירה לאילן: -A, (תירה = أغطية B, Ar πέρικαρπιον) (28) גם כן: -A (29) בצורה והחומר: in cera et figura A, +neque in ferro et figura A (30) שיהיה (= שיהיו) (34) *ככפות: sicut securis A, *חדות: acumen A (35) כשיתפרדו: cum istud est abstractum A (37) על תאר כך: talis A

התחלת תנועה ועמידה. וראוי להשתכל מה שנאמר באיברים כי העין אלו היה בעל חיים, היה הראות בעצמו «נפשו», כי זה הוא עצם העין אשר מדרך ענינו. [20] והעין חומר הראות, והוא אשר כשיהיה נעדר, אינו כבר עין אלא על דרך השיתוף בשם, כמו העין שהוא מאבן והעין המצוייר. והנה ראוי שיוקח מה שבחלק על הגשם החי בעצמו, כי הקש החלק לחלק [25] הוא הקש החוש בעצמו בגשם המרגיש בעצמו, מדרך מה הוא כך. ואין מה שבו *הכח שיחיה הוא אשר סרה ממנו הנפש, אבל אשר לו הנפש. אבל הזרעים והאילנות הם בכח גשם זה הענין. וכמו שהחתך והראות שלמות, [413א] כן היקיצה. וכמו שהראות כח הכלי, כן הנפש, אבל הגוף הוא מה שבכח. וכמו שהעין היא הרואה והראות, כן שם החי הוא הנפש והגוף. ואמנם אם הנפש אינה נפרדת מן הגוף [5] או חלק מה ממנו, אם יהיה מטבעה החילוק, אין זה נעלם, כי היא לקצת החלקים היא ההשלמה. אלא שאין דבר מונע מהיות זה בקצת החלקים, מפני שהם אינם שלמויות לשום דבר מן הגוף. ועם זה לא יתבאר אם הנפש השלמה לגוף כמו בעל הספינה לספינה. ועל זה הפנים ילך [10] ביאור ענין הנפש על דרך המשל והחק.

פרק ב

ומפני היות הענין המבואר אשר הוא קרוב במאמר אל *ההבנה אמנם יהיה מן הענינים הנעלמים, אלא שהם יותר נראים, הנה ראוי שנבקש גם כן שנלך

(43) החוש: לחוש r del., החוש r i.m. (44) *הכח שיחיה: בכח שהחי l, r (46) הוא: היא l (54) *ההבנה: ההכנה l, r

(38) ועמידה: et quietis A, (39) נאמר: +de hoc A «נפשו»: anima eius A (41) העין המצוייר: -A, Ar καὶ ὁ γεγραμμένος (42) על הגשם החי בעצמו: in toto corpore A, Ar ἐφ' ὅλου τοῦ ζῶντος σώματος (43) בגשם (= לגשם) המרגיש בעצמו: ad totum sensibile A, מדרך מה הוא כך: -A, Ar ᾗ τοιοῦτον (44) *הכח שיחיה: potentiam ut vivat A (45) שלמות: perfectiones A (47) הרואה והראות: visus et membrum A, כן שם: ita A, Ar κἀκεῖ, החי (= בעל החיים) (52) והחק: et descriptionem A (54) קרוב: magis propinqua A

בסיפור ענין הנפש זה הדרך. כי ראוי שיהיה המאמר המוגדר לא שיורה וידיע לבד מה הדבר, [15] כמו שיתבאר רוב הגדרים, אבל תהיה הסבה גם כן נמצאת «ו»נראית בו. אבל עתה עניני הגדרים כאלו הם תולדת, ומשל זה מה הריבוע, והוא שימצא שטח עומד הזויות, משתוה הצלעים, שוה לארכם, וזה הגדר הוא ענין התולדת. אבל האומר שהריבוע [20] הוא מציאות בינוני לעינים, סיפר הסיבה.

ונתחיל בחקירה ונאמר שהמתנפש יהיה נבדל מבלתי המתנפש בשהוא יחיה. ומפני שיחיה יאמר על מינים רבים, כי אם ימצא בדבר אחת מהם לבד אמרנו בו שהוא יחיה, והמשל בזה הדעת וההרגשה והתנועה והעמידה במקום והתנועה [25] בפרנסה והחסרון והגידול. ועל כן יחשב בהם גם כן בכל העניינים המתבארים שהם יחיו, «כי» ימצא כח והתחלה בו יקבל הגידול והחסרון בשני המקומות אשר הם זה הפך זה. כי אין יגדל למעלה ולא למטה, אבל יגדל על שני הפנים יחד, על ענין אחד. [30] וכל מה שיתפרנס הוא על כל פנים *יחיה גם כן, אמנם יחיה כל זמן שאיפשר לו לקבל המזון. וזה הענין איפשר שיבדיל שאר העניינים, ואי איפשר לשאר העניינים שיבדילו זה הענין בענין המימיים. ויהיה זה נראה במה שהוא צומח, [413ב] כי אין בו ולא כח אחד זולתם אחרים מכוחות הנפש.

כי יחיה יאמר לכל מה שיחיה מקודם זאת ההתחלה. אמנם אם הוא בעל

(69) *יחיה: יהיה l, r

(56) יורה וידיע: demonstret A (57) כמו...רוב הגדרים: -A, ὥσπερ οἱ πλεῖστοι τῶν ὅρων λέγουσιν Ar (58) תולדת: conclusiones A (= תולדות) (59) עומד הזויות: rectorum angulorum A, قائم الزوايا B (64) דעת: intellectus A (65) והתנועה בפרנסה: et nutriri A, ἢ κίνησις ἔτι κατὰ τροφήν Ar (66) העניינים המתבארים: vegetabilia A, גם כן: -A «כי»: enim A, בו (= בהם) (67) יגדל (= יגדלו): A+ et diminuuntur, ἄνω...αὔξεται Ar (68) יגדל (= יגדלו), על שני הפנים יחד: -A, ἐπ᾽ ἄμφω Ar (69) על כל פנים: necessario A, *יחיה: vivit A (70) שאר העניינים: -A, τῶν ἄλλων Ar (71) המימיים (= المائية), in rebus mortalibus A (= المائتة) (72) זולתם (= זולתו)

חיים אמנם יהיה תחלה מפני החוש. כי הענינים אשר לא יתנועעו ולא יחליפו מקומם, אלא שלהם הרגשה, נקראם בעלי חיים, ולא נקצר שנאמר בהם שהם יחיו לבד. [5] והחוש הראשון הנמצא בהם כולם הוא המישוש. וכמו שהמפרנס יתכן שיהיה נבדל למישוש ולכל חוש, כן יבדיל המישוש שאר החושים. ונרצה לומר המפרנס החלק מן הנפש אשר ישתתף בו הצמחים גם כן. והנה אנו מוצאים הבעל חיים כלו בעל חוש המישוש. [10] אבל הסבה אשר לו נפל כל אחד משני אלו הענינים ועדיין נספר בהם.

אבל בזה המקום זה סוף מה שנאמר אותו לבד, והוא שהנפש התחלת אלו הענינים אשר זכרנום כולם ובהם הוגדרה, כלומר בזן ובמרגיש וההכרה והתנועה. ואם כל אחד מאלו הוא נפש או חלק מן הנפש? ואם הוא חלק אם הוא חלק על דרך שהוא נבדל [15] בענין לבדו או במקום גם כן? אמנם בקצתם לא יקשה לעמוד על זה מענינו, אבל קצתם יש בענינו ספק. כי כמו שבצמח ימצא קצתו, אם יהפך יחיה והוא נפרד קצתו מקצתו, תהיה הנפש אשר בו אמנם בצורה אחת בכל אחד מהצמחים, או בכח יותר מאחת, כן אנו מוצאים [20] אותו יקרה במין מן הנפש בבעל חיים כשיחותך. כי לכל אחד מחלקיו הרגשה ותנועה במקום. ומה שיהיה לו הרגשה יש לו דמיון ותכלה, כי במקום שיהיה נמצא החוש שם תמצא גם כן הנאה וצער, ובמקום שימצאו אלו תמצא בהכרח תאוה [25] כמו כן. אבל השכל והכח *העיוני עדיין לא התבאר בו שום דבר מענינו. אבל ידמה שיהיה סוג אחר מן הנפש, ויהיה זה לבדו יתכן שיהיה נפרד, כמו שיתכן שיהיה נפרד הנצחי הנפסד. אבל שאר חלקי הנפש נראה מאלו שהם אינם נפרדים כמו שיאמרו בני אדם, אבל

(74) הענינים: העני r, הענינים .r i.m (91) *העיוני: החיותי l, r

(74) תחלה: -A, Ar πρώτως (75) אלא: +A tantum, נקצר: sumus contenti A (78) ישתתף (= ישתתפו) (80) לו (= לה), נפל (= נפלו), בהם (= בה) (82) ובהם הוגדרה: -A, Ar καὶ τούτοις ὥρισται, וההכרה והתנועה (83): A et distinguentis et moventis (86) יהפך: A dividitur (87) או: A autem (88) אנו מוצאים אותו: -A, Ar δρῶμεν, במין: +A alio, בבעל חיים: +A anulosis (89) ומה: +A omne (90) תכלה: A velle, וצער: -A, Ar καὶ λύπη (91) כמו כן: -A, Ar καὶ, *העיוני: A speculativa (92) בו (= בהם), מענינו (= מענינם) (94) מאלו: -A, Ar ἐκ τούτων

מן המבואר שהם בענין [30] משתנים. כי מציאות הדבר בהרגשה בלתי מציאותו בדעת, כיון היות ההרגשות כמו כן בלתי עשיית הדעת. וכן כל דבר משאר הענינים אשר זכרתי. אמנם אם קצת בעלי חיים להם אלו כולם, ולקצתם קצתם, ולקצתו אחת לבד, [414א] וזה יפעל שינוי בין הבעל חיים, ובאיזו סבה היא, זה ראוי לחקור בעדו עד לבסוף. והנה קרה דומה לזה בענין החושים כמו כן, כי לקצתם החושים כולם, ולקצתם קצתם, ולקצתם אחד מהם. והוא המוכרח אליו בתכלית ההכרח, כלומר המישוש.

[5] ולמען היות הדבר אשר בו יחיה ויגריש נאמר על שני מינים, וכן נאמר בדבר אשר בו נדע, האחד מהם החכמה והאחר הנפש, וזה שאנו בכל אחד משני אלו נאמר שאנו נדע, ועל זה הדמיון נאמר בדבר אשר בו נהיה בריאים האחד מהם הבריאות והאחר אבר אחד מן האיברים או הגוף בעצמו. ויהיה החכמה מאלו והבריאות יצירה [10] וצורה אחת וענין בפועל ‹ל›שני הדברים המקבלים, לאותו המקבל לחכמה, וזה המקבל לבריאות, כי יחשב בו פעולת שני הפועלים אמנם יהיה נמצא אל מקבל להפעלות ולענין, ותהיה הנפש היא הדבר אשר בו תחלה נחיה ונרגיש ונבדיל, הנה ראוי בהכרח שיהיה ענין וצורה, [15] לא כמו ההיולי וכמו הדבר המורגש. כי מפני היות העצם נאמר על שלשה מינים, כמו שאמרנו, האחת מהם ההיולי והאחר הצורה והאחר המורכב מהם, ותהיה ההיולי מאלו כח והצורה השלמה, ויהיה אשר מהם מתנפש, לא יהיה הגשם השלמת הנפש, אבל היא לגשם אחד. ומפני זה בטוב [20] חשבו אשר היה דעתם שהנפש אינה ריקה מן הגשם ולא היא הגשם. אבל הגשם אינה, אבל היא לגשם, ומפני זה היא בגשם, ובגשם בענין

(95) מן המבואר: manifestum est = A, Ms B: (96) בדעת: = A, Mss BCD: in cognitione, ההרגשות: sentire A, עשיית הדעת: cogitare A (98) ולקצתם קצתם: -A, Ar τισὶ δὲ τινὰ τούτων (99) עד לבסוף: post A (102) יחיה ויגריש: vivit et sentit = A, Mss ABCDG: (103) נדע: scitur A, Ar ἐπιστάμεθα (104) אשר בו נהיה בריאים: per quam sanatur A, Ar ᾧ ὑγιαίνομεν (105) מן האיברים: +corporis A, הגוף בעצמו: totum corpus A (106) יצירה וצורה (ראה 7): forma A, ἡ μορφή καὶ εἶδος Ar (108) שני: -A (109) בו (= בה) (110) הדבר המורגש: subiectum A (115) לגשם: per corpus A, Ar σώματος

כך, לא כמו שיפעל מי שקדם מהכנסתם אותה בגשם מבלתי היותם מקיימים אותו הגשם, איזה גוף הוא ובאיזה ענין הוא זה, עם זה [25] לא ימצא איזה דבר שיזדמן יקבל איזה דבר שיזדמן, אבל יהיה לפי היחס על אלו הפנים. כי השלמת כל אחד מן הענינים אמנם מטבעו שיהיה במה שהוא אותו הדבר בכח, בהיולי הניאות לו. הנה נראה מזה שהיא השלמה אחת וענין למה שיש לו כח על שיהיה בתואר כך.

פרק ג

אבל אלה הכחות מן הנפש אשר זכרתי ימצא [30] בקצת הבעלי חיים כולם כמו שאמרנו, ובקצתו ימצא קצתם, ובנפרדים מהם ימצא אחת לבד. ורצינו לומר בכחות הזן והמרגיש ובעל התכלה והמניע במקום וההבדלה. ומה שימצא מאלו [או] בצמחים [3414ב] *הזן לבדו, אבל בזולתו זה והמרגיש ובעל התכלה. כי התכלה היא התאוה והכעס והחשק. ובעל חיים כלו לו אחת מן החושים על מיעוטו, והוא המישוש. ומי שיש לו מישוש [5] לו גם כן ההנאה והסער או הערב והסעור, ומי שיהיה לו זה יש לו גם כן התאוה, כי התאוה אמנם היא הכוסף אל הדבר הערב. ועוד כי יש לו חוש המזון, כי הבדלת המזון הוא חוש. ואם שיהיה מה שיחיה אמנם יתפרנס ביבש וברטוב והחם והקר, והמישוש הוא החוש לאלו. אבל החוש לשאר המורגשים [10] הוא על דרך המקרה במזון, כי לא יהיה מועיל במזון ‹בקול› ולא במראה ולא ריח. ואמנם הטעם הוא אחד מן הממוששים. והרעב והצמא תאוה.

(124) בנפרדים: קצתם + r del. (126) *הזן: ובין r, l (127) ובעל (1): הכ+ l del.

(116) מהכנסתם: A in ponendo (= בהכנסתם), מבלתי היותם מקיימים (117): A absque determinatione (118) ימצא: -A, Ar φαινομένου, אבל...כך (121) -A (123) ימצא (= ימצאו) (124) לבד: -A, Ar μόνη (125) בעל התכלה: A desiderativam, ההבדלה: A distinguentem (126) *הזן: A nutritiva (127) בעל התכלה: A desiderativa (129) והסער: A tristitiam, או הערב והסעור: -A, Ar καὶ τὸ ἡδύ τε καὶ λυπηρόν, זה: A istas (= אלו) (132) החוש: A sentire (133) ‹בקול›: A per vocem

אמנם הרעב הוא תאות החם והיבש, והצמא תאות הקר והלח. אמנם הטעם כאילו הוא סבת אלו. וראוי שנעתיק הענין [15] בהם עד סופו. אבל במקום זה יספיק לנו זה הגדר, והוא כי מה שיהיה לו מישוש מבעלי חיים יש לו תאוה כמו כן. אבל הענין בדמיון הוא נעלם, וראוי שנחקור עליו עד לבסוף. ולקצתו עם זאת התנועה במקום גם כן, ובזולתו המבדילה גם כן והשכל כבני אדם ודבר זולתם, אם הוא כן או שיהיה יותר מעולה מהם.

[20] ונאמר כי מן המבואר הוא מדרך ההמשל האחד יהיה גדר הנפש וגדר הצורה אחת. כי אין שם השלמה יוצאת מהכחות אשר זכרנום, אלא שראוי בצורות גם כן שיהיה גדר כולל ניאות לצורת כלם ולא יפחות אחת מהם, וכן [25] בנפשות אשר זכרנו. על כן יהיה מי שבקש באלו ובזולתם המאמר הכולל אשר אין אלו יפחות ולא אחד מכולם ולא הוא לפי המין הניאות אשר לא יתחלק ולעזוב כמו זה המאמר, הוא מן הראוי לגנותו.

והענין בענין הנפש דומה בענין בצורות, כי הוא נמצא תמיד [30] בכח בצורות ובענינים המתנפשים, המתקדם במה שיבוא אחריו, והמשל בזה המשולש במרובע, והזן במרגיש. וראוי לבקש בכל אחד נפשו מה הוא ויוגדר, משל זה נפש הצומח מה היא ונפש האדם מה היא ונפש הבהמה מה היא. וראוי שנחקור באיזו סבה [415א] היתה בזה הענין במה שיהיה אחרי כן. כי המרגיש לא יהיה זולתי היות הזן, והזן יהיה נבדל למרגיש בצומח. ועוד כי לא

(136) עד סופו: post A (138) כמו כן: etiam Ms A: = A, עד לבסוף: post A (139) ולקצתו: ponamus A, ἐνίοις δὲ Ar (141) גם כן: -A, καὶ Ar האחד (= האחד בעצמו), יהיה (= שיהיה) (143) ראוי: possibile A, לצורת כלם: omnibus figuris A (= לצורות כלם), ולא יפחות אחת מהם (نقص) (144): et non sit propria alicui earum A (خصّ) (145) אשר אין אלו יפחות: qui non est neque proprius A (146) הניאות: +hunc A, ולעזוב (= ויעזוב) (147) דומה בענין (= דומה לענין), בצורות: in figuris A (149) נפשו מה הוא ויוגדר: quid est secundum suam definitionem A, τίς ἑκάστου ψυχή Ar (150) ונפש האדם מה היא: -A, καὶ τίς ἀνθρώπου Ar (151) היתה (= היו), בזה הענין...כן: ex talis dispositionis consequentibus A (152) והזן יהיה נבדל למרגיש: sed sensibile separatur A, τοῦ δ᾽ αἰσθητικοῦ χωρίζεται τὸ θρεπτικὸν Ar

יהיה ולא אחד משאר החושים נעדרים מן הממשש, ויהיה הממשש נעדר מן [5] שאר החושים, כי הרבה מן הבעלי חושים אין לו ראות ולא שמיעה ולא מריח ולא החושים האחרים. וממה שמרגיש קצתו יש לו תנועה במקום וקצתו אין לו זה. אמנם השלמת הענין ואחריתו הוא מה שלו המחשבה וההבדלה. כי מה שיהיה מן הענינים הנפסדים לו מחשבה לו שאר [10] אלו הענינים כולם, אבל מי שיש לו אחת מאלו אין כולם לו מחשבה, אבל קצתם אין לו ולא הדמיון, וקצתם אמנם יחיה באלו לבד. אמנם השכל העיוני והמחשבה, המאמר בו בלתי זה. והנה התבאר בכל אחד מן אלו הוא כאב הדבור בנפש גם כן.

פרק ד

והנה יצטרך בהכרח מי שהיה מזומן שישים חקירתו [15] על אלו עד שיעמוד על כל אחת מהם מה היא, ואחר כן נבקש על הענינים הראויים ובעד שאר הענינים. ואם יהיה ראוי שיאמר כל אחד מהם מה הוא, ומשל זה שיאמר המצייר בשכל מה הוא והמרגיש מה הוא והזן מה הוא, הנה ראוי שנקדים גם כן המאמר בשיצוייר בשכל מה הוא והוא שמרגיש מה הוא. כי הפעולות [20] והמעשים יתקדמו בשכל החזק. ואם יהיה הענין כן, ויהיה העיון גם כן בשאר הענינים המקבלים לאלו ראוי שיתקדם העיון בהם, הנה ראוי שיבוקש

(153) נעדרים (= נעדר) (154-155) ולא מריח ולא החושים האחרים: neque odoratum neque alium sensum A, οὔτ᾽ ὀσμῆς ὅλως αἴσθησιν Ar (158) אין כולם לו (= להם) מחשבה: non est necesse ut habeat cognitionem A, οὐ πᾶσι λογισμός Ar (159) לו (= להם), יחיה (= יחיו) (160) בו (= בהם), התבאר: declaratum est quod sermo A, מן אלו: virtutum A+ (161) הוא כאב הדבור: est sermo magis conveniens A, גם כן: A- (164) נבקש: perscrutetur A (= יבקש), על הענינים הראויים: de contingentibus illis A, καὶ περὶ τῶν ἄλλων Ar (165) ובעד שאר הענינים: A- (166) המצייר בשכל: intellectus A, τὸ νοητικὸν Ar (167) בשיצוייר בשכל: intelligere A (168) יתקדמו (= יקדימו), החזק: virtutes A (169) המקבלים לאלו (= القابلة): oppositis istis A (= المقابلة), שיתקדם (= שיקדים), שיבוקש: ut intendamus A

DE ANIMA II, 3-4 81

לגדור אלו תחילה לבעבור זאת הסיבה בעצמה, ומשל זה המזון והמורגש והמושכל. הנה ראוי שנשים המאמר תחילה במזון ובתולדה, כי הנפש הזנה היא קודמת בשאר מה שיחיה גם כן, והם יותר כוללים מכוחות [25] הנפש אשר בהם יחיה כל מה שיחיה. ופעולות אלו התולדה ופעולת המזון, כי החזק שבפעולות ניאות לטבע מה שיחיה, ממה שהוא תכלית ואין בו כלל ואין תולדתו מעצמו, שיפעל אחר כמוהו, ויפעל הבעל חיים בעל חיים כמוהו ויפעל הצומח צומח כדי לשתף הדבר הנצחי האלהי [415b] בשיעור מה שאיפשר בו. כי כל הענינים יתאוו אל זה, בסיבת זה יפעל כל אשר יפעלנו בטבע. ואשר בסבתו יאמר על שני מינים, האחד מהם אשר בעבורו והאחר אשר לו. ומפני היות בלתי איפשר שישתף הנצחי האלהי בהתמדה, מפני שאי איפשר שיהיה דבר מן הדברים ‹הנפסדים› [5] שישאר בעצמו אחד במספר, יהיה משתתף בו כל אחד מהם לפי מה שאיפשר שישתפהו, קצתו יותר וקצתו פחות. וישאר לא הדבר בעצמו, אבל כמו הדבר, ואין אחד במספר אבל אחד בצורה.

והנפש היא לגשם אשר יחיה סבה והתחלה, [10] ושני אלו נאמרים על מינים רבים. וכן הנפש היא סבה על השלשה סבות אשר התבארו. כי היא הדבר אשר ממנו התנועה, והדבר אשר בסבתו היה הגוף, והנפש גם כן סבה על דרך שהיא עצם הגשמים המתנפשים. אמנם אם היא להם על דרך העצם, זה מבואר, מפני שהעצם סבת המציאות לכל הענינים. והמציאות למה שיחיה הוא שיחיה והנפש היא סבת אלו והתחלתה. ועד כי ההשלמה [15]

(170) בעצמה: -A (172) גם כן: -A, והם יותר כוללים (= והיא יותר כוללת) (173): ופעולות אלו: et actiones istius A, ופעולת המזון: et uti nutrimento A, החזק שבפעולות ניאות (174): actio que est magis conveniens A, φυσικώτατον γὰρ τῶν ἔργων Ar (174) ממה שהוא תכלית: ex eis que sunt perfecta A, כלל: occasionem A (= خلل) (178) בעבורו: in quo est A, οὗ Ar (180) ‹הנפסדים›: corruptibile A, בעצמו: idem A (= אחד בעצמו), אחד: -A (= ואחד, καὶ ἓν Ar) (182) ואין: neque A (= ולא) (183) ושני אלו...סבה (184): -A, ταῦτα δὲ πολλαχῶς λέγεται, ὁμοίως δ᾽ ἡ ψυχή...αἰτία Ar, סבות: modis A (= מינים) (186) הגשמים...מבואר (187): -A, τῶν ἐμψύχων σωμάτων...δῆλον Ar, מפני שהעצם: que est A (188) סבת אלו: istius A

[אשר בסבתו] הוא ענין מה שהוא בכח נמצא. ומן המבואר שהנפש סבה גם כן על דרך הדבר אשר בסבתו, כי כמו הפעולה אמנם תפעל בסבת דבר, כן הטבע, וזה הוא תכליתה. וכן הנפש *בבעל חיים ובטבע, כי כל העניינים הטבעיים הם כליי הנפש, כמו בבעל חיים [20], כן בצומח, עד שהיא גם כן בסבת הנפש. והדבר אשר בסבתו נאמר על שני דרכים, האחד מהם אשר בסבתו והאחר אשר לו. והנפש היא גם כן הדבר אשר ממנו תחלה תהיה התנועה במקום, אלא שזה הכח אינו נמצא בכל מה שיחיה. והשינוי גם כן והגידול יהיו בנפש, כי החוש יחשב בו שהוא שינוי מה, [25] ואין שום דבר מן הדברים ירגיש כל זמן שלא יהיה לו נפש. וכן ילך הענין גם כן בגידול ובהתכה, וזה כי דבר מן הדברים ‹לא› יתך ולא יגדל בטבע כל זמן שלא יתפרנס, ואין שום דבר יתפרנס כל זמן שלא תהיה לו שיתוף בחיות.

אבל בנדקליס הוא לא מצא בזה הענין כשיושג מה שיקרה בגידול הצמחים, אבל בהודיעו שרשיו אל מטה [416א] תניעהו האדמה בטבע אל אלו הפנים ושם זה סבתו, או בענפיו אל מעלה שהאש יתנועע על זה המשל ושם זה סבתו. כי עשותו גם כן מה שעשה מאמרו למעלה ולמטה לא מצא בו. כי אין הלמעלה והלמטה לעניניה כולם ולכל אחד בעצמו, אבל כמו שהראש לבעל חיים, כן השרשים לצמחים, [5] כיון שבפעולות ראוי שיאמר בכלים שהם משתתפים או משתנים. וגם עם זה מה הדבר אשר יחזיק האש

(191) *בבעל חיים ובטבע: בחי ובבעל הטבע r, l (192) הנפש: לנפש l del., הנפש l (194) בסבתו: מ + l del.

(189) הוא (= היא), גם כן (190): -A, Ar καὶ, הפעולה (الفعل): intellectus A (العقل) (191) *בבעל חיים ובטבע: in animalibus et in omnibus A, Ar(CeS^{cp}Σ) ἐν τοῖς ζῴοις...καὶ κατὰ φύσιν (192) כליי (= כלי), בצומח: in plantis A (198) דבר...‹לא›: nichil A (200) לא מצא: non recte dixit A, כשיושג (= כשישיג): cum dixit A, Ar προστιθεὶς (201) אבל בהודיעו (= הודיעם, وضع) שורשיו (= שורשיהם): in hoc autem quod ramificatur per radices A, תניעהו (= תניעם), אל אלו הפנים (202): ad istam partem A, או בענפיו: in hoc vero quod ramificatur A, המשל: ad superius A+ (203) לא מצא בו (204): non recte fuit dictum A (205) ראוי שיאמר: debemus dicere A (206) בכלים: eorum A+

והאדמה ושניהם יתנועעו על שני פנים הפך זה מזה? כי הם מהרה יהיו נעתקים אם לא יהיה מונע שימנעם. ‹ואם יהיה שם דבר מונע›, יהיה אותו מונע הנפש, והסבה בגידול ובפרנסה.

[10] ‹ו›יחשבו בני אדם כי טבע האש הוא בשם מוחלט סבת הפרנסה והגידול, כי האש ימצא לבדו מבין הגשמים או מבין היסודות תתפרנס ותגדל. ועל כן הקדים אל המחשבה שהיא היא הפועלת לזה בצמח גם כן ובבעל חיים. ונאמר שהאש הוא מחוברת לסבה על צד מן הצדדים, [15] ואינו סבה לגמרי, אבל הנפש יותר ראויה בזה. כי הגידול לאש בלא תכלית, כל זמן שיהיה הנשרף נמצא, אבל הענינים אשר עצמותם בטבע הם כולם להם תכלית וגדר בשעור ובגידול. ואלו הענינים הם לנפש, לא לאש, והם בענין יותר ראוי מהם בהיולי.

ובהיות כח הנפש הזנה והמולידה אחת בעצמה, [20] התחייב בהכרח שנבאר תחלה מה המזון, כי בזאת הפעולה תהיה נפרדת משאר הכחות. ונאמר שיחשב כי המזון הוא ההפך להפכו, ואין כל הפך לכל הפך, אבל מה שיהיה מן ההפכים אינו הוא חידוש לבד קצתו מקצתו, אבל גידול גם כן. כי הרבה מן הענינים יתחדשו קצתם מקצתם, [25] ואינם כולם *מגדלים, המשל בזה הבריא מן החולני. ואנו מוצאים אלו גם כן אינם על דמיון אחד קצתם לקצתם מזון, אבל המים מזון לאש, והאש אינו מזון למים. אבל בגשמים הפשוטים אלו בלבד יחשב בהם שאחד מהם מזון והאחר מתפרנס. אלא שיש בענין מקום ספק. כי קצתם אומרים כי הדומה [30] יהיה נזון

(222) *מגדלים: מגדרים l, r (226) כי קצתם אומרים כי הדומה: r i.m.

(207) יהיו נעתקים (208): sunt ad separationem A, ‹ואם יהיה שם דבר מונע›: Et si illic sit aliquod prohibens A, יהיה: debet esse A, ἔστιν Ar (210) ‹ו›: Et A, בשם מוחלט: simpliciter A (211) ימצא לבדו: -A, αὐτὸ φαίνεται Ar (212) הקדים אל המחשבה: existimatur A (214) לגמרי: simpliciter A (215) אשר עצמותם בטבע: que constituuntur per Naturam A (217) ראוי (= ראויים) (218) הנפש: -A (219) כי...הכחות: = A, Ms G: quoniam per hanc differentiam distinguetur (220) מה שיהיה מן ההפכים (221): contraria A, ὅσα τῶν ἐναντίων Ar (222) *מגדלים: augentur A (225) בלבד: proprie A

בדומהו, וכן יגדל בו. וקצתם אומרים כמו שספרנו הפך זה, והוא שההפך יהיה נזון בהפכו, מפני שהדומה לא יהיה נפעל מדומהו, ושהמזון יהיה משתנה ומתעכל. והמשתנה בכל דבר הוא אל הענין המתנגד ואל מה שבין שני הענינים. [35] ועוד כי המזון יתפעל הפעלות מה משהניזון בו, [416ב2] לא הניזון מהמזון, כמו שאין הנגר מקבל ההפעלות מהחומר, אבל ההיולי בעבורו, אבל הנגר אמנם ישתנה לבד אל הפעולה מן הבטלה. כי מן המבואר הוא שיהיה ‹בין› המזון הוא המתדבק עד סופו, ובין היות הוא המתדבק תחלה הפרש. כי אם יהיה המזון שני הענינים יחד, [5] אלא שזה [הוא] הוא אשר לא מתעכל וזה הוא המעוכל, הנה הוא עובר שיאמר במזון שני הענינים יחד, מדרך מה שהוא בלתי *מעוכל, אם כן ההפך יתפרנס בהפכו, ומדרך מה שהוא *מעוכל, אם כן הדומה יתפרנס בדומהו. הנה יראה כי שני הכתות יחד יאמרו בצד מן הצדדים מאמר נכון וזולתי נכון. ומפני היות שאין דבר מתפרנס כל זמן שלא יהיה לו שתוף [10] בחיות, היה הגשם המתנפש הוא המתפרנס מדרך היותו מתנפש, ויהיה המזון אמנם הוא מצורף אל הניפוש לא בדרך המקרה. ושהדבר מזון ‹בלתי היות מגדל›, אלא שהוא מגדל מדרך שהוא רמוז אליו, ועצם הוא מזון. כי הוא שומר עצמותו ולא יסור, [15] נמצא והוא מתפרנס. והוא פועל לתולדה, לא תולדת המתפרנס, אבל יוליד כמו המתפרנס, כי זה מציאות לו, ואין שום דבר יוליד עצמו אבל ישמרנו. ויהיה זאת ההתחלה ‹כח› מן הנפש תוכל לשמור הוא מה שלו על ענינו, ויהיה המזון הדבר אשר בו יזומן לפעול. [20] ועל כן כשיהיה המזון נעדר לא יתכן להיותו נמצא. ומפני היות במקום זה ג׳ ענינים, הניזון והמתפרנס והזן, כי הזן

(228) לא יהיה: יהיה r i.m. (237) *מעוכל: מעוקל l, r

(227) וכן: +A etiam, כמו שספרנו: -A, Ar ὥσπερ εἴπομεν (230) משהניזון בו: A a nutribile (231) הניזון מהמזון: A e contrario (232) כי מן המבואר הוא ש(233): -A (237) *מעוכל: A non digestum (241) ‹בלתי היות מגדל›: A est aliud ab esse augmentativum (242) הוא מזון: -A, Ar τροφή, ולא יסור: -A (243) נמצא והוא: A quoniam semper, לא תולדת המתפרנס: non nutribilis = A, Ms B: (245) ‹כח›: A virtus (247) במקום זה: -A, הניזון: nutritum = A, Ms G: , המתפרנס: per quod nutritur A

הוא הנפש הראשונה, אמנם המתפרנס הוא הגוף אשר הוא לו, ואמנם הניזון בו הוא המזון. ומפני היות ראוי מכל הענינים שיתחבר מתכליותיו, ותהיה התכלית היא תולדת הדומה, [25] תהיה הנפש הראשונה היא המולידה לדומה. והדבר אשר בו תיזון שני מינים, כמו הדבר אשר בו ינהיג הספינה שני מינים, והם היד והעצים הנקרי טימוני, כי האחד מהם יניע ויתנועע, והאחר יניע לבד. וראוי בהכרח בכל מזון שיהיה איפשר בו שיתעכל, ומה שיפעל בו לעכול הוא החם, ועל כן יהיה מתנפש ולו חמימות. [30] הנה אמרנו על דרך הרשום המזון מה הוא. והנה ראוי שנבאר ענינו מהכל במאמר הנאות לו.

פרק ה

ואחר שבארנו אלו הענינים נאמר בכל חוש בכלל. ונאמר כי החוש יקרה על דרך ההתנועעות [מה] ו‹ה›הפעלות, כמו שאמרנו, כי יחשב בו שהוא השתנות מה. ויש מי שאומר שהדומה [417א] יתפעל בעבור דומהו, וזולתי הדומה מזולתי הדומה. והנה אמרנו במאמרים הכללים כמו כן בפעולה ובנפעל על איזה פנים יתכן זה או לא יתכן, ואנו גם כן מדברים בו בזה המקום. אלא כי מה שהוא בלתי מוקש שלא יפול חוש החושים בעצמם, ולמה גם כן לא יפעל חוש בלתי הענינים אשר מבחוץ, [5] ובהם אש ואדמה ושאר היסודות, והם הענינים אשר ישיגם החוש בעצמם, או ‹במקרים› המשיגים אותם. ונאמר כי המרגיש אינו בפועל, אבל בכח לבד, ועל כן לא ירגיש. כמו שהנשרף לא ישרף והוא מעצמו בלתי השורף, ולולי זה היה שורף

(248) המתפרנס: nutribile A, אשר הוא (= היא) לו: -A, ἔχον ταύτην Ar
(249) שיתחבר (= שיתחברו): ut sint vocata A (252) העצים: remus A, הנקרי טימוני (Cf. Lat. temo: "beam, pole"): -A (254) מתנפש: omne animatum A (255) מהכל: post A, במאמר הנאות לו: sermonem A, ἐν τοῖς οἰκείοις λόγοις Ar (260) הכללים (= הכלליים) (262) יפול...בעצמם: sensus sentiunt se A (264) ‹במקרים›: accidentia A (265) המשיגים: contingentia A, המרגיש: sensus A (266) ירגיש: sentimus A, αἰσθάνεται Ar

עצמו ולא היה בו צורך [10] למציאות האש בפועל. ומפני היות מאמרנו בדבר שהוא ירגיש על שני דרכים, וזה כי מה שבכח ישמע ויראה נאמר שהוא ישמע ויראה, ואם יזדמן שיהיה ישן, ומה שסר עד שיפעל נאמר בו זה המאמר, ראוי שיהיה החוש גם כן יאמר על שני מינים, האחד מהם עם שהוא בכח והאחר שהוא בפועל.

[15] כי אין מאמרנו תחלה על שיתפעל הדבר ושיתנועע ושיפעל ושינועע דבר אחד בעצמו. כי התנועה היא פעולה אחת, אלא שהוא בלתי גדל, לפי מה שנאמר במקומות אחרים. כי כל שיפעל ויתנועע בעבור פועל ובעבור מה שהוא בפועל. ועל כן יפול הנפעל על שהוא מן הדומה, והנה יהיה נופל על שהוא מזולתי הדומה. [20] ולפי מה שאמרנו, כי זולתי הדומה הוא אשר יתפעל, וכשהוא נפעל, הוא דומה.

והנה ראוי שנבאר גם כן הענין בכח וההשלמה, אבל בזה המקום אמנם נדבר בהם *במפשט. ונאמר שאנו נרצה לומר במאמרנו בדבר מה ‹הוא›, כאלו אמרת אדם, שהוא חכם, שהוא בעל חכמה וממי שיש לו חכמה. [25] והנה אנו אומרים זה כאמרנו במי שהגיע לו חכמת הדקדוק שהוא חכם. אלא שהוא אין מה שלכל אחד מהם מן הכח הוא מצד אחד, אבל הראשון שבהם כוחו מפני שסוגו כן ו‹ה›חומר, והשני מפני שהוא כשירצה יוכל לראות, כל

(267) מאמרנו: מאמרינו l (272) מאמרנו: מאמרינו l (279) *במפשט: כמשפט r, l, במאמרנו: במאמרינו l (281) הדקדוק: הדק. del. l, הדקדוק l

(269) מה שסר עד ש־: quod pervenit ad A (270) ראוי...יאמר: unde sensus dicitur A, ἂν λέγοιτο καὶ ἡ αἴσθησις Ar, על שני מינים: -A, διχῶς Ar, האחד מהם: -A, ἡ μὲν Ar (271) האחר שהוא: et A, ἡ δὲ Ar, בפועל: +Et similiter etiam sentire est potentia et est actu A (273) בלתי גדל: non perfecta A (275) יפול הנפעל על שהוא: pati quandoque est A, והנה יהיה נופל על שהוא (276): quandoque A (279) *במפשט: simpliciter l, r, בדבר מה ‹הוא›: quod aliquid A (280) שהוא בעל חכמה וממי שיש לו חכמה: quod homo est de habentibus scientiam A, ὅτι ὁ ἄνθρωπος τῶν ἐπιστημόνων καὶ ἐχόντων ἐπιστήμην Ar (282) מצד אחד: eodem modo A, (= מצד אחד בעצמו) (283) ו‹ה›חומר: -A, καὶ ἡ ὕλη Ar

זמן שלא ימנעהו מונע מבחוץ. אבל אשר הוא כשיראה הוא בהשלמה, והוא באמת [30] חכם בזה האלף. אם כן שני הראשונים אמנם כולם הם חכמה בכח, אבל אחד מהם כשישתנה בחכמה ונעתק פעמים רבות מן הקנין הנהפך, והאחר בהיותו נעתק משלו הרגשה [417ב] או חכמת הדקדוק, אלא שהוא לא יהיה פועל אל לא יתפעל, כי פניו פנים אחרים. והנפעל גם כן אינו הוא פשוט, אבל קצתו הפסד מה מההפך, וקצתו יותר ראוי כשיהיה הצלה אחת מה ‹ב›כח בעבור מה שהוא בהשלמה והוא דומה. וזה הוא ענין מה שהוא בכח [5] אצל ההשלמה, כי הוא אמנם יהיה מעיין מה שלו החכמה. וזה או שלא תהיה שינוי, כי התוספת בו יהיה אל ההשלמה, או שיהיה סוג אחר מן השינוי. ועל כן אינו נכון שיאמר במה שיובן, כשהבין, שהוא השתנה, כמו שלא יאמר בבנין, כשיהיה נבנה, שהשתנתה. [10] אבל מה שהוא חוזר אל ההשלמה ממה שהוא בכח נמצא בשער הציור בשכל והדעת, כי אין ממשפטו שיקרא חכם, אבל ראוי שיכונה כנוי אחר. אבל מה שהתלמד אחר שהוא בכח, ויקח החכמה מאשר הוא בהשלמה מלמד, כי הוא ראוי או שלא יאמר בו כלל שהוא יתפעל, או שיאמר שהשינוי שני מינים, [15] האחד מהם השינוי אל עניני ההעדר, והאחר ההעדר אל הקנין והטבע. והשינוי הראשון למרגיש יהיה בעבור המוליד, עד כי כשיתילד יהיה לו על המקום וההרגשה גם כן,

(284) מונע: מניע l (291) שלו: שלד l, שלו l del. (300) המוליד: כו +l

(285) בזה האלף: hoc A, Ar τὸ τόδε, חכמה: scientia A, Ms A: = (286) בחכמה: per doctrinam A, מן הקנין הנהפך: ex habitu ad dispositionem contrariam A, Ar ἐξ ἐναντίας...ἕξεως (288) אל לא יתפעל: quousque agat A, פניו: modus eius A (289) אחת מה ‹ב›כח (290): eius quod est in potentia A (292) תהיה (= יהיה) (293) על כן: similiter A, Ar διὸ, יובן (= יבין) (294) בנין (= البِنا٬): Edificator A (= البَنّا٬), נבנה: edificat A (= בנה), שהשתנתה (= שהשתנה) (295) והדעת: -A, Ar καὶ φρονοῦν (296) חכם (= חכמה): disciplina A, Ar διδασκαλίαν, מה: qui A, Ar τὸ (299) ההעדר: transmutatio A (= ההעתקה)

*כחכמה. ומה שבפועל גם כן יאמר על משל שיראה. [20] אלא שההפרש ביניהם כי הענינים הפועלים בזה הענין מבחוץ, כמו הנראה והנשמע, וכן שאר המורגשים. והסבה בזה כי החוש בפועל אמנם ישיג בענינים החלקיים, ואמנם החכמה היא אשר ישיג הענינים הכלליים, ואלו כאלו הם הנפש בעצמה. ועל כן יהיה לאדם שיצטייר בשכל כשירצה, [25] ואין אליו שירגיש, מפני שהוא יצטרך בהכרח אל מציאות המורגש. וזה הענין נמצא גם כן בידיעת המורגשים, כי זאת הסבה בעצמה הוא סיבתה, כלומר שהמורגשים מן הענינים החלקיים אשר מבחוץ.

אבל המאמר באלו המאמרים ופירוש ענינם יש זמן זולתי זה, יהיה עדיין לעתיד. אבל בזה העת זה עקר מה שנבארהו כי מפני היות מה שנאמר שהוא בכח אינו ענין פשוט, [30] אבל קצתו יאמר בו זה כמאמרנו בנער שהוא יוכל שיהיה שר הצבא, וקצתו יאמר זה בו כאמרנו בחנוך, כך ענין המרגיש. [418א] אבל מפני היות הבדליהם בלתי נקראים בשמות, והיינו מבארים מעניניהם שהם משתנים, הנה יכריחנו הענין לעשות הנפעל או השינוי *כדברים האמתיים. והמורגש בכח כמורגש בהשלמה, לפי מה שאמרנו, [5] הוא יהיה יתפעל כל זמן שלא יהיה דומה, עד כי כשיפעל יתדמה והיה כן.

פרק ו

והנה ראוי שנתחיל תחלה במאמר בכל אחד מן החושים במאמר המורגשים.

(301) *כחכמה: בחכמה l, r (314) *כדברים: בדברים l, r

(301) *כחכמה: sicut scientia est A, יאמר: -A, על משל שיראה: simile consideratione A (304) ישיג (= תשיג), הנפש: in anima A (= בנפש) (305) שיצטייר (= שיצייר) (306) בהכרח: -A, מציאות: -A, Ar ὑπάρχειν (307) הוא סיבתה (= היא סיבתם) (309) באלו המאמרים: de istis A, יש זמן זולתי זה: erit post A, יהיה עדיין לעתיד (310): et habebit horam A (312) בחנוך: de experimentato A, ענין המרגיש: de sensu A (314) משתנים: et quomodo A+, *כדברים: sicut res A (315) המורגש: sentiens A (= המרגיש), שאמרנו: enim A+ (316) והיה כן: -A, καὶ ἔστιν οἷον ἐκεῖνο Ar

ונאמר שהמורגש נאמר על ג׳ פנים, מהם שהם ירגישו בעצמם, והאחד הנשאר על דרך המקרה. [10] והאחד מהשנים מיוחד לאחד אחד מן החושים, והאחר משותף לכולם. ורצוני לומר באמרי מיוחד מה שלא יהיה מזולתם מן החושים הרגשתו, ומה שלא יהיה איפשר שיפול להם בו השגגה, כמו הראות במראה, והשמיעה בקול, והטעם במזון. אבל המישוש מיניו יותר מאחד, אלא שכל [15] אחד מהם יודו על אלו הענינים, ולא יטעה במראה איזה מראה הוא, ולא בקול איזה קול הוא, אבל בדבר ‹צבוע› מה הוא ואנה הוא, ובדבר שממנו הקול מהו ואנה הוא. כי מה שהיה כן נאמר בו שהוא מיוחד לכל אחד מהם. אבל המשותפים [ו]התנועה והמנוחה והמספר והצורה והשיעור. אלו הענינים אינם ייחוד ולא לאחד מהם, אבל משותפים להם כולם, כי המישוש [20] שני תנועות מורגשות ולראות(?). אבל בדרך המקרה יאמר בדבר שהוא מורגש [היה], הלבן הוא דיארק, כי יהיה מורגש זה על דרך המקרה, מפני שהוא *קרה ללבן אשר ירגישנו, אם יהיה זה. ועל כן יהיה בלתי מתפעל מדרך שהוא כן מן המורגש. אמנם הענינים המורגשים בעצמם, המיוחדים [מהם] הם שהם באמת [25] מורגשים, והם אשר עצם אחד אחד מן החושים מוטבעים לפי הם.

(320) והאחר: והאחד l (322) איפשר: שלא + del. l (331) *קרה: קרוב l, רחב r

(319) והאחד הנשאר: tertius A (323) במראה: apud colorem A, במזון: apud saporem A (324) ידו על (=יודע על?): iudicavit A (325) בדבר ‹צבוע›: in colorato A (326) נאמר בו ש־: -A (327) לכל אחד מהם: -A, ἑκάστῃς Ar (328) אלו: +A enim (329) כי...ולראות(?): motus enim sentitur tactu et visu A (= כי במישוש התנועה מורגשת ובראות) (330) הלבן הוא: quasi sit album A (= כאלו הלבן הוא), דיארק: Socrates A, Διάρους υἱός Ar (331) *קרה: accidit A, אשר ירגישנו: -A, אם יהיה זה: quod fuit iste A (333) והם אשר...מוטבעים (= מוטבע) לפי הם (334): et sunt ea que sentire est nata substantia cuiusque sensuum A, καὶ πρὸς ἃ ἡ οὐσία πέφυκεν ἑκάστης αἰσθήσεως Ar

פרק ז

והדבר אשר אליו ייוחס הראות אותו הדבר הוא המראה. והמראה הוא הצבע, ולא יתכן להמליץ בעדו במאמר אלא שהוא בלתי נקרא בשם. ועדיין יהיה נראה מה שאני אומר אותו ביותר מזה למי שירצה. כי המראה הוא הקולור בלעז, וזהו הנמצא בעצמו. ורצוני לומר באמרי בעצמו לא בענין, אבל כי בו תמצא הסבה בשהוא מראה. וכל מראה [418ב3] הוא מניע לבהיר בפועל, וזה הוא טבעו. ועל כן אינו מראה זולתי *אורה. אבל על כל פנים שכל אחד מן המראים היא מראה באורה.

ועל כל פנים שנקח לדבר באורה מה היא, וזה שנאמר הבהיר מה הוא. נאמר שהבהיר מה שהוא מראה, [5] ואינו מראה בעצמו במאמר המוחלט, אבל מפני מראה זר. והנה אנו מוצאים בזה הענין האויר והמים והרבה מן הגשמים החלקים. כי אין מדרך שהאויר אויר, ולא מדרך שהמים מים, יזהירו, אבל מדרך שבמקום זה טבע אחד בעצמו נמצא בשני אלו יחד ובגשם הנצחי העליון. אמנם האורה היא פעולה זו, [10] כלומר הבהיר מדרך מה שהוא בהיר, אבל בכח מה שיהיה בו זה *והחשיכה. והאורה כעין הצבע לבהיר כל זמן היותו מזהיר בשלמות מאש ומה שדומה לו, כמו הגשם העליון, כי באלו גם כן נמצא אותו הדבר אחד בעצמו. הנה אמרנו המזהיר מה היא,

(341) *אורה: אותה r, l (348) זו: -r (349) *והחשיכה. והאורה: r, l inv.

(336) מראה: visibile A (=מוּראה) (337) לא: -A (338) למי שירצה: -A (339) בלעז: -A, הנמצא: visibile A (340) בשהוא מראה: in hoc quod est visibile A, Ar τοῦ εἶναι ὁρατόν, כל מראה: unusquisque colorum A, בהיר: diaffonum A (341) מראה: visibilis A, *אורה: luce A, על כל פנים: necessario A (342) היא מראה: visibilis A (343) ועל כל פנים שנקח לדבר: Et ideo dicendum est A, Ar πρῶτον λεκτέον (344) מראה: visibile A, במאמר המוחלט: simpliciter A (345) מן הגשמים החלקים (346): corpora celestia A, Ar τῶν στερεῶν (347) יזהירו: sunt diaffona A, במקום זה: -A (348) זו (= זה) (349) *והחשיכה. והאורה: obscuritas. Et lux A (351) באלו (= בזה), היא (= הוא)

והאורה מה היא, כי אינה אש [15] ולא גוף כלל, ולא שום ‹דבר› יבוא מגשם מן הגשמים כלל, כי אלו היה כן, היה על אלו הפנים גם כן *גשם אחד, אבל היות שם אש [או מים], או מה שדומה לו, במזהיר. כי אי איפשר שיהיו שני גשמים במקום אחד בעצמו יחד. וגם יחשב גם כן באורה שתהיה הפך החשיכה, ושהחשיכה תהיה העדר זה הקנין בבהיר. [20] והתבאר מזה גם כן באורה שהיא היות שם זה הענין. ולא ימצא בנדקליס ולא זולתו שהיה אומר בכמו מאמרו, שהאורה תהיה נעתקת ותהיה בזמן בין הארץ ובין המקיף, אלא שיסתר ממנו. כי זה המאמר יוצא מדרך האמת בהקש וממה שיהיה נראה [25] שהוא עובר שיעבור מעלינו במהלך מועט, אבל שיהיה יסור מעלינו בין המזרח אל המערב כי ההפרש בזה גדול מאד. והמקבל למראה הוא מה שאין לו צבע, והמקבל לקול הוא ‹מה שאין לו קול. אבל מה שאין לו מראה הוא› הבהיר בלתי המראה, או אשר כפי שיהיה נראה כמו מה שיחשב בחשוך. ואשר הוא כן המזהיר, [30] אלא שאין כשיהיה בהשלמה מזהיר, אבל כשיהיה בכח. ‹כי› הטבע אחד בעצמו, איפשר שיהיו חשכה ואיפשר [419א] שיהיו אורה. ואין כל יהיה נראה באורה, אבל מכל אחד *המראה לבד המיוחדת בו. כי מן הענינים ענינים אינם נראים באורה, אבל בחשיכה תפעל החוש, ומכל זה הענינים הנראים אשיים הם מתדבקים, ואין אלו נקראים בשם אחד, [5] וכמו זה החרס והקרנים וראשי קצת מהדגים

(353) *גשם אחד: הרגש אחד l, r (355) שתהיה .l del, שתהיה l (367) *המראה: האורה l, r

(352) שום ‹דבר›: aliquid A (353) *גשם אחד: aliquod corpus A (354) היות שם: presentia A (355) יחד: -A, Ar ἅμα, גם כן: etiam A, Ms A: = (356) זה: -A (357) ימצא: vere dixit A (359) בהקש: -A, ἐν τῷ λόγῳ Ar (UXTp) (360) שיעבור מעלינו: hoc non percipi A, שיהיה יסור מעלינו (361): non percipi A (362) ‹מה שאין לו קול. אבל מה שאין לו מראה הוא› (363): est quod non habet vocem. Quod autem non habet colorem est A, בלתי המראה: non visibile A (365) ‹כי›: enim A (366) שיהיו (= שיהיה) (367) *המראה: color A (368) תפעל (= יפעלו), הם מתדבקים: et splendescere A (= ומזדהרים?) (369) חרס: concha A, Ar κώδια, µύκης, הקרנים: cornu A

והקשקשת ועינים. אלא שלא יהיה נראה המראה המיוחד ולא באחד מאלו. אבל הסבה שיהיו אלו נראים המאמר בו זולתי זה. אבל בזה המקום זה סוף מה שהוא נראה, כי מה שיהיה נראה באורה היא מראה, וכן אין אדם רואה בלתי אורה. [10] כי זה גם כן היא אשר היה במראה מה הוא, כלומר בשהוא מניע לבהיר בפועל, והשלמת המזהיר הוא האורה. וראיה זאת מבוארת, כי אתה, אם שמת מה שלו מראה על הראות בעצמו, לא היה נראה. אבל המראה מניע הבהיר *כאויר בדבקותו [15] ותניע בו ההרגשה. כי דימוקראטיס לא מצא במחשבתו זה באמרו כי אלו היה הממוצע נעדר, היתה הראיה יותר אמתית, ואפילו היתה נמלה בשמים, כי זה שקר. כי הראות אמנם הוא כשיתפעל החוש הפעלות מה, ואי איפשר שתהיה נפעלת מהמראה [20] הרואה. והנה נשאר שתהיה נפעלת בעבור הממוצע, על כן ראוי מזה שיהיה צריך בהכרח עד שיהיה באמצע שום דבר. אבל כשיהיה העדר, כי אין אמנם לא יהיה הראות בריא, אבל בכלל לא יהיה נראה שום דבר כלל. הנה נאמר מה הסבה כשהמראה ראוי בהכרח שיהיה אמנם נראה באורה. אבל האש יראה בהם יחד, בחשכה ובאורה, וזה כראוי בהכרח, [25] כי הבהיר בעבור זה ישוב מזהיר.

וזה הוא המאמר בעצמו בענין הקול גם כן ובענין הריח. כי אין שום דבר מהם, אם יפגוש *הרגשתו פעולת החוש, אבל יתנועע בעבור הריח ובעבור ‹ה›קול הממוצע, ויתנועע בעבור זה כל אחד משני החושים. [30] כי אתה

(376) *כאויר: באויר l, r (377) במחשבתו: במח. l del. l, במחשבתו l, במחשבתו זה: בזה (ב) מחשבתו (א) r (387) *הרגשתו: הרגשת l, r

(370) הקשקשת: squamme A (371) זה סוף מה שהוא נראה (372): hoc tantum apparet A, היא (= הוא) (373) היא (= הוא) (374) הוא האורה (= היא האורה) (376) *כאויר: sicut aer A (377) מצא: vere dixit A, זה (= זו), נעדר: vacuum A (379) שתהיה נפעלת: (= שיהיה נפעל) (380) מהמראה הרואה (= מהמראה הנראה): Ar τοῦ ὁρωμένου χρώματος, a colore A, שתהיה נפעלת (= שיהיה נפעל) (382) העדר: vacuum A, כי אין אמנם: non tantum A, בריא: vera A, Ar ἀκριβῶς (383) כשהמראה (= בשהמראה) (387) *הרגשתו: suum sensum A, פעולת החוש: facit sentire A (= יפעל החוש)

אם תשים על החוש בעצמו או מה שיהיה לו [נקל] קול או מה שיהיה לו ריח, לא יפעל *חוש כלל. והענין במישוש ובטעם ילך זה הדרך, אלא שלא יהיה זה נראה, ועדיין אנו נבאר מה הסבה בזה. והענין האמצעי בקול האויר, אבל בריח אין לו שם, כי יש הנה הפעלות אחד משתתף באויר ובמים, הוא מה שיהיה לו ריח כמו הבהירות במראה. ומפני זה יהיה נמצא משני אלו יחד, כי אנו נמצא הבעל חיים גם כן אשר משכנו המים יש לו חוש הריח. [419ב3] אבל האדם וכל מה שיהיה מן הבעלי חיים ההולך והוא מתנפש, לא יתכן שיריח בלתי המתנפש. ועדיין נגיד בסבה באלו הענינים עד סופה.

פרק ח

אבל בזה המקום נבאר בו תחלה הענין בקול ובריח. [5] ונאמר כי הקול שני מינים, כי יש ממנו פעולה אחת וממנו בכח. כי מן הענינים שלא נאמר בהם שיש להם קול, כמו האספוג והצמר, ומהם שנאמר שיש להם קול, כמו הנחושת וכל מה שהוא קשה וחלק, מפני שהוא מתחזק לעשות הקול, וזה לו שיפעל במה שבינו ובין השמיעה הקול בפועל. והקול [10] ‹בפועל› [או ש] יהיה תמיד בדבר, אצל דבר, בדבר, כי החבטה היא אשר תפעל. ועל כן אי איפשר גם כן שיתחדש הקול בעבור הדבר והוא אחד. כי המכה שום דבר, והמכה זולתו, ראוי מזה שיהיה הפועל לקול אמנם יפעל הקול אצל דבר. ולא תהיה חבטה בלתי תנועה והעתק. וכמו שאמרנו אין הקול הוא חבטת איזה הגופות שנזדמן, [15] כי גזת הצמר כשתתחבט ותתחכך זו בזו לא תחדש קול כלל, אבל הנחושת וכל אשר יהיה חלק מגובן. אמנם הנחשת מפני שהוא

(390) *חוש: חו ש l, או ש r

(390) *חוש: sentire A (392) הנה: -A (393) משני אלו יחד: in utroque A (396) עדיין...עד סופה: post A (399) פעולה אחת: in actu A (401) קשה וחלק, מפני: durum; lene enim A, στερεὰ καὶ λεῖα, ὅτι Ar, מתחזק ל־: potest A, לו ש־ (402): potest A, ‹בפועל›: in actu A (404) גם כן: -A, καὶ Ar (405) המכה: percussum A (= המוכה) (407) תתחבט ותתחכך זו בזו: confricantur A (408) מגובן: concavum A (= מקובב)

חלק והגרמים המגובנים הם בהפוך יפעלו חבטות רבות אחר הראשון, למען היציאה על אשר יניע. ועוד כי ישמע באויר וישמע במים גם כן, אבל פחות. ואין האויר עקר הענין בקול ולא *המים, [20] אבל יצטרך להיות חבטה מן הגופות החלקים המשמיעים קול קצתם לקצתם ולאויר. וזה כשיהיה האויר מקיים החבטה מבלתי התחבא, כשיחובט שום דבר במהירות וחוזק, יתחדש קול. ‹כי› יצטרך שיקדים תנועת החובט להסתרת האויר, כמו אדם אלו היה חובט כרם או *תלי חול [25] שיתנועע במהירות.

אמנם הקול החוזר הנקרא בערבי צדי יהיה בעבור האויר, כשיהיה אחד בסבת הכלי אשר יאחוז אותו וימנע מהיותו מתפשט והולך, כשישוב האויר וידחה מאתו כמו הכדור. וידמה שיהיה הקול החוזר מתחדש לעולם, ואע״פ שאינו מבואר, כי יקרה בקול כמו שיקרה באורה גם כן, [30] כי האורה תתהפך לעולם, ולולי זה לא היתה האורה בכל מקום, אבל תהיה החשיכה במה שיצא מהמקום אשר יפול עליו השמש, אלא שהוא לא יתהפך כמו שיתהפך מהמים או מהנחושת או זולתם מן הגופות החלקים, עד שיפעלו

(411) *המים: במים l, r (412) החלקים המשמיעים: החלקים: l, r i. m., המשמיעים: l, r del. (413) יחובט: יחובטט r del., יחובט l i.m., במהירות: במק l del., במהירות l (414) החובט: המכה l i.m. (415) *תלי חול: תלמי חול r, l (416) הקול החוזר: תרי קלי l i.m. (421) יפול: יפוע l del., יפול l

(409) הגרמים המגובנים: A corpora concava, הם בהפוך יפעלו: A quia faciunt per reflexionem, למען (= למנע, لمنع): A propter prohibitionem (410) על אשר יניע: -A, Ar τοῦ κινηθέντος (411) אין...עקר הענין: A non solus sufficit, Ar οὐκ ἔστι κύριος, *המים: A aqua (412) החלקים: A solidis, המשמיעים קול: -A, כשיהיה...החבטה (413): A quando fuerit aer fixus ad recipiendum percussionem, מבלתי התחבא: A et non dividetur (414) ‹כי›: A enim, להסתרת האויר: A divisionem aeris (415) כרם (כרם: to pile up) או *תלי חול: A acervum arene, Ar ψάμμου ὁρμαθὸν ἢ σωρὸν, שיתנועע במהירות: -A, Ar φερομένον ταχύ (416) הנקרא בערבי צדי: -A (417) מהיותו מתפשט והולך: A, = Ms A: ab exitu (420) תתהפך: A reflectitur (421) במה שיצא מ־: A extra

צל, והוא אשר בו ימצא הקול. והנכון נאמר כי ההעדר עקר הענין בשמיעה, כי יחשב באויר שהוא העדר, וזה הוא אשר יפעל השמיעה, [35] כשתתנועע מתדבק ‹ו›אחד. אבל לא מפני שהוא מביא, [420א] כי לא יהיה מה שלא יהיה החבוט חלק, ואז יהיה האויר אחד, וזה שהוא יחד מפני שטחו, כי שטח החלק אחד.

כי מה שיש לו קול הוא המניע לאויר אחד בדבקות עד שיגיע אל השמיעה. והשמיעה היא מביא לחבוט מפני [5] שהוא באויר. ועל כן יהיה הבעל חיים אין מכל מקום ישמע, ולא מכל מקום יעבור בו האויר. כי *האבר המתמועע המתנפש אין בכל מקום *לו אויר, כענין הרואה בלחות. וזה בעצמו, כלומר האויר, אין קול לו, מפני שהוא דבר ממהר להתפרק. וכשימנע מן ההפרקה תהיה תנועתו זאת קול. אמנם האויר אשר באזנים [10] סודר בו על שהוא בלתי מתנועע, כמו שיורגש בתכלית כל מיני התנועה. ובעבור זה נהיה שומעים גם כן במים, כי אין נכנס, כלומר המים, על האויר בעצמו הדבק, כיון שלא נכנס ולא באוזן מפני העוות. וכשיקרה זה לא ישמע, ולא גם כן כשיגיע לאבר המוח [15] חולי, *כענין העור אשר על הרואה כשיבואנו חולי. ומה שיקרה מהפסד השמיעה, כשיכנס המים על זה האויר, הוא בעצמו יקרה מהכנסת האויר אשר מבחוץ עליו. וכן כי סימן השמיעה תחלה הוא

(430) *האבר: האויר: r, l del. (431) *לו: לא r, l (437) *כענין: הענין r, l

(423) והוא...הקול: et est illud per quod venit lux A, ההעדר: vacuum A (424) כשתתנועע (= כשיתנועע) (425) מביא: obediens A, Ar ψαθυρὸς (426) אחד: +ecco A, וזה...שטחו: quoniam venit insimul a superficie eius A (429) מביא (= מביאה) ל־ (= موصل الى): copulatus cum A (= متّصل الى, דבק) (430) מכל מקום: in omni loco A (= בכל מקום), *האבר: Membrum A (431) *לו אויר: habet hoc A, הרואה (= الناظر): videntis A, Ar (Pc, Σ) κόρη (433) סודר: positus A (434) בו (= בהם), כמו: (= כדי) ut A, שיורגש (= שירגיש), בתכלית: perfecte A (435) כלומר המים: -A (436) העוות: spiram A, ישמע: audiemus A (437) לאבר המוח: matri cerebri A, חולי: occasio A, *כענין: sicut dispositio A (439) וכן: Et scias hoc A, כי: Et etiam A

שמע הצלילות באוזן תמיד, כמו השופר. כי האויר באוזן יתנועע תמיד תנועה תמידית מיוחדת לו, אלא *שהקול זר, לא ייחודי. ומפני זה אמרו כי השמע אמנם יהיה בהעדר בעל הצלילות, [ו]מפני שאנו שומעים מה [20] שבו אויר שוחז. ויש לתמוה אם אשר לו הקול הוא החבוט או החובט; ונאמר ששניהם יחד, אלא שזה בשני פנים משתנים. כי הקול היא תנועת מה שאיפשר שתתנועע על זה הצד כמו מה שיתחדש מהגשמים החלקים, כשיחובטו. אלא שאין כל חבוט וחובט [25] כמו שנאמר יהיה לו קול, המשל בזה אם יפגשו שני מחטים, אבל יצטרך להיותם שוים. אבל מיני הענינים אשר יהיה להם קול אמנם יתבאר בו הקול אשר בפועל. כי כמו שהמראים אינם נראים בלתי האורה, כן לא נעמוד על החד והכבד *מבלתי הקול. וזה נאמר על דרך ההעתק מן הענינים הממוששים. [30] כי החד יניע *החוש בזמן מועט הרבה, והכבד יניעהו בזמן ארוך מעט. אלא שאין החד ממהר, ולא הכבד מאחר, אלא שתנועת זה תהיה כן בעבור המהירות, ותנועת [420ב] זה לאחור. וידמה שיהיה זה דומה למה שימצא בחוש המישוש בענין החד והמאסף. כי החד כאלו הוא *ינעוץ, והמאסף כאלו הוא ידחה, מפני שזה יניע בזמן מועט וזה יניע בזמן ארוך, על כן יתחייב מזה שיהיה זה מהרה וזה באיחור. [5] וזה

(441) *קול: כלי l, r (443) לתמוה: לשי l del., לתמוה l (449) *מבלתי: ממראה l, r (450) *החוש: החוז l, r (451) ממהר: מהחר l del., מההר r, ממהר r i.m. (452) שתנועת זה: שזה l del., שתנועת זה l (454) *ינעוץ: ינעוף l, r

(440) הצלילות (= הצליל) (441) *שהקול: A sonus (442) בעל הצלילות: A tinnibile (443) שוחז: A distinctus, محدودا B (445) שתתנועע (= שיתנועע), יתחדש מהגשמים החלקים, כשיחובטו: A scilicet ut a corpore aliquo reflectantur corpora lenia, Ar ὅυπερ τὰ ἀφαλλόμενα ἀπὸ τῶν λέιων, ὅταν τις κρούσῃ (446) יפגשו שני מחטים (447): A percusserit acus acum (448) יתבאר בו הקול: A declarantur in sono (449) (= יתבארו בקול) נעמוד על: A sentiuntur, *מבלתי: A sine (450): *החוש: A sensum (452) בעבור: A sicut, Ar διὰ, ל־: A sicut, διὰ Ar (453) המאסף: A obtuso, والكهام والململم B (454) *ינעוץ: stimulans A (455) מהרה (= מהר)

מה שבארנוהו בענין הקול.

אמנם מה שיצא מן הקול הוא קול מה מן מתנפש. והמשל בזה כי המזמר והכף ומה שאין נפש[ו] לו, להם ריקוע ולחן ולשון, אבל יהיו דומים, מפני שביוצא מן הקול הם אלו הענינים. והרבה מבעלי חיים [10] שאין להם יציאת קול, כמו הבעל חיים הנעדר מן הדם, ומבעלי חיים בעלי דם הם הדגים. וזה ראוי, כשיהיה הקול תנועת מה לאויר. אבל לא יאמר בו שהוא יוציא קול, כמו החי אשר בנהר הנקרא אחאליוס, כי יתחדש ממנו קול, יוציא מנחיריו, או בזולת זה ממה שידמהו, וזה לא יאמר לו יציאת קול אלא בשיתוף השם. אבל היציאת הקול הוא קול בעל חיים, ואין באיזה אבר שיזדמן. אבל מפני היות כל דבר אמנם יש לו קול [15] כשיכה דבר אל דבר לבד, וזה הוא האויר, אם כן מן הראוי ישמיעו קול אלו הדברים לבד, כלומר אשר תקבל האויר. כי הטבע עשה האויר המתנפש בו בשתי ‹פעולות›, כמו שעשתה הלשון בטעימה ובדיבור, והטעימה משתי אלו הפעולות ענין הכרחי, ועל כן הוא נמצא ברוב, [20] אבל המליצה היא למטיב הענין. כן נעשה למתנפש בחמימות אשר נכנס, על דרך שהוא ענין הכרחיי, וכבר הגדנו בסבה בזה בזולתי זה הספר, ובכמו הקול כדי שימצא הענין היותר מעולה. והגרון כלי הניפוש ושיפוי כובע והוצאת הקול. והדבר אשר בסבתו היה זה האבר

(467) בשתי: r del. l, (470) נכנס: i.m. l

(457) מה שיצא מן הקול: Vox A, מן: in A (458) מזמר (= مزمار): fistula A, כף: -A, λύρα Ar, ריקוע: extensionem A, לשון: idioma A (459) הם: +etiam A (461) לא יאמר בו (= לו יאמר בו): ea que dicuntur A, ما قيل من B (462) אחאליוס: Amelus A, Ἀχελῴῳ τῷ ἐν Ar (463) וזה...השם (464) Et intendebat per hoc quod tale non dicitur vociferatio nisi equivoce (A: comm. II, 87, ll. 35-6), היציאת הקול (= יציאת הקול) (467) תקבל (= יקבלו), בו: -A, ‹פעולות›: actionibus A (468) דיבור: loquela A, διάλεκτον Ar, משתי אלו הפעולות: -A, ὧν Ar (469) המליצה: loquela A, ἑρμηνεία Ar, למטיב הענין: propter melius A, ἕνεκα τοῦ εὖ Ar (470) נעשה ל־: utitur A, אשר נכנס: intrinseco A (471) כדי...מעולה: propter melius A, ὅπως ὑπάρχῃ τὸ εὖ Ar (472) ושיפוי כובע (Adam's apple): -A

הוא הריאה, כי בזה האבר יתעלה [25] החי ההולך על שאר בעלי חיים בחמימות. והוא יצטרך אל הניפוש מפני הלב תחלה. ועל כן יהיה צריך בהכרח להשיב האויר כשיתנפש אל פנימה, ויהיה ראוי מזה שיהיה *הדקת האויר אשר יתנפש מהניפוש אשר באילו האיברים הנקראים קנה הריאה הוא הוצאת הקול. כי אין ‹כל› קול [30] שיהיה מן בעל חיים הוא הוצאת קול לפי מה שאמרנו, כי איפשר לנו שנחדש קול בלשון, כמו שיתחדש בו מן השעול, אלא שהוא יצטרך שיהיה המכה מתנפש ועם דמיון. כי הוצאת הקול הוא קול מורה, ואינו הוא לאויר אשר יתנפש בו כמו השעול, [421א] אבל בזה יכה האויר אשר בקנה הריאה. והראיה על זה שאנו לא נוכל על הוצאת הקול, לא ואנו נתנפש ולא כשאנו נוציא הניפוש, כי אנו אמנם נניע בזה האבר כשנכלא אותו. ונראה גם כן הסבה אשר הדג אין לו קול, כי אין לו גרגרת, [5] ואמנם אין לו זה האבר מפני שהוא אינו מקבל האויר ולא יתנפש, ומי שאומר זה הוא טועה. ואמנם הסבה בזה המאמר בו יהיה בזולתי זה המקום.

פרק ט

אמנם ענין הריח והמורח הביאור שלו קלותו פחות ממנו בענינים אשר הוזכרו. וזה כי לא יתבאר ענין הריח איזה דבר היא, *כבאור הענין בקול או באורה או במראה. והסיבה [10] בזה כי זאת ההרגשה אינה בנו אמתית, אבל פחות מה שהיא בהרבה מבעלי חיים. כי הרחת האדם חלושה ולא ירגיש

(475) *הדקת: הרקת l, r (489) *כבאור: בבאור l, r

(474) בהכרח: +A ut aer infrigidetur (475) *הדקת האויר (= دَقّة الهواء) :
percussio aeris A (476) מהניפוש (= מהנפש): ab anima A (477) ‹כל›:
omnis A (479) ועם דמיון: +A aliqua (480) קול מורה: sonus illius A,
Ar σημαντικὸς (482) נניע בזה האבר: = A, Mss A,B,C,G:
movemus hoc membrum (484) ואמנם...האבר: -A, τοῦτο δὲ μόριον
Ar οὐκ ἔχουσιν, אינו...יתנפש: non anelant aerem A, οὐ δέχονται
Ar τὸν ἀέρα οὐδ᾽ ἀναπνέουσιν (488) שלו קלותו (= שלהם קלותם)
(489) היא (=הוא), *כבאור: sicut A (491) חלושה: +A valde

שום דבר מן הענינים המורחים בלתי הזק או הנאה, מפני שההרגשה אינה בו בריאה. ומן הדין הוא שיהיה כך מרגיש הבעל חיים אשר עינו קשה למראים ושלא יתבאר אצלו ממיני [15] המראים, אלא במי שאינו בעל שער והמורגל, ושיהיה כן ירגיש ההרחות סוג בני אדם. כי ידמה שיהיה בעבור יחס שיהיה ביניהם ובין המוטעם, ומיני הטעמים על משל מיני הריח, אבל הטעם בנו יותר אמתי מפני שהוא מישוש אחד. [20] ואם תהיה זאת ההרגשה באדם בתכלית הבריאות, הוא בשאריה מקצר מהרבה מבעלי חיים. אמנם במישוש אנו נבדילנו בבריאותו, ועל כן הוא יותר זך משאר בעלי חיים. וממה שיורה על זה ש[הוא] בסוג האדם גם כן מפני זאת ההרגשה יהיה האדם [כם כן] מוטבע או זולתי מוטבע, [25] ולא יהיה זה מפני זולתה כלל. כי בעל הבשר הקשה בלתי מוטבע *בהבנה, ואשר בשרו חלק יהיה מוטבע.

וכמו שבטעם המתוק ובו המר, כן ההרחות. אבל קצת מן הענינים הריח והטעם בהם מצויירים, ומשל זה שיהיה הריח מתוק ויהיה הטעם מתוק, [30] וקצת הענינים הם בהם ההפך. ועל כן תמצא ריח חריף וריח עפיץ וריח חמוץ וריח ערב. אבל כמו שאמרנו מפני היות ההרחות אינם מבוארות הענין ונגלות כמו הטעמים, [421ב] כן אלו אמנם נאמרו שמותם על דרך ההדמות בטעמים. כי הריח המתוק הוא ריח הכרכום וריח הדבש, והריח החריף ריח השום ודומהו, ועל זה הענין ילך הענין גם כן בשאר. [5] וכמו שהשמיעה וכל

(494) ושלא: ושלו r (498) בשאריה: כשאריה r (502) *בהבנה: בהכנה r, l (506) ההרחות: ההראות r, l, ההרחות r i.m.

(492) בו: -A (493) בריאה: verus A (= صحيح), ומן הדין הוא: et videtur A, Ar εὔλογον (494) אלא במי שאינו בעל שער: nisi conveniens oculo A, Ar πλὴν τῷ φοβερῷ (495) והמורגל: et inconveniens A, καὶ Ar ἀφόβῳ (498) בתכלית הבריאות: valde verum A (ראה 493), מקצר מ־ (= قصر): diminuitur a A (499) נבדילנו בבריאותו: excedit omnia A, Ar διαφερόντως ἀκριβοῖ (501) מוטבע: discretus A, Ar εὐφυεῖς (502) בלתי מוטבע או זולתי מוטבע: -A, Ar καὶ ἀφυεῖς *בהבנה: non discretum A, Ar τὴν διάνοιαν ἀφυεῖς, מוטבע: est discretum A, Ar εὐφυεῖς (503) ההרחות: in odoribus A (504) מצויירים: convenientes A (506) מבוארות הענין ונגלות (507): manifesti A

אחד מן החושים, אמנם אלו הם למושמע וזולתי מושמע, אבל האחרים הם לנראים וזולתי נראים, *כן הריח גם כן מורח וזולתי מורח. ממנו מה שהוא זולתי מורח מפני שהוא לא יתכן לעולם שתהיה לו ריח, וממנו שהוא בלתי מורח כי הוא חלוש, ומה שיהיה ריחו רעה. כן גם כן יאמר בלתי המוטעם. והריח גם כן יהיה ממוצע, כאלו אמרת אויר או מים. [10] כי בעל חיים גם כן אשר שוכן במים יחשב שהוא ירגיש הריח, ועל זה המשל בעלי הדם וזולתי בעלי הדם, כמו שירגישנו גם כן החי אשר באויר, כי קצת אלו יטושו עלי אוכלם מרחוק, כי הוא יריחנו.

ועל כן נראה שזה המקום ספק, שיהיה בעל חיים כלו יריח עלי דמיון אחד, ויהיה האדם אמנם יריח כשיתנפש, [15] אבל יוציא הניפוש או יכלאנו, לא יריח, לא מרחוק ולא מקרוב, ולא אפילו יושם בנחיריו ניפושו. כי הדבר, כשיושם על המרגיש בעצמו, לא יורגש, ענינו משותף בכולם, או שלא תפול ההרגשה בלתי הניפוש הוא ענין מיוחד בבני אדם. וזה יתבאר למי שנסהו. [20] על כן ראוי מזה שיהיה הבעל חיים בלתי בעל דם, כשיהיה בלתי מתנפש, לו הרגשה אחרת, זולתי אשר נספר. אבל זה בלתי איפשר, אחר היותו מרגיש הריח, כי חוש המורח ואשר ריחו טוב וזולתי ריחו טוב אמנם הוא ריח. ועוד שאנו מוצאים הריחניים החזקים אשר יפסיד האדם [25] הפסדם, כמו הכופר וריח הגפרית ודומהו. על כן ראוי בהכרח שיהיה מריח, אבל לא כשיתנפש.

וידמה שיהיה זה ההרגש באדם משתנה לו בשאר בעלי חיים, כהשתנות

(511) *כן: כי r ,l

(511) *כן: sic A (513) ומה: aut quia A (514) גם כן: -A, ממוצע: per medium A (516) יטושו: moventur A, עלי (= على, על) (517) מרחוק: in remoto A, כי הוא יריחנו (= כי הם יריחוהו): -A, Ar ὕποσμα γινόμενα (520) ניפושו: odorosum A (521) כשיושם: +sensibile A, או: vero A (524) זולתי אשר נספר: -A, Ar παρὰ τὰς λεγομένας (525) המורח: -A, Ar τοῦ ὀσφραντοῦ (526) הריחניים החזקים: fortes odores A, אשר יפסיד האדם (= אשר יפסידו האדם) (527) הפסדם: nocent eis A, הכופר: putrefactionis A, Ar ἀσφάλτου

העינים לעיני הבעלי חיים הקשים העינים. כי אלו להם מסך, ומה שילך דרך המגן כלומר העפעפים, כי אלו כשלא יניעם [30] האדם עד שיפתחם, לא יראה. אבל הבעלי חיים אשר עיניהם קשות אין לו שום דבר ילך זה הדרך, אבל יראה פתאום מה שיתחדש בבהירות. כן ידמה שיהיה חוש הריח [422א] גם כן, כלומר שהוא בקצת בעלי חיים בלתי ממוסך, כמו העין. אבל בבעלי חיים אשר יפגשו האויר עליהם מסך. וזה המסך, כשיתנפש זה הבעל חיים ונתרחבו הגידים והמעברות, אז יסור זה. ועל כן יהיה מה שיתנפש לא יריח בלח, [5] כי הוא צריך בהכרח בהרחה אל הניפוש, ולא יתכן לו שיפעל זה בלח. והריח הוא ליבש כמו שהטעם ללח. והמרגיש והמריח הוא מה שהוא בכח בזה הענין.

פרק י

אבל המוטעם הוא מישוש מה, והוא שהיה בזה הכח בזה הענין, לא *באמצעי והוא גרם זר. [10] כי המישוש גם כן אינו כן. והגשם אשר בו הטעם, הטעם בו בלחות כדבר בהיולי, וזה הוא ממשש אחד. ועל כן נהיה, ואפילו אנו נהיה במים, ויושם בו דבר מתוק, נרגישנו ולא יהיה הרגשתינו לו באמצעי, אלא כשנערב עם לח, ‹כמו› שילך הענין ביין. [15] ואמנם המראה אינו נראה כשיתערב, ולא כשענינים ילכו ממנו. אמנם על דרך האמצעי כי אינו אמצעי, אבל כמו שהמראה הוא הנראה, כן הטעם הוא המוטעם. ואין

(542) *באמצעי והוא: באמצעו הוא l, באמצע והוא r (544) נרגישנו: נרגיש l
del., נרגישנו l

(530) ומה שילך דרך המגן (531): -A, καὶ ὥσπερ ἔλυτρον Ar,
כי...שיפתחם: que cum non aperiuntur A, ἃ μὴ κινήσας μηδ'
ἀνασπάσας Ar (532) לו (=להם) (533) יראה (=יראו), בבהירות: in
diaffono A (535) יפגשו (= تقابل): recipientibus A (= تقبّل) (541) מישוש
(= ממושש): tactus A, ἁπτόν Ar (543) הטעם: sapor A, הטעם בו (=
המוטעם בו): gustus in eo, τὸ γευστόν Ar, ממשש (= ממושש) (545)
‹כמו›: sicut A (546) על דרך האמצעי: Secundum medium A, Mss =
D,G

דבר מקבל חוש הטעם בלתי לחות, אבל בו בפועל או בכח לחות, ומשל בזה המלות, שהוא ממהר ההתכה עצמו ומתיר עמו הלשון.

[20] וכמו שהראות הוא לנראה ולזולתי נראה, כי החשכה דבר בלתי נראית, והראות יבדיל זה כם כן, והוא נראה במי שהוא בתכלית הבריקה, כי זה גם כן על צד מן הצדדים בלתי נראה, אלא שזה על דרך בלתי הפנים אשר ילך עליהם ענין החשכה, וכן השמיעה היא לקול ולמנוחה, אשר אחד מהם נשמע ‹והאחר לא נשמע›, והוא לקול [25] החזק, כמו שהראות לברק. כי כמו שהקול *החלש אינו נשמע, כן על צד אחר החזק גם כן והאונס. ושאינו נראה ממנו מה שיאמר כן בכלל, כמו בשאריה כל זמן שלא יהיה זה בו, ויש ממנו מה שדרכו אלא שאינו לו, או לו לפי הקיצור, כמו מי שאין לו רגל ומה שאין כח לו. וכן הטעם הוא למוטעם [30] ולזולתי המוטעם, וזה הוא מה שהיה טעמו חלוש או רע או מפסיד למוטעם. והנה יחשב כי השתוי וזולתי השתוי כן, כי שהם יחד טעם אחד, אלא שזה על שהוא רע מפסיד לטעם, וזה לפי הענין הטבעי. והשתוי משותף למישוש ולטעם.

[422ב] ומפני היות הטעם *לח, התחייב בהכרח שתהיה מרגיש לא לח בהשלמה, ולא זולתי איפשר מהתלחלח. כי המוטעם יהיה מתפעל הפעלות מה בעבור המוטעם מדרך מה הוא מוטעם. ויתחייב בהכרח שיהיה מתלחלח

(549) מלוח: מליח l, ומתיר: מתיר r, ו .del l, מתיר l (555) הקול *החלש: הקול הקול r, l (562) *לח: לא r, l

(549) עצמו: -A, מתיר (= מתיך): dissolvit Av, συντηκτικὸν Ar (551) במי (= במה) (553) למנוחה: silentii A (554) ‹והאחר לא נשמע›: et aliud non audibile A, והוא (= והיא), לקול החזק: maximi soni A, μεγάλου Ar, לברק: resplendentis A (555) *החלש: minimus A, ὁ μικρὸς Ar, החזק: maximus sonus A, והאונס: -A, καὶ ὁ βίαιος Ar (556) כל זמן...בו (=בהם): carentibus hoc A (557) מה שדרכו: innatum A, לפי הקצור: diminute A, ומה שאין כח לו (558) (= عجز): -A, τὸ ἀπύρηνον Ar, ما خفى عجمه B (559) מוטעם (= טעם): gustum A, γεύσεως Ar (560) יחד: quoquo modo A, ἀμφοτέρα Ar codd. PcΣ (562) *לח: humidum A (563) המוטעם (= טעם): gustus A, ἡ γεῦσις Ar

מה שאיפשר בו שירטב והוא שלם, [5] אלא שהוא לא יתלחלח, כלומר חוש הטעם. והנה יורה על זה כי הלשון אינו מרגיש כשיהיה חזק היבשות ולא כשיהיה מרובה הלחות, כי המישוש בעצמו יהיה ללחות הראשון, כמו מי [מה] שקדם וטעם, ואחר כן טעם טעם אחר, וכמו שהחולים *ימצאו העינים כלם מרים מפני שהם אמנם ירגישו בלשון [10] והוא משוקה בלחות, זה ענינה. ומיני הטעמים, כמו במראים, אמנם הפשוטים הם ההפכים, והם המתוק והמר. אבל הרודפים אמנם לזה כמו הדשן או לזה המליח. אמנם בין אלו החריף והקובץ והעפיץ והחמוץ. כי יוכל שיהיו אלו המינים יחשב [15] שהם מיני הטעמים. על כן ראוי שיהיה מזה הטועם הוא בכח בזה הענין, והמוטעם הוא הפועל.

פרק יא

ואמנם הממושש והמישוש המאמר בהם אחד בעצמו. כי המישוש אם לא יהיה חוש אחד, אבל יותר, מן הראוי שיהיו המוחשים הממוששים גם כן יותר מאחד. [20] אלא שהוא ממה שהוא מקום ספק אם היא אחת או יותר מזה. אבל [ה]חוש המישוש אם הוא בבשר או במה שזולת זה ממה שדומה לו, ‹או› לא, אבל זה הוא הממוצע, אבל המרגיש הראשון הוא דבר אחד זולתו מבפנים: כי אם תהיה הרגשה יחשב בה שהיא להיפוך אחד, ומשל זה הראות ללבן והשחור, [25] והשמיעה לכבד והחד, והטעם למר ולמתוק. אבל בממושש יש בו מינים הרבה מן ההיפוך, החם והקר, והלח והיבש, והקשה והרך, והשעיר והחלק, ושאר מה שדומה לזה ממה שילך זה הדרך. אלא שיש הנה דבר בו התרה לזה הספק, והוא שבשאר החושים גם כן מינים מן ההפך יותר מאחד [30], ומשל זה כי בהוצאת הקול עם החידוד והכובד, ‹הגדלות›

(565) שלם: salvatus A, כלומר: -A (568) וטעם: +A saporem fortem, *ימצאו: sentiunt A, Ar φαίνεται (572) קובץ: stipticus A, قابض B (577) חוש: genus A, Ar αἴσθησις, המוחשים: -A, Ar τὰ αἰσθητὰ
(578) היא אחת (= הוא אחד) (579) המישוש (= הממושש): tactus A, Ar τοῦ ἁπτικοῦ (580) ‹או›: aut A (581) להיפוך אחד: eiusdem contrarietatis A, Ar μιᾶς ἐναντιώσεως (584) שעיר: asperum A
(586) בהוצאת הקול: in sono A (= בקול), ‹הגדלות›: magnum A

והקטנות גם כן, וחלקות הקול ושעירותו, וענינים אחרים ילכו בזה הדרך. ובמראה גם כן מינים אחרים ילכו זה הדרך. אבל אינו מבואר מה זה הדבר המושם, כמו השמיעה לקול, כן למישוש.

אמנם אם המרגיש מבפנים או לא, אבל [423א] תחלת מה שיראה, כלומר הבשר, יחשב כי *אותו הראיה אינו שום דבר בראיה עליו, כלומר שהחוש יהיה בעת שיחוש. כי אתה עתה, אם תקח על דרך משל קרום והלבשתו, המשל הוא על משל אחד יתחיל החוש מיד עת שימשש, עם שהוא מן המבואר שהמרגיש אינו הוא באלו הענינים. [5] ואם יהיה מן הבשר בו, היה מגיע לחוש יותר מהרה גם כן. ומפני זה יהיה האבר מן הגוף ידמה שיהיה ענינו כענין האויר, אלו היה דבק בגוף בעת שיקיף. כי אנו היינו אז חושבים שאנו בדבר אחד נרגיש הקול והמראה והריח, ושהראות והשמיעה [10] והריחה הרגשה אחת. אמנם עתה מפני שהדבר, נרצה לומר אשר בו תהיה אותה התנועה, כלומר הראות והשמיעה והריחה, מתפרדים, יתראו החושים אשר זכרנום שהם משתנים. אבל המישוש זה העתה נעלם. כן כי אי איפשר עמידת הגוף המתנפש מזה ולא ממים, וזה הוא יצטרך שיהיה חלק. וישאר שיהיה מארץ ומאלה [15] *במערב כבשר ומה שדומה לו. הנה ראוי בהכרח שיהיה הגוף הממוצע הממשש מתדבק, והוא אשר במיצועו יהיו המורגשים והם יותר מאחד. והנה יורה על שהם יותר מאחד המישוש אשר בלשון, כי

(591) *אותו: את l, ?r (602) *במערב כבשר: במעביר הבשר l, r

(588-589) הדבר המושם (الموضوع): subiectum A (591) *אותו: illud A, בראיה עליו: -A (592) שיחוש: tangitur A, עתה: -A, Ar νῦν (593) והלבשתו: +carnem A, המשל הוא על משל אחד (= המשל הוא על משל אחד בעצמו): eodem modo A, יתחיל: apparebit A, שימשש (= שימושש): tangitur A (594) מן הבשר: consolidatum A (595) לחוש (= החוש): sensus A (597) בדבר אחד (= בדבר אחד בעצמו): idem A (598) הדבר: aer A, Ar δι' οὗ, נרצה לומר: -A (599) אותה התנועה: isti motus A, מתפרדים (= מתפרד) A, (600) המישוש (= במישוש): in tactu A (601) מזה: ex aere A, חלק: durum A (602) *במערב כבשר: in carne A, Ar μικτὸν...οἷον βούλεται ἡ σάρξ (603) המורגשים: sensus A, Ar αἰσθήσεις

DE ANIMA II, 11 105

הוא מרגיש המורגשים כולם באבר אחד בעצמו, והטעם. ואלו היה שאר הבשר [20] ירגיש הטעם, היה נחשב שהטעם והמישוש הרגש אחד בעצמו. אבל עתה הם שנים מפני שהענין לא יתהפך.

וממה שיספק בו האדם שכל גשם יש לו עומק וזה הוא השיעור השלישי. והגשמים אשר ביניהם גשם אחד ממוצע, כי לא יתכן שיהיה נוגע קצתם לקצתם. והלח לא יהיה נעדר מן הגוף [25] ולא הטבול, אבל ראוי בהכרח שיהיה מים או יהיה בו מעט מן המים. והענינים אשר ישים קצתם לקצתם במים, כשיהיו קצוותם אינם יבשים, הנה ראוי בהכרח שביניהם ממוצעים, והוא אשר סופם שקועים בו. כי אם יהיה זה אמת אי אפשר שימשש דבר אל דבר במים. וכמו כן באויר, [30] כי ענין האויר גם כן בהיות בו *כענין המים אצל מה שבמים. אלא שיעבור עלינו [423ב] מה שבאויר יותר, ומשל בזה הבעל חיים גם כן אשר במים, אם יהיה הגוף הטבול במים ימשש הגשם הטבול. אם חוש הענינים כולם על משל אחד או חוש הענינים המשתנים משתנים, כמו שיחשוב עתה במוטעם והמישוש שהם במישוש, אבל שאריה מרחוק? או אין הענין כן, אבל אנו נרגיש הקשה והרך [5] במיצוע ענינים אחרים, כמו שנרגיש המחדש לקול והנראה והנשמע, אבל אלו מרחוק ואותם מקרוב, ועל כן לא נשער בו. ואם לא שאנו נרגיש הענינים כולם במיצוע מה, אבל יעבור מעלינו בשני אלו. כי אנו היינו אומרים גם כן במה שקדם, אלו היינו מרגישים הממוששים [10] באמצעות קרום עד שיהיה עובר מעלינו שימנע, היה *ענייננו כמו שהוא עתה במים ובאויר. כי אנו נחשוב עתה שאמנם

(614) *כענין: sicut A (624) *ענייננו: עניינו l, r

(605) מרגיש: sentiuntur A, αἰσθάνεται Ar, המורגשים: tangibilia A (611) ישים, يماسّ B, occurrunt A, ἁπτόμενα Ar (612) קצוותם (= קצותם), ממוצעים (= ממוצע): medium A (613) סופם (= סופיהם) (614) בהיות בו: cum eis que sunt in eo A, *כענין: sicut A (615) שיעבור עלינו: ignoramus A (618) משתנים (= משתנה), מוטעם (= טעם): gustus A, γεῦσις Ar (620) והנשמע: odorabile A, אלו (= זה), אותם: +duo A (621) ואם לא שאנו: et sic nos A (622) יעבור מעלינו: non comprehenditur a nobis A (623) עד...שימנע (624): ita quod non perciperemus eam A, *ענייננו: dispositio nostra A

נמשש ושאינו זה. אבל הממושש ישנה הנראים והמחדשים לקול. מפני שאנו נרגיש אלו בשהממוצע יפעל שום דבר בנו, ואנו נרגיש הממוששים [15] לא בעבור הממוצע אבל עם הממוצע, כמו אשר יבואנו החבטה במיצוע הצנה. כי אין הצנה היא אשר נגפו מפני שהוכה, אבל קרה שנגפם יחד. ובכלל ידמה שיהיה הבשר והלשון כמו האויר והמים בראות והשמיעה והריח, כן בעניניהם אצל המרגיש [20] *כענין כל אחד מאלה. אלא שהמרגיש בעצמו כי מושש לא יפול שם ולא הנה הרגשה. ומשל זה אלו הניח מניח גשם לבן על הרואה האחרון. נאמר שהוא מן המבואר שחוש המישוש מבפנים, ולולי זה התחייב בו מה שהתחייב בשאריה, כי אם הושמו [25] על המרגיש לא הורגש. אבל הבשר אם הושם עליו יורגש. על כן ראוי מזה שיהיה הבשר הממוצע בממשש.

והממוששים פרקי הגוף מדרך מה שהוא גשם. וארצה לומר בפרקים הפרקים אשר בהם תגדור היסודות, החם והקר והלח והיבש, אשר אמרנו בהם במה שעבר בדברינו ביסודות. אמנם חוש הממושש אשר בו תחלה החוש אשר יאמר לו המישוש והוא האבר אשר הוא בכח בזה הענין. [424א] כי החושים הוא שיתפעל הדבר התפעלות מה. על כן ראוי מזה שיהיה הדבר אשר יפעל כמהו בפועל, כי יפעל מה שהוא בכח. ועל כן לא ירגיש החם כמהו, ולא הקר ולא הקשה ולא החלק, אבל הריבויים, מפני שהחוש כאלו הוא מיצוע [5] אחד בין ההפך במורגשים. ועל כן יהיה מבדיל המורגשים, כי המיצוע מבדיל, כי הוא יהיה אצל כל אחד מהם. והנה ראוי כמו שאמרנו כי

(630) *כענין: בענין l, r

(626) שום דבר: quoquo modo A, Ar τι (628) נגפו (=נגפתו), שנגפם יחד: quod percussio amborum fuit simul A (630) בעניניהם (= ענינם): dispositio eorum A, *כענין: sicut A (631) כי מושש: = A, Ms D: tetigur (632-631) על הרואה: super visum A, Ar ἐπι τοῦ ὄμματος, נאמר: +igitur A (634) הורגש (=הרגיש), יורגש (=ירגיש) (637) תגדור (=תוגדרו) (638) הממושש (= הממשש): tangens A (640) החושים (= החוש): sentire A (642) הריבויים: ea que sunt intensiora A, Ar τῶν ὑπερβολῶν (644) כל אחד מהם: apud utrunque = A, Ms G: כמו שאמרנו: = A, Mss ABCDG: sicut diximus

מה שמטבעו ההרגשות בלבן והשחור שלא יהיה ולא אחד מהם, אבל בכח יחד, וכן בשאריה, [10] שיהיה גם כן במישוש לא חם ולא קר. ועוד כמו שהראות היה על צד מן הצדדים לנראה ולזולתי נראה, ועל זה הדמיון שאר מה למקבילות, כן המישוש גם כן לממושש ולזולתי הממושש. וזולתי הממושש הוא מה שהיה בו מתואר הממוששים ממנו מזער אחד, על משל מה שעליו האויר, [15] ורבוי הממוששים כמו המפסידים. כי נאמר בחושים באחד אחד מהם מן הדרך הרשום.

פרק יב

והנה ראוי שיוקח כלל מענין כל חוש כי המרגיש הוא הוא המקבל לצורות המורגשות זולתי ההיולי. ומשל בזה כי השמיעה תקבל סימן החותם [20] בלתי הברזל או הזהב, וגם יקבל הסימן אשר מזהב או מנחושת, אלא שזה אינו מדרך הנחושת ולא הזהב. וכן אחת אחת מן החושים מתפעל מפני שיש לו מראה או טעם או קול, אלא שזה אינו מדרך מה שיאמר כל אחד מזה, אבל מדרך שהוא בענין הרמוז אליהם, ובענין. [25] ואשר בו זה הכח הוא המרגיש הראשון. והם דבר אחד, אבל במציאות משתנים. כי אשר נרגיש הוא גודל מה, ואין שנרגיש, ולא החוש גודל, אבל ענין וכח לזה. ומן המבואר מזה

(645) ההרגשות: sentire A (647) שאר מה למקבילות (648): de aliis A, αἱ λοιπαὶ τῶν ἀντικειμένων Ar גם כן: -A (649) מתואר: de dispositione A, διαφορὰν Ar, מזער אחד: valde modicum A (650) ורבוי: aut valde intensum A, αἱ ὑπερβολαί Ar, הממוששים: -A, τῶν ἀπτῶν Ar (651) מן הדרך הרשום: secundum descriptionem A (653) ראוי שיוקח כלל: dicendum est universaliter A, Καθόλου δεῖ λαβεῖν Ar (654) שמיעה, cera A (= شمع, שעוה), סימן: formam A, σημεῖον Ar (656) אחת אחת (= אחד אחד) (657) מזה (=מאלו) (658) בענין..ובענין: in hac dispositione, et in intentione A (659) דבר אחד (= דבר אחד בעצמו): idem A, נרגיש: sentit A

כי הסבה אשר לו יהיו ריבויי המורגשים [30] יפסידו כלי החוש מה שהוא גם כן. וזה כי כשתהיה תנועת המרגיש יותר חזקה ממנו, *הותר ענינו, וזה היה החוש, כמו *שתותר גם כן ניאותות היתרים וסדרם כשיתקעו תקיעה חזקה. והסבה אשר הצמחים אינם מרגישים, ויש בהם חלק אחד נפשיי, והנה יקבלו ההפעלות מהממוששים, [424ב] כי הוא יחמם ויקרר, כי הסבה בזה שאין להם מיצוע ולא התחלה יוכלו בהם לקבל צורות המורגשים. אבל לא יתפעלו הפעלויות מהריח כל זמן שאי איפשר לו שיריח, או בעבור המראה [5] כל זמן שאי איפשר לו לראות. וכן בשאריה. כי אם יהיה המורח אמנם הוא הריח, כי כל שבו יפעל ההרחה הריח יפעלנו. אם כן ראוי לפי זה שלא יהיה דבר ממה שאי איפשר לו שיריח יהיה איפשר שיהיה נפעל מהריח, וזה הוא המאמר בעצמו בשאריה גם כן. ואין שום דבר גם כן ממה שאיפשר לו, אלא מדרך מה שכל אחד מהם מרגיש. ועם זה, כי זה מבואר באלו הפנים גם כן. [10] כי הוא לא האור ולא החושך ולא הריח יפעלו שום דבר בגשמים, אבל הענינים אשר אלו בהם, והמשל בזה כי האויר אשר עמו הרעם יבקע הקורה. אבל הממוששים והטעמים יפעלו, כי הם אם אינם פועלים, בעבור איזה דבר כי הם יהיו נפעלים וישתנו הגשמים בלתי המתנפשים? ומזה גם כן יתפעלו. ונאמר שאין כל גשם מטבעו שיתפעל מן הריח [15] ומן הקול, ומה שיתפעל גם כן בלתי נכלא ולא יהיה נשאר, והמשל בזה האויר, הוא רוח מפני שהוא מתפעל. אם כן מה ההפרש בין הריח ובין הנפעל? ונאמר כי ההרחה הרגשה, ושהאויר כשיתפעל במהירות אבל ישוב מורגש.

נשלם המאמר השני מספר הנפש לארסטו, תהלה לאל, ונתחיל המאמר השלישי מספר הנפש לארסטו.

(662) המרגיש: המורגשים r del. המרגיש r, *הותר: היותר l, r (663) *תותר: תיתר l, r

(661) ריבויי המורגשים: sensibilia intensa A (ראה 642), כלי החוש: instrumenta sensuum A (663) ניאותות: consonantia A, וסדרם: et neumata A, Ar καὶ ὁ τόνος (664) יקבלו: recipit A (666) יתפעלו (= יתפעל): patitur A (667) כל זמן (= ما): quod A (= ما, מה) (669) כי: contingit ut A (670) איפשר ש־: -A (673) החושך: +A neque sonus (678) גם כן: -A, בלתי נכלא: non est determinatum A, Ar ἀόριστα, הוא רוח: est enim ventus A, מפני שהוא: et propter hoc A

מאמר ג

פרק א

אמר ארסטו: אמנם אין הרגשה אחרת זולתי החמשה, והם הראות והשמיעה וההרחה והטעם והמישוש, כי מאלו הענינים יזומן האמתות בזה. כי אם יהיה לכל [25] מישוש חוש, חושו עתה לנו, כי נפעלי הממושש מדרך מה הוא ממושש כולם הם מורגשים לנו במישוש. והנה ראוי בהכרח אם יחסר לנו חוש אחד, ‹שיחסר לנו מרגיש אחד›. וכל אשר אנו מרגישים בשנמששהו אנו, מורגש לנו במישוש הנמצא בנו, וכל אשר אנו נרגישנו במיצועים, לא כשאנו נמשש [30] בו עצמו, כי בפשוטים, כלומר משל באויר ובמים. והענין כך, כלומר שאם יפול באחד מורגשים יותר מאחד משונה קצתו מקצתו בסוג, ומשל זה אם יהיה המרגיש מאויר והאויר הוא לקול ולמראה, [425א] ואם יהיה נופל ביותר מאחד אחד בעצמו, המשל בזה המראה באויר ובמים, וזה שהם יחד משתנים, מבואר הוא כי מה לו אחד מהם לבד, ירגיש מה שירגיש בהם יחד. והחושים מן הפשוטים אמנם הם מן האויר והמים. כי הרואה ממים [5] והשמיעה מאויר והריחה מאחד משני אלו. ואמנם האש או שתהיה משותפת להם, כי אין כל דבר מרגיש זולתי מחממות. והאדמה או *אינה ולא לאחד מהם או שתהיה מעורבת כל שכן לייחוד ‹במישוש›. הנה נשאר שהוא אין הרגשה יוצאת מן המים והאויר. ושני אלו הם עתה ‹ב›בעלי

(17) *אינה: אינם l, r

(4) יזומן האמתות בזה: ex istis creditur A (7) ‹שיחסר לנו מרגיש אחד›: ut deficiat nobis aliquod sentiens A (10) אם יפול (= יפלו): fiunt A, בסוג: necesse est ut habens istum sensum quod sentiat utrunque A+ (12) אחד בעצמו: unum idem = A, Ms G1: (13) יחד: A-, Ar ἄμφω, (14) משתנים (= משתוים): equales A, Ar διαφανῆ, ذو صفاء B (14) הרואה: visus A, Ar κόρη ἡ (17) כל שכן לייחוד ‹במישוש›: proprie...cum tactu A, Ar ἰδίως μάλιστα (18) ‹ב›: in A

חיים, עד שהחושים כולם [10] נאחזים במה שאינו הפוך ולא בו ‹הפסד›. כי אנו נמצא העטלף גם כן שיש לו עינים תחת ‹ה›עור. הנה ראוי אם לא יהיה גשם אחד אחר ולא הפעלות אינו הוא ולא לאחד מן הגשמים אשר אצלנו, אם כן לא יחסר ולא הרגשה אחת.

ועוד כי אין איפשר שיהיה מרגיש [15] מה ולא למשותפים אשר נרגישם, אלא לכל אחד מן החושים במקרה. המשל בזה התנועה והעמידה והצורה והשיעור והמספר והאחד, כי אלו כולם אמנם בתנועה. והמשל בזה השיעור בתנועה, ‹וכן הצורה גם כן›, וראוי שתהיה הצורה שיעור אחד. אמנם *המנוחה בשלא תנועה, אבל המספר בסבת [20] המתדבק ובסגולותיו. וזה כי כל אחד מן החושים ירגיש אחד. אם כן מן המבואר שאי איפשר שתהיה הרגשתו מיוחדת לאחד מאלו, איזה שתהיה, כאלו אתה אומר התנועה. וזה שהמה יהיו כמו העתה נרגיש במראה *המתוק. אבל זה כי לנו חוש שני הענינים בו, כשיספיקו נדעם. ואלו לא היה הענין כן לא היינו מרגישים אותם [25] אלא על דרך המקרה. ומשל בזה בן פלוני, כי אנו אין אנו מרגישים בן פלוני אבל לבן, ומקרה לזה אם יהיה בן פלוני. אבל הענינים המשותפים לנו חוש משותף להם, לא בדרך המקרה. אם כן אין להם חוש מיוחד, ולולי זה לא היינו מרגישים אותם כלל, לא [30] כן כמו שאמרנו שאנו רואים בן

(27) *המנוחה: במנוחה l, r (30) *המתוק: המקיף: l, r

(19) נאחזים במה: distincti in eis A, ἔχονται ὑπο τῶν Ar, הפוך (= منقوضا): diminuta A (= منقوصا B), ‹הפסד›: occasionem A (20) עטלף (= خفّاش): talpa A (= خلد B, σπάλαξ Ar), גם כן: -A, καὶ Ar (22) אם כן: ut A (25) אמנם: +sentiuntur A (26) ‹וכן הצורה גם כן›: quapropter figura etiam A, וראוי ש־: enim A (27) *המנוחה: quies A, בסבת (= بسبب): per negationem A (= بسلب) (29) הרגשתו: sensus A (30) העתה (الآن = עתה), *המתוק: dulce A (31) כשיספיקו: (= يصفق) cum sint ambo coniuncta A, ὅταν συμπέσωσιν Ar, إذا اتفقا B, נדעם: scit ea A (32) בן פלוני: filius Socratis A, τὸν Κλέωνος υἱὸν Ar (=إبن إقليون) (33) מקרה: contingit A (36-35) בן פלוני: ראה 32

DE ANIMA III, 1-2 111

פלוני. ואמנם *ירגישו החושים קצתם ייחודי קצתם בדרך המקרה. ואינו [חיי] באחת [425ב] *כשיהיו החושים יחד *באחד בעצמו, ומשל זה המרירה שהיא מרה וירוקה. כי אין המאמר *בששני הענינים כולם אחד הוא לזולתם. ועל כן יכנס עלינו גם כן הטעות עד כשימצא ירוק תחשוב שהוא מרירה. ולמבקש שיבקש למה חושים יותר מאחת ואינה [5] אחת לבד, ונאמר כדי שלא נעזוב ההכרחים המשותפים כמו התנועה והשיעור והמספר. כי אלו היה לנו הראות אחד, נמצא הלא היה הראות בעצמו יותר ראוי שיעבור עליו הלבן, עד שיחשב שזה הוא כולם, מפני שהמראה והשעור [10] יחייב האחד מהם האחר יחד. אבל עתה מפני היותם המשותפים ימצאו מורגשים *באחר, יתבארו שכל אחד מהם דבר אחר.

פרק ב

ומפני היותנו מרגישים שאנו נראה ונשמע, יהיה ראוי בהכרח שתהיינה ההרגשות בשאנו רואים או בזה הראות או באחר. אבל זה יהיה לראות ולמראה המונח. [15] או שיהיה שנים לאחד בעצמו או הדבר בעצמו. ועוד ואם תהיה ההרגשה בראות *אחר, ‹או שתהיה עד בלי תכלית, או שתהיה

(36) *ירגישו: נרגיש l, r (37) *כשיהיו החושים: כשיהיה החוש l, r, *באחד: באמת l, r (38) *בששני: כששני l, r (44) *באחר: באחד l, r (50) *אחר: יותר ראויה l, r

(36) *ירגישו: sentit A, ייחודי: sensibilia A, ἴδια Ar (37) *כשיהיו החושים...*באחד: cum sensus fuerint in eodem A, המרירה (=מרה): colera A (38) *בששני: quod utrunque A, אחד: eiusdem A, ἕν Ar, לזולתם: alterius A (= לזולתו) (39) מרירה (ראה: 37) (40) למה חושים: habemus sensus A (= למה לנו חושים), מאחת ואינה אחת (= מאחד ואינו אחד) (41) נעזוב: ignoremus A (42) אחד: solum A (= לבד), שיעבור עליו: ut ignoraret A (44) *באחר: ab alio A (48) ההרגשות: sentire A (49) המונח: subiecti A, לאחד בעצמו: unius A, τοῦ αὐτοῦ Ar, הדבר בעצמו: sui A+ (50) *אחר: aliud A, (51) ‹או...בעצמו›: aut erit in hoc infinitum, aut erit idem sui A

הדבר בעצמו›, ראוי *שיפעל זה בראשון. ובזה מקום ספק, כי אם היה הראות אמנם הוא ההרגשה בראות, והנה נראה המראה, ואמנם יראה האדם מה שלו המראה כשיהיה שום דבר, כי אשר נראה [20] תחלה יהיה לו גם כן מראה. ונאמר כי מן המבואר כי ההרגשה בראות אינה היא אחת. כי אנו נשפוט בראות, ואנו לא נראה, על החושך ועל האורה, אבל אין זה על משל אחד. ועוד כי הרואה כאלו הוא בעל צבע. כי המרגיש מקבל למורגש חוץ מן ההיולי כל אחד לכל אחד. ועל כן כשיתפרדו [25] המורגשים גם כן, יהיו הרגשות ודמיונות נמצאות ‹במרגיש›.

ופעל המוחש והחוש אחד בעצמו, אבל במציאות אינו הוא ענין אחד בהם בעצמו, כלומר בקול אשר בפעל והשמיעה אשר בפעל. כי איפשר שיהיה דבר אליו שמיעה והוא לא ישמע, והדבר לו קול אין תמיד שישמיע קול. [30] ‹אבל כשיפעל מה שבכוחו שישמע, וישמיע קול מה שבכוחו שישמיע קול›, *אז יהיה יחד [426א] השמיעה בפועל והקול בפועל. ולאומר יש לומר כי הראשון משני אלו שמיעה והשני ישמיע קול.

ואם תהיה הפעולה והתנועה והנפעל אמנם יהיה בנפעל, אם כן ראוי בהכרח שיהיה השמיעה והקול אשר הם בפועל במה שבכח. [5] וזה כי פעולת הפועל והמניע אמנם יהיה בנפעל. ומפני זה אינו ראוי בהכרח שיתנועע מה שהוא מניע. אם כן פעולת המשמיע הקול או יהיה קול או השמעת קול, ופעולת השומע או שמיעה או השמעה, כי השמע שני מינים והקול שני מינים. וזה הוא הקול בעצמו בשאר החושים והמוחשים. כי כמו שהפעולה וההפעלות [10] אמנם הוא בנפעל לא בפועל, כן פעולת החושים ‹והמוחשים› הם במרגיש. אלא שבמקצת הענינים נפל להם גם כן שמות כמו השמעת הקול

(51) *שיפעל: שנפעל l, r (60) איפשר: אי איפשר r (63) *אז: או l, r

(51) *שיפעל: ut faciat A (53) כשיהיה שום דבר: quando videt aliquid A, כי אשר נראה: contingent ut illud quod videt A (57) גם כן: -A (58) ‹במרגיש›: in sentiente A (62) ‹אבל...קול›: cum autem fecerit illud quod est in sua potentia ut audiat, et sonaverit illud quod est in sua potentia ut sonet A (63) *אז: tunc A (66) שיהיה (= שיהיו) (67) יהיה (= תהיה) (68) אם כן: Et A (70) הקול (= قول, מאמר): sermo A (71) הוא (= הם), ‹והמוחשים›: et sensibilium A (72) נפל (= נפלו)

והשמיעה, ובקצת הענינים אחד מהם אין לו שם. כי פעולת הראות נאמר לה ראיות, אבל פעולת המראה [15] אין שם לה גם כן בלשון היונים. ומפני היות פעולת המורגש והמרגיש אחת אלא שהם במציאות ישתנו, ראוי בהכרח שיהיה הפסדם יחד ושלומם יחד השמיעה הנאמרת על אלו הפנים, והקול. ועל זה המשל הטעם והמישוש אשר לטעם ושאריה. [20] אמנם אשר יאמר בדרך הכח אין זה בו ‹ראוי בהכרח›. אבל הקדמונים בעלי הטבע לא מצאו במה שאמרוהו מזה, בזמן שחשבו כי הוא לא יהיה דבר לבן ולא שחור בלתי ראות, ולא טעם בלתי מישוש הטעם. ואמנם מה שאמרוהו מזה מפנים אמתיים ומפנים שאינם אמתיים. כי מפני היות נאמר על שני מינים החוש והמוחש, מהם בכח [25] ומהם בפועל, כי מה שנאמר יתחייב באלו, אבל אותם האחרים לא יתחייב ‹ב›אלו. שאלו התירו המאמר במה שאינו נאמר במאמר מוחלט.

כי אם היה ההזדמות קול, והיה השמיעה והקול בדבר אחד בעצמו, והיה ‹ה›הזדמנות יחס, הנה ראוי בהכרח שתהיה השמיעה [30] גם כן יחס מה. ומקודם זה יפסד כל אחד כשיתרבה השמע, כלומר המחודד והכבד. [426ב] וכן בטעם יפסד המוטעם, ובמראים יפסד הראות המרובה האורות והחושך, ובהרחה הריח החזק, והמתוק והמר, מדרך שהחוש יחס מה. ומפני זה יהיה החמוץ והמתוק והמליח כשתנהיגם והם לבדם בלתי מעורבים [5] אל הדומה, יהיו ערבים, כי אז יהיו ערבים. ובכלל שהמעורבים יותר ראוי שיהיו הזדמנות מן המחודד ‹והכבד›, ובמישוש שאיפשר בו שיחמם או יקרר. והחוש יחס, וכשיתרבו יחלו או יפסדו.

(74) ראיות (= ראיה): visio A, גם כן: -A (76) ושלומם: et serventur A
(77) המישוש אשר לטעם: gustus A (78) ‹ראוי בהכרח›: necesse est A,
לא מצאו...מזה (79): non bene dixerunt A (80) בלתי מישוש הטעם:
absque gustu A (82) יתחייב: sequitur A, συμβαίνει Ar (83) ‹ב›אלו:
in istis A, התירו המאמר: dixerunt simpliciter A (85) הזדמנות:
consonantia A, συμφωνία Ar (88) בטעם: in saporibus A, המוטעם:
gustus A (90) כשתנהיגם...אל הדומה (91): quando fuerint posita cum
simili A, ὅταν...ἄγηται εἰς τὸν λόγον Ar, יהיו ערבים: -A (92)
‹והכבד›: et grave A (93) יחלו (= خلّ): nocebunt A

אם כן כל אחד מן החושים הם למוחש המונח להם, והם נמצאים בהרגשתם מדרך מה שהוא מרגיש, [10] ויודן על דרכי המורגש המונח להם, והמשל בזה הראות על הלבן והשחור, והטעם על המתוק והמר, ועל זה המשל ילך הענין בשאריה גם כן. ומפני היותנו דנים גם כן על הלבן ועל המתוק ועל כל אחד מן המורגשים כשנחלקם אל כל אחד מהם, אם כן באיזה דבר נרגיש גם כן שהם ישתנו? הנה ראוי בהכרח [15] שיהיה זה בהרגשה, וזה שהם מורגשים. ונאמר שהוא מן המבואר גם כן שהבשר אינו הוא המרגיש הגמור. כי כשימושש ‹יתחייב שישפוט. אלא שאי איפשר› שישפוט השופט גם כן שהמתוק ‹משונה מהלבן בשניים נפרדים, אבל ראוי בהכרח שיהיו› *יחד לאחד בעצמו כתאנים(?). ולולי זה היה איפשר שיהיה אם כן, *כשארגיש אני זה ואתה [20] זה, יתבאר שהם יתחלפו. אבל ראוי שיהיה האחד יאמר שזה זולתי זה, כי המתוק בלתי הלבן. אם כן המקבל אחד בעצמו. וראוי שיהיה, כמו שיאמר, כן יפעל וירגיש. אם כן מן המבואר שאי איפשר שיודן על הנפרדים בנפרדים. אבל אם זה לא יהיה ולא בזמן נפרד מהנה יתבאר. כמו [25] שאחד בעצמו יאמר שהטוב זולתי הרע, כן כשאמר באחד מהם שהוא זולתי, באותה שעה יאמר באחר גם כן ולא המתי

(97) דנים: דנין l (103) *יחד לאחד בעצמו: לאחד יחד בעצמו l, r (104) *כשארגיש אני זה ואתה זה: כשתרגיש אתה זה l, r

(94) הם (= הוא), להם (= לו) (98) כשנחלקם (= قسم): comparando ea A (= قاس) (101) כשימושש: cum tangeret A, ἁπτόμενον, ‹יתחייב שישפוט. אלא שאי איפשר›: Contingeret...quod iudicaret. Sed impossibile est A (102) ‹משונה...שיהיו› (103): esse aliud ab albo per duo diversa, sed necesse est ut sint ambo A, *יחד לאחד בעצמו: eiusdem A, כתאנים(?): per duo instrumenta A, (= בשני כלים), δῆλα Ar (104) *כשארגיש אני זה ואתה זה: quando ego sentirem hoc et tu illud A, יתבאר: quod ego intelligerem A, δῆλον ἂν εἴη Ar (105) כי: et A, γάρ Ar, המקבל (= القابل): dicens A (= القائل) (106) יאמר, כן יפעל וירגיש: dicimus, sic agamus et sentiamus A, λέγει, οὕτω καὶ νοεῖ καὶ αἰσθάνεται Ar (108) מהנה: ex hoc A, ἐντεῦθεν Ar (109) המתי: -A, τὸ ὅτε Ar

בדרך המקרה, כלומר אמרי עתה שהוא זולתי, לא שהוא עתה זולתי. בל נאמר ככה עתה ושהעתה, יחד אם כן. ויהיה בלתי מתפרד ובזמן בלתי נפרד. [30] אבל בלתי איפשר שיהיה דבר אחד בעצמו יתנועע תנועות מהופכות יחד מדרך מה שהוא בלתי מתחלק ‹ובזמן בלתי מתחלק›. כי זה אם היה מתוק יניע החוש [427א] או ההבנה מן ‹צד אחד› התנועה, אבל המר יהיה בהפכו, והלבן על צד אחר. האם יוכל להיות השופט יחד במספר בלתי מתחלק, ובמציאות נפרד? ויהיה על דרך אחד, כלומר מצד החילוק, נרגיש הענינים הנחלקים, יהיה על דרך מה שהוא בלתי מתחלק [בשהוא בלתי מתחלק]. [5] כי הוא בדרך המציאות מתחלק, ובמקום והמספר בלתי מתחלק. ונאמר שזה אי איפשר. כי דבר אחד בלתי מתחלק הם השני הפכים בכח, אבל במציאות לא, אבל בדרך הפעולה הוא מתחלק. ואי איפשר שיהיה יחד לבן ושחור, אם כן ראוי שלא יהיה מקבל ולא צורתם, אם יהיה החוש והציור בשכל [10] ילך זה הדרך. אבל כמו הדבר אשר יקראוהו בני אדם נקודה האחת מדרך שהיא שנים, היא ‹מ›זה הצד מתחלק גם כן. ‹ו›מדרך שהוא דבר בלתי מתחלק, אם כן השופט אחד. ומדרך שהיא מתחלקת ‹תעשה הנקודה בעצמה שני פעמים›. ומדרך שהיא תעשה הקצה עם שהוא שני קצוות, הוא ישפוט על שני ענינים והם מתפרדים, ויהיה זה ‹ב›מתפרד.

(111) מתפרד: מתפרק r

(110) בל (= بل): sed A (111) ושהעתה: et quod est instans A (= ושהוא עתה), יחד אם כן: igitur ergo A, Ms G, ἅμα ἄρα Ar (113) ‹ובזמן בלתי מתחלק›: et in tempore indivisibili A (114) ההבנה: intellectum A, τὴν νόησιν Ar, מן ‹צד אחד›: aliquo modo A (116) על דרך אחד: alio modo A, πῶς Ar, נרגיש (= ירגיש): sentit A (117) יהיה...מתחלק: et alio modo indivisibile A, Ms A ἔστι δ' ὡς ᾗ ἀδιαίρετον Ar (119) הם (= הוא) (121) אם יהיה (= יהיו) (122) ילך (= ילכו) (123) נקודה האחת: punctus unius A (= נקודת האחת), ‹מ›זה הצד: -A, ταύτῃ Ar, מתחלק (= מתחלקת), גם כן: -A (124) שהיא מתחלקת ‹תעשה...› (125) (= שהוא מתחלק יעשה), ‹תעשה...פעמים›: utitur eodem puncto bis A, הנקודה: puncto A, τῷ σημείῳ Ar, שהיא תעשה (=שהוא יעשה) (126) ב־: per A

ומדרך שהוא אחד [15] והוא באחד.

ומזה הצד יהיה ביאורנו ענין ההתחלה אשר נאמר בבעל חיים שהוא מרגיש.

פרק ג

ומפני שהיו מוצאים הנפש בשני אלו ההבדלים בלבד, כלומר התנועה במקום והציור בשכל, והמשפט וההרגשה, והיה מי שהיה חושב כי הציור בשכל [20] וההבנה כאלו הם הרגשות מה, כי הנפש בשתי אלו המינים יחד יגיע ענין מן הענינים *ידענו. והיו אותם האנשים אומרים כי ההבנה וההרגשה דבר אחד בעצמו, כמו בנדקליס במקום שאומר כי הדעת בבני אדם גם כן יקבל לפי ההווה באותה שעה. ואמר במקום אחר ומפני זה תהיה ההבנה בהם תמיד. [25] ואל זה בעצמו היה נוטה אומירוש בעת שיאמר כי זה דרך השכל. ואלו כולם יחשבו כי הציור בשכל גשמיי כמו ההרגשות, ושההרגשה והבינה יהיה בדומהו לדומהו, לפי מה שביארנו במה שעבר ממאמרנו. אע״פ [427ב] שהיה מחוייב עליהם שיאמרו עם זה בטעות גם כן, כי זה יותר מיוחד בבעל חיים ועמידת הנפש בו זמן ארוך. ומפני זה ראוי בהכרח או שיהיה הענין לפי מה שאומרים בני אדם כי כל הענינים הנכתבים הם אמת, או שיהיה הטעות הוא חלקות זולתי הדומה, [5] כי זה הפך והדומה ידיע בדומהו. והנה יחשב כי הטעות בשני ההפכים אחד, ושאנו נאמר שההרגשה אינה היא ההבנה. וזה מבואר, כי זה נמצא בבעל חיים כלו, וזה אמנם ימצא במועט מבעלי חיים. ולא הציור בשכל, והוא אשר בו יהיה הנכון ובלתי הנכון [10] [ו]הפכי אלו, וההרגשה דבר אחד בעצמו. וזה כי החוש בענינים המיוחדים צודק תמיד והוא

(128) ביאורנו: ביאורינו: r (134) *ידענו: וידיענו r, l (139) מאמרנו: מאמרינו r

(128) יהיה ביאורנו: A determinemus (131) שהיו מוצאים (= وجد): A determinabant (= حدّ) (133) יגיע: A iudicat (يقضى) (134) אותם האנשים: A Antiqui (135) גם כן: -A (136) באותה שעה: -A, תהיה: A transmutatur (138) יהיה (= יהיו) (142) כל הענינים הנכתבים: A omnia que transeunt per mentem, Ar πάντα τὰ φαινόμενα (143) חלקות (= ملاسة): A tangere (= مماسّة, ממוש), ידיע: A cognoscitur (= ידע)

נמצא בבעל חיים כלו. ואמנם ההבדלה איפשר שיכזב, ולא נמצא בשום מבעלי חיים אשר אין לו דיבור. [15] כי הדמיון בלתי החוש ובלתי ההבדלה, וזה לא יתחדש זולתי חוש וזולתי זה לא יהיה הדעת. או שאינו הוא והציור בשכל והדעת דבר אחד בעצמו וזה מבואר. כי זה ההפעלות ענינו אלינו כשנרצה שאנו נוכל להציב *לצד עינינו [20] כדברים הסתומים בשמירה בלב ושנכזב צלמים. ואמנם שנחשוב אין הענין בו אלינו, כי ראוי בהכרח או האמת או השקר. ועוד כשנחשוב ענינים נוראים וענינים מרעידים מיד אנו מתפעלים, וכן אם נחשוב בעניינים נותנים גבורת הלב. אמנם בדמיון [אמנם] יהיה עניניו ‹כענינינו› אם נראה הענינים הנוראים או הנותנים גבורה בצורה. [25] והבדלת הדעת עצמו גם כן החכמה והמחשבה והפכי אלו. והמאמר בהבדלי אלו יהיה בזולתי זה המקום.

ומפני היות הציור בשכל זולתי ההרגשה, והנה יחשב שהציור בשכל ממנו דמיון וממנו דעת, ראוי שנבאר תחלה ענין הדמיון ואחר כן נדבר בענין האחר. [428א] ונאמר שאם היה במקום זה דמיון נאמר שהוא יחדש דמיון מה ואינו הוא על דרך ההשאלה, והוא כח מה מאלו הכחות או ענין בו נערוך ונצדק או נכזב. מאותה ההרגשה והמחשבה [5] והחכמה והשכל. ואמנם שהוא אינו חוש יתבאר מאלו הענינים, אם יהיה החוש או כח או פעולה, משל זה הראות והראיה, ויהיה מדמה שום דבר ואינו הוא ולא אחד מאלו, משל זה מה שידמה בשינה. ועוד שהמרגיש הוא שם תמיד, אבל הדמיון לא. ואלו

(152) *לצד עינינו כ־: מצב ענינו ב־ l, r

(150) או ש־: Quoniam autem A (152) *לצד עינינו: in directo oculorum nostrorum A, כדברים הסתומים בשמירה בלב: sicut res deposite in conservatione A, ὥσπερ οἱ ἐν τοῖς μνημονικοῖς τιθέμενοι καὶ Ar (153) ושנכזב (= نكسب) צלמים: et fingere formas A, εἰδωλοποιοῦντες Ar (156) עניניו (=ענייננו), ‹כענינינו›: sicut dispositio nostra A, הענינים...בצורה: res in formis rerum timorosarum aut audactivarum A, ἐν γραφῇ τὰ δεινὰ ἢ θαρραλέα Ar (157) הבדלת (= הבדלי): differentie A, והמחשבה: +et intellectus A (161) במקום זה: -A (162) ההשאלה: similitudinem A, μεταφορὰν Ar, נערוך: innuimus A, κρίνομεν Ar (163) מאותה (=מאותם)

היו בפועל דבר אחד בעצמו, היה איפשר [10] שימצא הדמיון בכל הבהמות והשרצים. ואי איפשר זה, המשל בזה כמו הדבורה והנמלה והתולעת. ועוד שזה יצדק תמיד, אבל הדמיון רובו יהיה שקר. ועוד שאנו לא נאמר, ואנו נפעל באמת במורגש, אמנם נדמה זה הוא אדם. אבל אנו נאמר זה כשלא יהיה אדם בבירור, [15] ואז יהיה או אמת או שקר. ומה שאמרנוהו קודם ידמה למי שהוא גם כן עיניו סתומות במראות. ועוד כי אין הוא אחד מן אלו הענינים אשר יצודקו תמיד *כחכמה והדעת, כי הוא יהיה דמיון כוזב. הנה נשאר אם כן שנראה אם הוא מחשבה, אחר היות המחשבה יכולה להיות צודקת [20] ויכולה להיות כוזבת. אבל המחשבה יבוא אחריה הצידוק, כי אי איפשר שיהיה מי שחושב הוא לא יצדק במה שיחשבנו. ואין לשום מן הבהמות והשרצים צידוק, והדמיון נמצא בהרבה מהם. כי כל מחשבה ירדפנה צידוק, וירדוף אחר הצידוק הסתפקות, וירדוף ההסתפקות הדיבור. והבהמות והשרצים קצתם יש בו דמיון, אבל דיבור [25] לא. אם כן מן המבואר שהדמיון אינו עובר שיהיה לא מחשבה עם חוש ולא בחוש ולא הרכבת מחשבה וחוש, מפני הענינים ומפני שהוא מן המבואר כי המחשבה אינה דבר אחר אלא הדבר שהוא חוש גם כן לו. כלומר ההרכבה אשר תהיה מן המחשבה ללבן והחוש לו, ‹הוא› דמיון. [30] כי אי איפשר שיהיה מן המחשבה לאמת [428ב] והחוש ללבן. והדמיון הוא המחשבה למה שירגיש לא בדרך המקרה. ו[גם] ידמה גם כן ענינים בטלים ויהיה לנו עם זה בהם

(172) למי: לפ r del., לפי r (173) *כחכמה: בחכמה l, r

(168) ואי איפשר זה: quod non existimatur A (169) ואנו...במורגש (170): cum in rei veritate scimus hoc sensibile esse hominem A, ὅταν ἐνεργῶμεν ἀκριβῶς περὶ τὸ αἰσθητόν Ar (173) *כחכמה: sicut scientia A (175) הצידוק (= تصديق): fides A (176) יצדק (= يصدّق): credat A (180) ולא בחוש: -A (181) מפני הענינים: ex istis rebus A (182) דבר אחר (= לדבר אחר): alicuius alterius A, הדבר (= לדבר): ab eo cuius A (183) ‹הוא›: est A (184) לאמת: boni A, והחוש (= ומן החוש): et sensu A (185) ידמה: ymaginamur A, φαίνεται Ar, גם כן: -A

אמונת אמת, משל זה אנו נדמה שיעור השמש שיעור כף, ונאמין שהוא יותר גדול מן היישוב. [5] הנה יתחייב או שישליך האדם המחשבה שהיתה לו, והיא שלם עם שלמות הענין, מבלתי שגגה ולא הסתפקות בהפכו, אבל בהיותו קיים יתרחק עליו שיהיה זה [הכרח] בעצמו צודק וכוזב. אבל יהיה כוזב כשיהיה נעתק הענין מבלתי ישוער בו. [10] אם כן אין הדמיון אחד מאלו הענינים ולא מהם.

אבל מפני היות שהענין יתנועע בתנועת דבר אחר זולתו והיה הדמיון יחשב בו שהיא תנועה ושהוא לא יהיה בלתי חוש, אבל יהיה במה שירגיש ובענינים שהחוש להם, והנה יתחדש תנועתו מפעולת המרגיש, והיה ראוי שיהיו אלו דומות לחוש, כי זאת התנועה [15] יהיה בלתי איפשר בה שתמצא לא נעדרת מן ההרגשה ולא במה שאין לו חוש. ויהיה מה שהיה לו יפעל ויתפעל בה ענינים הרבה, ויהיו צודקות וכוזבות. ואמנם יתחייב זה בעבור מה שאני מספרו. [ו]החוש לענינים המיוחדים צודק, ומעט יכנס בו הכזב. ואחר כן החוש לדבר אשר יחייבנו [20] זה, ובזה המקום יסבול שיכזב. אבל בזה שהוא לבן כי לא יכזב בזה, אבל אם הלבן הוא זה או זולתו [או] יכזב בו. ועוד שלישית החוש למשותפים הרודפים לענינים אשר יכריחם המיוחדים, והם אשר מציאותם לייחודים בהם, וארצה לומר כמו התנועה והשיעור, והם אשר השיגו המורגשים, ובאלו [25] בייחוד יכנס

(201) [או]: ז + l del.

(186) אמונת אמת: opinionem veram A, כף: pedalem A, ποδιαῖος Ar (188) שלם (=שלמה): salva A, עם שלמות הענין: salute rei A, שגגה: vigilia A, ἐπιλαθόμενον Ar, אבל: aut A (189) יתרחק עליו (= يحقّ عليه): necessario A (192) מפני: sicut A, ἐπειδή Ar (193) שהיא (= שהוא), במה: in eis A (195) שיהיו אלו דומות (= שתהיה זאת דומה) (197) בה (= בו), ויהיו צודקות וכוזבות: et erit verus et falsus A (199) אשר יחייבנו זה: quam sequuntur ista A (200) אבל בזה: v.g. hoc A, ὅτι μὲν γὰρ Ar, אם: quoniam A, εἰ Ar (201) לעניינים אשר יכריחם המיוחדים (202): res quas consequuntur propria A, τοῖς συμβεβηκόσιν Ar (203) השיגו: contingunt A

הטעות. אם כן החוש והתנועה אשר יתחדשו מן השכל יהיו חלף החוש ויהיו הפך אלו השלשה מינים מן החוש. כי הראשון, כשיהיה החוש, יהיו צודקות. והאחרים השנים יהיו כזב, בין שיהיה עמו או שיהיה נעדר, וכל שכן כשיתרחק [30] המוחש. ובהיות מה שספרנו אינו הוא על זולתי מה שזכרנו, [429א] ומה שסופר הוא הדמיון, כי הדמיון תהיה תנועה מהחוש שיהיה בפועל. ‹ומפני היות הראות הוא מיוחד לחוש, קבל לו שם מהאורה, כי אי איפשר הראיה זולתי האורה›. [5] ומפני היות ההרגשות יתקיימו בו והוא על דמיון אחד, יהיה הבעל חיים יפעל בו ענינים הרבה. קצתם מפני שאין לו השכל כמו הבהמות, וקצתם מפני שהשכל בו איפשר [ש]עילוף מי שנתעלף מחידוש או חולי או שינה, *כבני אדם. וזה יהיה סוף מה שנאמר אותו בדמיון, מה הוא ולמה הוא.

פרק ד

[10] אבל החלק מן הנפש אשר בו תדע הנפש ותבין, אם הוא נבדל או זולתי נבדל בגודל אבל בענין, ראוי לחקור בעד ההבדל כי מה הוא, ואיך יהיה הציור בשכל. ונאמר שאם היה הציור בשכל כמו ההרגשה, או שיהיה מתפעל הפעלות מה מהמושכל או [15] זולת‹י› זה ממה שדומה לו. אם כן ראוי שיהיה בלתי נפעל, אבל שהוא מקבל לצורה, ובכח כן, לא אותו. ויהיה ענינו על המשל: כמו המרגיש אצל המורגשים, כן השכל אצל המושכלים. הנה ראוי בהכרח אם יהיה שיושכלו הענינים כולם שיהיו זולתי מעורב, כמו שאמר

(208) שיהיה: r ditt. (213) *כבני: בבני r, l

(204) מן השכל (= العقل): ab actu A (= الفعل) (205) יהיו צודקות (= יהיה צודק) (206) והאחרים השנים: alius A, Ar αἱ δ' ἕτεραι, שיהיה (= שיהיו) (208) תהיה (= יהיה), ‹ומפני...האורה› (210): Et quia visus proprie est sensus, derivatum fuit ei nomen a luce; impossibile est enim videre sine luce A (212) השכל בו איפשר [ש]עילוף מי שנתעלף: forte intellectus in eo sincopizatur A, Ar τὸ ἐπικαλύπτεσθαι τὸν νοῦν, מחידוש: ab aliquod accidente A (222) שיושכלו הענינים כולם (= ישכיל הענינים כולם): si intelligit omnia A, שיהיו (= שיהיה)

אנכסאגוריש למען יחטוף, כלומר למען ידיע. [20] כי אם נראה בו מראה, מנע בו ההבדל. אבל זולתו יהיה לו טבע זולתי זה, כלומר שהוא אפשר. *והדבר גם כן מן הנפש הנקראת שכל, וארצה לומר בשכל הדבר אשר בו נכיר בני אדם *ונבדיל, אינו הוא בפועל שום דבר מן הדברים הנמצאים קודם שנשכיל. ועל כן יהיה מן הראוי אינו מעורב לגוף. [25] כי אלו היה מעורב לגוף היה בענין מה, או חם או קר, והיה לו כלי אחד, כמו לחוש. אלא שעתה אינו הוא על שום דבר מזה. הנה מצאו האומרים כי הנפש מקום הצורות, אלא שהיא אינה בעצמה אבל החכמה, ואין הצורה *בהשלמה אבל בכח. [30] אמנם אם נעדר הנפעל במרגיש ובמצייר בשכל אינו הוא מתדמה, [ו] נראה בחושים והחוש. כשהחוש [3429ב] לא יוכל לחוש אחר מורגש חזק, כאלו אתה אומר המרגיש השב לאחור בעבור הקולות החזקות, ו[לא] אותם שחוזרים לאחור בעבור המראים החזקים ובעבור ריחנים חזקים, לא יראו ולא יריחו. אבל השכל כשיצייר דבר חזק מן המושכלים לא יהיה ציורו למה שתחתיו יותר חסר, אבל יותר נוסף. [5] כי המרגיש לא ימלט מן הגשם, וזה נבדל. ובהיות כל אחד מהם כן, כלומר כמו שיאמר החכמה בפועל, וזה יכנס אא

(225) *והדבר: בדבר l, r (226) *ונבדיל: ונגדל l,r (230) *בהשלמה: בהשלימה l, r

(223) יחטוף: imperet A, ידיע (= ידע): cognoscat A, כי אם...ההבדל (224):
Si enim in eo apparuerit, apparens impediet alienum, quia est
aliud A, παρεμφαινόμενον γάρ κωλύει τὸ ἀλλότριον καὶ
Ar ἀντιφράττει, אבל זולתו...זה: Et sic non habebit naturam nisi
istam A (225) *והדבר: illud A, גם כן: -A (226) *ונבדיל: et cogitamus A
(227) נשכיל: intelligat A (229) מצאו: Recte dixerunt A (230) בעצמה:
universa A, החכמה: intelligens A (231) נעדר הנפעל: privatio
passionis A (232) בחושים והחוש: in sensu A, ἐπι τῶν αἰσθητηρίων
Ar καὶ τῆς αἰσθήσεως, כש־: enim A (233) המרגיש השב לאחור: -A,
בעבור: post A, Ar ἐκ, אותם שחוזרים לאחור (234): -A, בעבור: post A,
Ar ἐκ, לא יראו ולא יריחו (235): -A, Ar οὔτε ὁρᾶν οὔτε ὀσμᾶσθαι
(236) לא ימלט מן: non est extra A (237) יכנס: continget A

כשישוער שישכיל בעצמו, יהיה אז גם כן בכח על צד מן הצדדים, אלא שהוא אינו על צד מה שהיה קודם שיתלמד או ישגיח. כי הוא אז יוכל להשכיל בעצמו [10].

ומפני היות הגודל שום דבר ‹והמציאות לגודל דבר זולתו, והמים שום דבר› והמציאות למים *דבר זולתו, וכן בענינים אחרים הרבה, אבל אין בענינים כולם, כי בקצתם המציאות לבשר והבשר ענין אחד בעצמו, הנה יסופר או ‹ב›שני ענינים או בענינים ישתנו. כי הבשר אינו הוא נמלט מן החומר, אבל כמו הפשיטות שבנחירים הוא דבר רמוז אליו בדבר רמוז אליו. והוא במרגיש [15] ימנה החם והקר, והענינים אשר הבשר מיוחס מה להם. ונודיע בדבר אחר [מה הוא הדבר], או בנפרד או בענין הקו החוזר אחור על עצמו כשיתמשך, ‹מה הוא› המציאות לבשר. וגם בענינים הנמצאים *בהסרה, הישר כפשיטות האף, כי הוא עם כמה מתדבק. [20] אבל מדרך המציאות, ‹המציאות› *לישר דבר זולתו, ותהיה שניות. אמנם יסופר גם כן בדבר אחר, או בשענינ‹ו› תהיה אחרת. ובכלל ענין הדברים אשר בשכל ילך על שהענינים נבדלים מהחומר הנקרא היולי. והאדם יוכל להקשות: אם

(242) *דבר זולתו: שום דבר l, r (249) *בהסרה: בהסרת l, r (250) *לישר: לבשר l, r

(238) כשישוער (= قدّر): quando poterit A (= قدر) (239) ישגיח: invenit A (241) ‹והמציאות...דבר› (242): et esse magnitudinis aliud, et aqua est aliquid A, *דבר זולתו: aliud A (244-243) הנה יסופר (يقصّ): necesse est ut experimentetur A (يقضى), Ar κρίνει, ‹ב›: per A, נמלט מן: extra A (245) פשיטות: simitas A (246) ימנה (يمنو): experimentatur A, והעניינים...להם: Et res que sunt in carne assimilantur eis que sunt illius A, Ar καὶ ὧν λόγος τις ἡ σάρξ (247) ונודיע: experimentatur A, או בנפרד: A-, Ar ἤτοι χωριστῷ (248) ‹מה הוא›: quid est A (249) בהסרה: in Mathesi A, Ar ἐν ἀφαιρέσει, פשיטות האף: simitas A (250) ‹המציאות›: esse A, *לישר: recti A, ותהיה שניות: A-, Ar ἔστω γὰρ δυάς, יסופר (يقصّ): experimentatur A (يقضى) (251) בשענינ‹ו›: quia dispositio eius A (252) הנקרא היולי: A-

השכל פשוט בלתי מתפעל, והיה בלתי איפשר בו שום דבר מן השתוף לדבר מן הדברים כמו שאמר אנכסאגורש, [25] איך יושכל, אם היה הציור בשכל הפעלות מהז וזה מפני שדבר משותף לשני הענינים, ויחשב שאחד מהם פועל והאחר מתפעל. ועוד אם היה בעצמו מושכל. ‹כי השכל או שיהיה לדברים אחרים, אם אינו מושכל› בצד אחר, אבל היה המצוייר בשכל אחד בצורתו, או שיהיה בו ליחה מדבר הוא השיבו מושכל כשאר הענינים. [30] ונאמר כי ההפעלות הוא כמו שנעשה דבר על דרך כלל, והשכל הוא בכח על צד מן הצדדים ‹המושכלים›, אבל בהשלמה לא מה שישכיל. והנה ראוי מה שיקרה בשכל ילך זה הדרך, [430א] כלומר כמו לוח מוכן לכתיבה, ואין כתוב בו בהשלמה כלל. והוא גם כן מושכל כמו המושכלים. כי הציור בשכל והמצוייר בשכל [או], במה שהוא ערום מן ההיולי, אחד בעצמו. [5] כי החכמה העיונית והמוחכם על אלו הפנים אחד בעצמו. וראוי שנחקור על הסבה אשר לו אינו תמיד ישכיל. ואמנם ‹אשר› לו היולי כל אחד מן המושכלים בו אמנם הוא בכח לבד. ויהיה אלו אין להם שכל, כי השכל לאלו אמנם הוא בכח אלו המופשטים מן החומר, ויהיה לזה שהוא מושכל.

פרק ה

[10] ומפני היות הענין כמו בטבע, דבר מה בסוג סוג הוא היולי, וזה הוא אשר הוא אלו כולם בכח, ודבר אחר סבה ופועל, וזה הוא אשר מעצמו יפעל כל דבר, כענין המלאכה אצל ההיולי, הנה ראוי בהכרח שיהיו נמצאים בנפש גם כן אלו ההבדלים. ויהיה בהם שכל הוא שכל מצד שהוא ינהיג כל דבר,

(254) אנכסאגורש: אנכסאגוריס r (270) דבר אחר: דבר אחד l

(254) יושכל: intelligitur A, νοήσει Ar (256) ‹כי...מושכל› (257): Quoniam aut intellectus erit aliarum rerum (si non est intellectum...) A (258) ליחה: mixtio A (259) כמו: +A quod prius videbatur, שנעשה...כלל: universalis A (260) ‹המושכלים›: intellecta A, מה ש־: quousque A (270) מעצמו: propter quod A (271) המלאכה: artificii A, ἡ τέχνη Ar (272) גם כן: -A, Ar καὶ, ויהיה: Oportet A, Ar ἔστιν, ינהיג (= يقود) כל דבר: efficitur omne A (= يكون)

[15] ובהם שכל הוא שכל מצד שהוא ישימנו ישכיל כל דבר, *כקנין מה, הוא כמו האורה. כי האורה בצד מן הצדדים ישים המראים אשר הם בכח מראים בפועל. וזה השכל גם כן נבדל, בלתי מעורב, ואינו מתפעל, והוא בעצמותו פעולה. כי הפועל לעולם יותר מעולה מן הנפעל, וההתחלה לעולם יותר מעולה מן ‹ה›היולי. והחכמה [20] בפועל והוא והענין עצמו דבר אחד בעצמו. ואשר בכח יותר קדמון בזמן באיש, אבל בכלל אינו ולא בזמן. ולא הוא פעם ישכיל ופעם לא ישכיל. וכשיהיה נבדל הוא מה הוא ‹לבד›, וזה לבד בלתי מת נצחיי, אבל לא יזכור, שזה בלתי מתפעל, והשכל המתפעל נפסד, [25] וזולתי זה לא ישכיל שום דבר.

פרק ו

אמנם ציור הענינים בלתי הנחלקים יהיו באלו הענינים כלומר אשר אין בהם הכזב. ואמנם הענינים אשר בהם הכזב והצידוק, זה הרכבה אחת אז למושכלים על שהם נמצאים כולם, כמו שאמר בנדקליס כי ראשים [30] הרבה וצוארים רדפו, באחרונה בהרכבת האהבה, כן אלו גם כן הם נבדלים והתרכבו, משל זה אמרך זולתי משותף ואמרך הקוטר. וכשתהיה [430ב] עוברת ועתידה, אנו עם זה נשכיל הזמן והרכבתו. כי הכזב אמנם הוא תמיד בהרכבה, וזה כי אתה אם תאמר בלבן שהוא אינו לבן, הרכבת באמרך אינו לבן. ואיפשר שיאמר בהם כולם אלא שהם הבדל. כי אין זה לבדו אמת [5]

(273) *כקנין: בקנין l, r

(273) *כקנין מה: quasi habitus A (279) ‹לבד›: tantum A (280) יזכור: rememoramur A, שזה: quia iste A (283) יהיו (= יהיה) (285) על שהם נמצאים כולם: secundum quod sunt entia A, ὥσπερ ἓν ὄντων Ar (286) רדפו (= ردف): disponuntur A, האהבה: amicitie A, ἡ φιλία Ar (287) והתרכבו: per compositionem A, זולתי משותף: assimetrum A, וכשתהיה עוברת ועתידה (288) (= וכשיהיו עוברים ועתידים), נשכיל: intelligit A, προσεννοῶν Ar, והרכבתו: et componit ipsum A, καὶ συντιθεὶς Ar (289) הרכבת...לבן (290): iam composuisti album cum non albo, sicut dicens album A, τὸ μὴ λευκὸν συνέθηκεν Ar

ובטל, כלומר שפלוני לבן, אבל עם זה ש[אם] היה או יהיה. ומה שישים זה ומה שדומה לו אחד, הוא השכל.

ומפני היות זולתי המתחלק על שני פנים, או בכח או בפועל, אין מונע שימנע מהיותו, על ציורו האורך, [על ציורו] בציור בלתי מתחלק, וזה בלתי מתחלק בפועל, ובזמן בלתי מתחלק. כי הזמן על זה המשל מתחלק וזולתי מתחלק [10] באורך. ולא יזדמן שיאמר שהוא ציור כל אחד משני המינים שום דבר, כי הם בלתי נמצאים כל זמן שאינו נחלק, אבל בכח. וכשיצוייר כל אחד משני המינים על ענינו יחלק עם אותו הזמן גם כן, ושניהם אז כמו שני ארכים. אבל מצד *שניהם יהיה בזמן אשר עליהם.

אבל [15] מה שאינו בלתי מתחלק בכמה אלא בצורה, ישכילהו בזמן בלתי נחלק ובזולתי נחלק מן הנפש, אבל מדרך המקרה. כי אלו מתחלקים, כלומר ‹זה› אשר בו ישכיל והזמן אשר בו ישכיל, אבל הם זולתי מתחלקים. כי בשתי אלו גם כן דבר בלתי מתחלק, אבל יותר ראוי בו שיהיה זולתי נבדל. והוא אשר ישים הזמן אחד והאורך אחד. וזה [20] על משל אחד בכל מתדבק ובזמן ובאורך. ואמנם הנקודה וכל הבדל ומה שהיה בלתי מתחלק באלו הפנים, יהיה מוכן *כמקרה. ומשל זה המאמר בשאריה, משל זה איך ידע השכל השחרות והשחור, כי הוא כאלו הוא בהפך ידעהו. והנה ראוי שיהיה היודע בכח אחד בעצמו. ואם היה אחד מן הענינים אין בו מהפך, [25] כי

(295) זולתי: בלתי r, זולתי .r i.m (299) *שניהם: שאינם r, l (302) והזמן אשר בו ישכיל: -r, .l i.m

(291) פלוני (إقليون): Ar Κλέων, A Socratem (296) ולא יזדמן: nullus enim potest A, ציור: A intelligit (297) כי הם בלתי נמצאים (= כי הוא בלתי נמצא), וכשיצוייר (= וכשיצייר) (298) על ענינו: A per se, עם אותו: -A, Ar ἅμα (299) אבל...עליהם: congregate autem in tempore quod est super eas A, εἰ δ' ὡς ἐξ ἀμφοῖν, καὶ ἐν τῷ χρόνῳ τῷ ἐπ' Ar ἀμφοῖν (301) כי אלו: A sed illa duo (302) ‹זה›: A illud, אבל: quia A, Ar ἀλλ' (306) מוכן (مصوّر): A intelligitur (= متصوّر), δηλοῦται Ar, *כמקרה: A quasi accidens (307) ידע השכל: intellectus = cognoscit A, Mss A, G (308) מהפך: A contrarietas

הוא ישכיל עצמו, והוא בפועל נבדל. ואמרך דבר על דבר *כמחייבת והשוללת וכל מורכב, צודק או כוזב. ואין כל שכל, אבל אשר יאמר במהות הדבר מה, הוא צודק, לא אשר יאמר דבר על דבר. אבל כמו [30] שהפעולות אשר ייחדו צודקות, אבל אם הלבן אדם או לא אינו צודק תמיד, כן ענין מה שהוא מופשט מן ההיולי.

פרק ז

והחכמה [431א] אשר בפועל הוא הענין בעצמו. ואשר בכח יותר קודם בזמן באיש, אבל מהכלל ולא בזמן. כי כל מה שיתהוה אמנם יתהוה עבור מה שהוא נמצא בהשלמה. והנה נמצא המורגש [5] ישים המרגיש בפועל אחר היותו בכח, והוא לא יתפעל ולא ישתנה. ועל כן זה מין אחר מן התנועה. כי התנועה אמנם היא פעולה מבלתי תמה. אבל הפעולה הגמורה היא תנועה אחרת והיא פאולת התמות. והחושים ידמה שהדבר בהם לבד במלה, ושיצוייר בשכל. ואם יהיה ערב או מזיק, [10] כמו חיובו או שלילותו, בקשה או בריחה. וההנאה וההיזק הם הפעולה באמצע ההרגשיית כמו טוב או רע ומדרך מה שהם כך. וזה הוא הבריחה והתאוה שהמה בפועל. ואין הנתאו והבורח משונים זה מזה ולא למרגיש, אבל המציאות מתחלף.

(309) *כמחייבת: במחייבת r, l (322) וההנאה: או ההנאה r del. וההנאה r i.m.

(309) עצמו: +tantum A, *כמחייבת: sicut affirmatio A, והשוללת: et negatio A, comm., l. 10 (311) אשר ייחדו (312): proprie A, או לא: -A, ἢ μή Ar (316) מהכלל: universaliter A (317) נמצא: videmus, φαίνεται Ar (318) והוא...ישתנה: neque patiendo alterationem A, οὐ γὰρ πάσχει οὐδ᾽ ἀλλοιοῦται Ar (319) תמה (تامّ): perfecti A, הפעולה הגמורה: actio simpliciter A (320) פעולת התמות: actio perfecti A, החושים: Sentire A, הדבר: dici A (= דבור) (321) מזיק: tristabile A, (322) בקשה או בריחה: queretur aut fugietur A, ההיזק: contristatio A, כמו: circa A, πρὸς Ar (323) הנתאו: desiderans A (= המתאוה)

DE ANIMA III, 6-7 127

השלמת מה שהעתיק יצחק בן חנין מזה המאמר מהעתקת אבי עיסי בן יצחק מן האשורי אל לשון הערבי.

אמר אריסטוטליס: ובנפש [15] המדברת ימצאו דמיונות על דמיון ממיני החושים. ואצלנו נאמר בדבר שהוא רע או טוב ולא נאמר זה על צד החיוב או השלילה, כי אז או יבקש או יברח ממנו. ועל כן לא תצייר הנפש שום דבר מן הדברים מבלתי דמיון. וכמו שהאויר הוא אשר ישים הרואה בזה הענין, וזה בעבור דבר אחר, וכן השמיעה. כי האחר בה אחד והאמצע אחד, אבל במציאות הוא רבים [20].

והנה נאמר במה שקדם במה זה תגזור על הדבר אשר בו יתחלף המתוק מן החם, ונאמר גם כן על זה הצד. כי כמו ש‹הוא› במציאות דבר אחד, כן הוא בגדר. והנה ימצא זה במספרים הכלים, וענינו אצלם כענינם קצתם אל קצתם. כי מה הפרש בין הצורה באיכות הגידו [25] הענינים שאינם שוים בסוג והענינים המתנגדים כמו הלבן והשחור; ויהיה ענין ‹א׳› הלבן על צד ההמשל אצל ב׳ השחור, וענין ג׳ אצל ד׳, כענין אלו קצתם *אל קצת‹ם›, כמו מה שימצא בענינים המתהפכים. כי אם תהיה גיד׳, המצויים בדבר אחד, אמנם ימצא למציאות איב׳, הם בזה דבר אחד בעצמו. [431ב] ואם תהיה

(326) הערבי: העב l del., הערבי l (328) ואצלנו: ואצלינו l (338) *אל קצת‹ם›: אבל קצת l, r

(325) השלמת...אריסטוטליס: -A, (327) המדברת: sensibili A, διάνοητικῇ Ar, דמיונות: imagines A (328) ואצלנו: et cum A (329) יבקש או יברח: querimus aut fugimus A, διώκει ἢ φεύγει Ar (330) הרואה: visum A, κόρην Ar (331) האחר (الآخَر): postremum A (الآخِر), אחד: unum idem A, ἕν Ar, אחד: unum idem A, μία Ar (333) תגזור: iudicamus A, ἐπικρίνει Ar (334) החם: +aut frigido A, ‹הוא›: est A (335) במספרים הכלים: in numeris proportionalibus A, ἐν τῷ ἀνάλογον καὶ τῷ ἀριθμῷ ὄντα Ar(LX) (336) מה: Nulla A, τί Ar, באיכות: et qualitatem A, הגידו (يقصّ): considerationis A, κρίνει Ar (= يقضي) (337) ענין ‹אי›: A dispositio A (338) קצתם *אל קצת‹ם›: adinvicem A (339) תהיה (= יהיו) (340) ימצא (= ימצאו)

א׳ במקום המתוק וב׳ במקום הלבן, אם כן יהיה השכל ‹כאלו› יהיה משכיל. כי הוא ישכיל הצורות בדמיונות הראשונות. והענין במבוקש ובנברח ממנו ילך על זאת הדרך אשר הוגבל באלו הענינים. והם יתנועע מזולתי עשות חוש, כשיהיה נמצא בדמיון, [5] כמו מה שידמה האש מתלהב בחומת המדינה. כי הענין המשותף יעמוד על שהדבר המניע הוא האש, והוא התחלה במלחמה. כי הוא יחשוב *כאלו הוא יראה הענין במיני הדמיון והציורים הנפשיים, והיותו חולם בענינים העתידים יהיו לפי הענינים ההווים. וכשאתה תגזור בהערב שם או הנה, *אז שמזיק יהיה או מוברח ממנו או מבוקש, [10] והענין יהיה כן כלל בפעולות. אבל הכזב והצידוק הם מזולתי השכל, והם יחד בסוג אחד בעצמו, ובטוב וברע, אלא שיבדיל כשהוא נאמר על המוחלט ובגדר. והנה יועמד גם כן על הענינים אשר יהיו נאמרים על צד השלילה, כמו שפישוט האף באשר הוא פישוט האף לא יבדל, [15] אבל במה שהוא חלול, אם יהיה שהשכל צייר, הוא אמנם יובן ענין החללות שהוא ערום מן הבשר. ואין הענינים הלימודיים נפרדים על זה המין. כי כמו הדבר המופשט ישכיל כשישכיל אלו הענינים, כי הענין בפועל בכלל יהיה השכל אשר בפועל, ויהיה מחשבתנו באחריתו בשאם יהיה איפשר לו שישכיל שום דבר מן הענינים המופשטים, עם שהוא מופשט מן הגידול, אם לא.

(346) *כאלו הוא יראה הענין: ויראה כאלו הוא עדי הענין l, r (348) *אז שמזיק: או שהמזיק l, r

(341) ‹כאלו›: quasi A (343) והם (= והוא) (344) בחומת המדינה: in turribus civitatum A, Ar τὸν φρυκτὸν (345) יעמוד על: est A, Ar γνωρίζει, במלחמה: preliatori A (346) *כאלו הוא יראה הענין: quasi videret rem A, והציורים הנפשיים: -A, Ar νοήμασιν ἢ (347) יהיו (= יהיה) (348) *אז שמזיק: tunc contristabile A (349) השכל (العقل): operatione A (الفعل) (351) יועמד על (= יעמוד על): scit A (352) פישוט האף: simus A (353) יובן (= יבין) (354) ישכיל: intelligitur A, Ar νοεῖ (357) הגידול (= גודל): magnitudine A

פרק ח

[20] ונקבץ עתה על צד המשא הענינים אשר נאמרו בנפש. ונאמר שהנפש היא על צד ‹מן הצדדים› שאר הנמצאים. כי הנמצאים או שיהיו מושכלים או מורגשים. אמנם הידיעה בענינים המושכלים הוא על צד מה החוש במוחשים. והנה ראוי לנו שנדע איך יהיה זה. ונאמר כי החכמה [25] והחוש יתחלקו חילוק הנמצאים. כי אם יהיו בכח, בכח, ואם יהיו בפועל, בפועל. ‹והמרגיש והמשכיל של הנפש הם בכח אלו הדברים›, המושכל או המוחש. כי ראוי בהכרח שיהיו הנמצאים או אלו או הצורות. ואינם אותם, כי האבן [432א] אינו הוא נמצא בנפש, אבל הצורה. ומפני זאת הצורה תהיה הנפש כמו היד, כי היד *כלי ‹לכלים›, והשכל צורה *לצורות, והחוש צורה למורגשים. ולפי מה שיחשב הגודל המורגשים, והוא מן המורגשים הנפרדים, [5] והמושכלים הם אשר יאמרו על צד המהיר, ושהענינים הנמצאים במורגשים יהיו על דרך הקנין והנפעל. ולזאת העלה מי שאינו מרגיש בשום דבר לא ילמד שום דבר ולא יבינהו. וכשיראה הוא יראה בהכרח דמיונות מה, כי הדמיונות [10] דומים לחושים, אבל בזולתי חומר. כי הדמיון הוא דבר אחר זולתי החיוב והשלילה. אבל הצידוק וההכזבה ימצאו בהרכבת קצת האמונות עם קצתם. ואמנם הדעות הראשונות במה שיתפרדו עד שלא תהיינה דמיונות? כי אלו, ואם יהיו לא דמיונות, אלא שהם לא יתחדשו מזולתי דמיונות.

(362) שנדע: שד l del., שנדע l (367) *כלי: היא r, l, *לצורות: לצורה r, l

(359) על צד המשא: secundum summam A (360) על צד ‹מן הצדדים›: quoquo modo A (364) ‹והמרגיש...הדברים›: -A, τῆς δὲ ψυχῆς τὸ αἰσθητικὸν καὶ τὸ ἐπιστημονικὸν δυνάμει ταῦτά ἐστι Ar, המושכל או המוחש: -A, τὸ μὲν ἐπιστητὸν τὸ δὲ αἰσθητόν Ar (366) ומפני זאת הצורה: Et ideo A (367) *כלי: instrumentum A, ‹לכלים›: instrumentis A, *לצורות: formis A (368) המורגשים: = est sensibilia A, Ms B, והוא מן המורגשים הנפרדים: et est species sensibilium singulariter A (371) דמיונות: imagines A (372) לחושים: (= למוחשים) sensibilibus A (374) דעות: creditiones A

פרק ט

[15] ומפני שנפשות הבעלי חיים הוגבלו בשתי כחות, האחת מהם המבדילה שהיא מפעולת ההבנה וההרגשה, והאחרת גם כן שיתנועעו תנועה בהעתק ממקום אל מקום. והנה הבדלנו במה שאמרנו בחוש ובשכל. וראוי שנאמר בדבר המניע מה הוא מן הנפש, [20] ואם הוא חלק אחד נפרד ממנה או בגודל או בגדר, או אמנם זה בנפש בעצמה. ואם תהיה חלק ממנה התראהו דבר מיוחד בלתי הענינים אשר ילך המנהג בזכרונה, *או אלו הענינים אשר נזכרו אינם מאלו. והנה יצא עם זה המאמר גם כן ספק, והוא איך יהיו חלקי הנפש, וכמה הם. וזה כי נראה מענינה על צד מן הצדדים שהם בלתי הולכים אל הכליה, ושהוא אין [25] החלקים אשר ימנום בני אדם בזמן ההגדרה לבד, כלומר המדבר והכעסן והתאוני. ומבני אדם מי שחלקם אל מה שיש לו דיבור ואל מה שאין לו דיבור. כי היא תתחלק לפי ההבדלים המחלקים לה בחלקים משתנים ביניהם מן השינוי יותר ממה שבין אלו אשר מאמרינו עתה בהם גם כן, כלומר הכח הזן הנמצא בצמחים בעצמם, והכח המרגישה [30] אשר מה מאחד הקל במספרה, כי היא אינה הולכת דרך מה שאין לו דיבור ולא גם כן דרך מה שיש לו דיבור. [432ב] והכח גם כן אשר יהיה בו דמיון, כי הם בעצמם יהיו הפך שאריה. ויקרה הספק מאד באיזה מאלו לקחנום, ואם הוא אחד בעצמו או שמשתנה, כל שכן אם שם משים שחלקי הנפש משתנים. ומן המגונה גם כן עם מה שאמרנו שנכיר זה הדבר אשר נחשב הפך לכולם בגדר והפועל. [5] וזה כי המשתרר אמנם ימצא בחלק המחשבי, והתאוה

(379) והאחרת: והאחרות l (383) *או: ו r, l

(379) גם כן: -A, Ar ἔτι (380) וראוי: +A modo (382) בנפש בעצמה: tota anima A, התראהו: utrum A (383) בזכרונה (=בזכרונם), *או: aut A (385-386) בלתי הולכים אל הכליה: infinite A, ושהוא (= ושהם) (387) לבד: -A, Ar μόνον, חלקם (= חלקה): dividunt eam A (388) תתחלק: videtur A+ (391) אשר...במספרה: quam nullus vult numerare A, ὃ ἂν θείη τις ῥᾳδίως Ar (393-392) כי הם בעצמם יהיו (= כי הוא בעצמו יהיה), לקחנום: fuerit accepta A (396) המשתרר: principale A, ἡ βούλησις Ar

והכעס ימצאו בזולתי המדבר. כי אם תהיה הנפש בעל שלשה חלקים, התאוה נמצאת בכל אחד אחד מהם.

ואמנם הדבר אשר כלה המאמר אליו הוא מה הדבר אשר ינועע הבעל חיים ממקום אל מקום. והנה יחשב שהתנועה אשר תהיה על צד התוספת והחסרון נמצאת בכולם, [10] והדבר הנמצא בכל הוא אשר יחשב שהוא יניע המוליד והמפרנס. ונראה באחרית בשאיפת הניפוש ודחייתו, והשינה והיקיצה, כי ‹ב›אלו ספקות הרבה. ונראה בתנועה ממקום אל מקום ומה הדבר אשר יניע הבעל חיים תנועת העתק. [15] ומן המבואר כי זה לא יהיה על הכח המפרנס, כי זה הכח תמיד ייוחס אל אלו. ואלו או שיהיו עם דמיון *או עם תאוה. *כי מה מדבר יתנועע אלא לתאות שום דבר או לברוח מדבר האלהים, אלא אם תהיה תנועתו באונס. והלא היתה זאת גם כן ענין הצומח, אלו היה מתנועע, והיה לו האבר הכליי העוזר על זאת התנועה. והלא היה גם כן על זה המשל בלתי החוש. [20] כי בעלי חיים ימצא בהם החוש והם דבקים במקום אחד ובלתי מתנועעים כלל. ואם יהיה הטבע לא יפעל דבר לבטלה, ולא תקצר בשום דבר מן הענינים ההכרחיים, אלא אם תהיה בענינים מתאחרים והם אשר לא ישלמו, אבל מה שילך מבעלי חיים זה הדרך הם שלמים בלתי משובשים, ויורה על זה שהם מולידים, [25] ויש להם עלייה וירידה, ועל כן ימצא להם האיברים הכליים אשר יהיה ההעתק בהם. אלא שאין אשר יניע לא החלק המחשבי ולא החלק הנקרא שכלי. כי החלק המחשבי לא יראה הדבר אשר יפעלנו, ולא יאמר שום דבר בנברח ממנו ולא

(406) *או: ו r, l, *כי: הוא r, l

(399) אשר כלה המאמר אליו: ad quod pervenimus in sermone A (402)
ודחייתו: -A, Ar καὶ ἐκπνοῆς (403) ‹ב›אלו: in istis A (405) על הכח: a
virtute A, Ar ἡ δύναμις, ואלו או שיהיו (= וזה או שיהיה): illa autem
aut est A (406) *או: aut A, *כי: enim A, מה מדבר: Nichil A, מדבר
האלהים (407): ab ipso A, באונס: violentus A, והלא: Et si A (408) אלו:
-A (411) ולא תקצר (= יקצר, يقصر): et perfecte operatur A, תהיה (=
יהיה) (412) בעניינים מתאחרים (متخلفة): in rebus monstruosis A, ἐν
τοῖς πηρώμασι Ar (413) משובשים (= متخللة): monstruosa A,
πηρώματα Ar (414) ימצא להם: Mss ADG, et ideo habent A =

במבוקש. כי התנועה תמיד אמנם תמצא או למי שיברח מדבר או למי שמתפשט בבקשת שום דבר. [30] ולא הוא גם כן ממה, כשישקיף על דבר ממה שילך זה הדרך, בשלוח על הבקשה או הבריחה, כמו מה שיאמן הרבה בדבר מן הדברים שהוא או ערב או מפחד ולא בשלוח על הפחד. אמנם הלב [433א] יתנועע כשימצא ‹אבר› אחר ההנאה. וכשישלח השכל גם כן, וחייבה המחשבה לברוח מדבר או לבקש דבר, ‹לא› יתנועע, אבל יפעל מה שהוא ניאות להנאה, כמו מה שלא יחזיק נפשו. ובכלל שאנו רואים מי שימצא לו מלאכת הרפואות לא יתרפא, מפני שדבר אחר [5] הוא ראש מה שהיה מן הפעולות יפעל בידיעה. כי אין הראשות בזאת התנועה לידיעה ולא גם כן לתאוה, כי בני אדם יתאוו וירצו ולא יפעלו הענינים אשר נכחם תתעורר תאותם, כי הם נמשכים אחר השכל.

פרק י

[10] אם כן נראה כי מי שיפעל התנועה הם אלו התאוה והשכל, ואם שם משים כי הדמיון דומהו. כי אנו בהרבה מן הענינים נרדוף הדמיון בזולתי ידיעה, כי אין לבעלי חיים הנשארים לא אמונה ולא מחשבה, אבל הדמיון. אם ‹כן› שתי אלו, כלומר התאוה והשכל, המה המניעים ממקום אל מקום. והשכל הפועל הוא המחשב בענין מנגד [15] לעיוני בשלמות. וכל תאותה היא

(418) כשישקיף: בשישקיף r (430) דומהו: תאוה + l, r del.

(418) שמתפשט בבקשת שום דבר: in querente A (419) בשלוח על: mittent ad A, κελεύει, שיאמן: opinamur A, διανοεῖται Ar (420) בשלוח על: mittimur ad A, κελεύει Ar (421) כשימצא...ההנאה: quando aliud membrum delectatur A (422) ‹לא›: non A (424) יתרפא (= ירפא): sanare A (425) יפעל (= תפעל) (426) בני אדם: heremite A, οἱ ἐγκρατεῖς Ar (429) מי (= מה): quod A, הם (= הוא), אלו (= זאת) (430) דומהו: est similis intellectui A (431) אמונה: existimationem A (432) אם ‹כן›: igitur A (433) השכל הפועל: intellectus operativus A (= השכל המעשי), מנגד ל־: differt a A

תאוה *לדבר. כי התאוה אינה התחלה לשכל הפועל, אבל זה האחר הוא התחלת הפעולה. ועל כן מן הראוי ידמה ששני אלו הם אשר יניעו , כלומר התאוה והאמונה אשר נוכח הפעולה. וזה כי המתאוה יניע, ועל כן תהיה האמונה מניעה, מפני שהיא מתאוה. [20] והתחלת זה תהיה בעת אשר יתנועע בו הדמיון. ולא יהיה מניע בלתי תאוה. אם כן המניע הוא אחד, כלומר אשר יתאוה. וזה כי המניע אלו היה שנים, והם השכל והתאוה, היה התנועעותם במין משותף. אבל עתה השכל אין נראה שהוא יניע בלתי תאוה, כי הרצון [25] והתאוה בהתעוררותם ‹במחשבה›, הרצון יתנועע [במחשבה]. והתאוה תניע תנועה אינה נכנסת במחשבה. והתשוקה היא תאוה אחת. אם כן כל שכל ישר, אמנם התאוה והדמיון שניהם יהיו ישרים ‹ולא ישרים›. ולזאת העלה יניע החלק התאוני תמיד, אלא שזה או יהיה טוב או ממה שיחשב טוב. ואין זה בכל, כי זה השכלי [30] הוא משובח, והפעליי הוא אשר איפשר שימצא לו הדבר על צד אחר.

אם כן נראה כי הכח אשר ילך זה הדרך מכחות הנפש תניע, והוא אשר נקרא התאוני. ואותם אשר יחלקו הנפש אל חלקים, [433ב] אם יהיו חולקים אותו ויבדילו אותו לפי הכחות, הם ימצאו חלקים הרבה מאד, כלומר הזנה והמרגיש והמשכיל והמחלים והתאוניית. [5] כי זאת תבדיל קצתם מקצתם, והתאונית יותר הבדלה והפרדה, וכן הכעסניית. ומפני ‹ה›חילוף התאוה יהיו קצתם נגד קצתם. ואמנם יקרה זה בהיות מיני

(434) *לדבר: בלבד l, r

(434) *לדבר: ad aliquid A, לשכל הפועל: intellectus operativi A (= לשכל המעשי), זה האחר (الآخَر): τὸ δ᾽ ἔσχατον Ar (الآخِر), illud aliquid A (435) הפעולה: intellectus A, τῆς πράξεως Ar (436) האמונה אשר נוכח הפעולה: cogitatio apud actionem A (437) האמונה: cogitatio A (441) בהתעוררותם: quando moventur A (= בהתנועעותם), ‹במחשבה›: in cogitatione A (443) ‹ולא ישרים›: et quandoque non A, καὶ οὐκ ὀρθή Ar (445) השכלי (العقلي): actuale A (الفعلي) (449) חולקים...ויבדילו: dividunt A, διαιρῶσι καὶ χωρίζωσι Ar (450) והמחלים: et cogitantem A (= והמחשבי), זאת תבדיל (= אלו יבדילו): iste distincte sunt A (452) התאוה (= התאוות): ὀρέξεις Ar

התאוה זה נגד זה, וזה אמנם יהיה במה שימצא לו החוש *בזמן. ‹ו›השכל יביאנו למניעה מפני הדבר העתיד לבוא, והתאוה מפני הדבר ההווה הערבות. ‹כי› יחשב כי הדבר ההווה הערבות ערב לגמרי, [10] מפני שהוא לא יתערב האחר העתיד. והמניע הוא מתאוה באשר הוא מתאוה. כי התאוני יתקדם שאריה, כי זה יניע ולא יתנועע, מפני שהוא מניע הדמיון והשכל.

ואמנם המניעים הם הרבה במספר, מפני שהענינים אשר בהם תהיה התנועה הם שלשה, האחד מהם המניע, והאחר הדבר אשר בו יניע, והשלישי הוא המתנועע. והמניע על שני מינים, [15] אמנם אותו זולתי מתנועע, וזה מתנועע. ‹אבל זולתי מתנועע› הגדה מושכלת, אבל המניע והמתנועע הוא התאוני, כי הוא יניע אשר יתנועע במה שהוא מתאוה, מפני שהתאוה היא תנועה מה, כלומר אשר תהיה בפועל. ואשר יתנועע הוא בעל חיים. והסבה המניעה היא התאוה. ואלו הם גשמיות. [20] ולזאת העלה ראוי שנבקש מציאותם בפעולות המשותפות לנפש ולגוף. ואומר עתה בכלל כי הגוף יתנועע תנועה כליית, כי במקום שתהיה ההתחלה שם גם כן תהיה העמידה, כמו התנועה *הכלולית. כי בזה ימצא הגבנות והחללות, אמנם יהיה אותו תכלית, ואמנם זה תהיה התחלה. ועל כן אמנם אותו יהיה נח, ואמנם זה יהיה מתנועע, עם שהיא בגדר משתנים, [25] אמנם בגודל זולתי מובדלים. כי כל מה שיתנועע תנועתו על כמו דחיה או משיכה. ועל כן ראוי שיעמוד הדבר כמו מה שבעגולה, ושיהיה התחלת תנועתו מן זה המקום. ובכלל כי כמו שאמרנו שהדבר כאשר הוא בעל חיים לו תאוה, ובזה הענין יניע עצמו. והתאוניית

(453) *בזמן: ומן l, r (468) *הכלולית: הבלולית l, r

(453) *בזמן: per tempus A (454) יביאנו: coget nos A, ההווה הערבות (455): rem presentis voluptatis A, ‹כי›: igitur A (456) יתערב (= יעתבר, يعتبر): aspicit A (462) ‹אבל זולתי מתנועע›: Non motum autem est A, הגדה (الجيد) מושכלת: bonum intellectum A, τὸ πρακτὸν ἀγαθόν Ar (464) הסבה המניעה (465): instrumentum movens A (467) תנועה כליית: motu consimilitudinis A, ὀργανικῶς Ar, העמידה: finis A (468) *הכלולית: girativus A (470) שהיא (= שהם) (473) ובזה הענין: sic per illam intentionem A

בלתי נעדרת מן הדמיון. כי כל דמיון [30] או שיהיה מורגש או שיהיה מחשביי. כי זה נמצא גם כן לבעלי חיים האחרים.

פרק יא

ונראה בזה ובבעלי חיים שאינם שלמים מה הדבר המניע להם, [434א] והם אשר החוש הוא אמנם בהם במישוש לבד. ונאמר זה תמה אם איפשר שימצאו לאלו תאוה או לא, וזה כי יראה שימצא להם ההזק וההנאה. ואם יהיה ששני אלה [ה]נמצאים ‹להם›, מן ההכרח גם כן שתמצא התאוה. ואיך יהיה הדמיון? או אולי היא, כמו שתתנועע תנועה בלתי משובחת, [5] ועל זה הצד יהיה מצואתם בה? כי מצואתם בה, כמו שאמרנו, מדמיון מורגש בלתי מוגדר. וזה גם כן נמצא בבעלי חיים האחרים. אבל הכח המיעץ הוא נמצא בבעלי חיים המדברים. כי היותנו בוחרים שלא נעשה זה הדבר או זה הוא מפעולת המחשבה. והנה ימנה האחד מן ההכרח. כי הוא יתנועע נוכח הדבר הגדול, עד שאיפשר לו [10] מדמיונות הרבה שיפעל. וזאת היא הסבה במחשבה. כי אין דעת לו, מפני שאין להם הדבר ההווה בעבור ההקש, וזה הוא מה של זה כי מפני ההנאה, כי אין לו הכח העצניי. וינצח ויניע או לפעמים בעבור זה או לפעמים לאחר. וזה כי התאוה תניע התאוה על משל הכדור, אחר היות לה ענין ההקפה. וזה שהיא בטבע [15] מתקדמת ומתנועעת נוכח

(475) גם כן: -A, Ar καὶ (477) בזה ו־: -A (479) שימצאו (= שימצא), תאוה...להם: -A, φαίνεται φαντασίαν..., ἤ οὔ, καὶ ἐπιθυμίαν. Ar (480) [ה]נמצאים ‹להם›: habent A (481) היא (= הם), תתנועע (= יתנועעו), משובחת (مجود): terminato A (محدود) (482) מצואתם בה (= מצואו בהם): existit in eis A, מדמיון: cum imaginatione A (483) הכח המיעץ: virtus cogitativa A, ἡ βουλευτική Ar (484) כי היותנו בוחרים שלא נעשה: Eligere autem facere A (485) האחד: ipsum unum A, (486) הדבר הגדול: maius A (487) להם (= לו) (488) הכח העצניי: virtutem cogitativam A, τὸ βουλευτικὸν Ar (489) בעבור זה...לאחר: illud...aliud A (490) ענין ההקפה (ضمّ): intentionem continentie A (عمّ), ἀκρασία Ar, מתקדמת: (متقدّمة): prior A (= קודמת), +A et motor, ומתנועעת: ita quod sint mote A

התנועה. ואמנם הכח החכמיי היא לא תתנועע, אבל תעמוד, וזה מפני שזה למחשבה ולדין הכליי, אבל אלו לחלקים. כי זה יחייב שהוא ראוי לכמו זה שיפעל כמו זאת הפעולה, ‹וזה› כי מפני שזה הדבר הוא על זה הצד, כי אני [20] גם כן אהיה על זה. כי זה גם כן יניע אלא שזה אינו לכללי הראשון, ‹או› *שניהם יחד, אבל [או] אותה נחה, *ואלו לא.

פרק יב

אם כן ראוי בהכרח שתהיה הנפש הזנה נמצאת בכל חי, והנפש נמצאת להם מן ההוויה עד ההפסד. כי הוא ראוי בהכרח שימצא לכל הווה התחלה ועמידה וירידה, [25] ואין ראוי מציאות אלו זולתי התפרנס. אם כן הוא מן המוכרח שתהיה הכח המפרנס נמצא בכל הענינים אשר יגדלו *ויתכו. ואין ראוי בהכרח מציאות ההרגשה לגמרי. ואי איפשר מזולתי אלו שימצא בעל חיים חי, ולא [30] גם כן בדברים אשר אינם מקבלים הצורות מבלתי חומר. אם כן ראוי בהכרח שימצא החוש לבעלי חיים, אם יהיה הטבע לא תפעל פעולה ‹ל›בטלה. וכל הענינים הנמצאים בטבע מציאותם מפני שום דבר, או יהיו מקרים רודפים לענינים אשר מציאותם מפני שום דבר. כי כל גשם הולך, אין חוש לו, יפסד [2434ב] ולא יכלה עד תכלית, כשיהיה מפעולת הטבע. וידוע שהוא מן המוכרח שתמצא המרגישה לבעלי חיים, וזה שהוא על צד יתנועע מבלתי חוש. אלא שזה גם כן יהיה נמצא לאשר מטבעם שיעמדו. ואי איפשר בגוף אשר לו נפש ושכל ודין שימצא בזולתי חוש, אחר היות לא בנשאר, נולד

(491) שזה: לא + l del. (495) *שניהם: שבהם l, r *ואלו: או אלו l, r (500) *ויתכו: ויתכן l, r

(491) החכמיי (الحكمي): scientialis A (492) הכליי: (الكلي): universalis A (= כללי), אלו (= זה): ista...est A, יחייב: facit A, Ar λέγει (493) ‹וזה›: et illud A (494) לכללי הראשון: universale A (495) ‹או›: aut A, *שניהם: utrunque A, *ואלו: ista autem A (499) עמידה: finem A, Ar ἀκμὴν, ואין ראוי: non possunt A (500) *ויתכו: et diminutibilibus A (501) לגמרי: simpliciter A (506) יכלה עד תכלית: venit ad finem A

הוא ולא [5] זולתי נולד גם כן. כי אין העלה אשר בעבורה לא *ימצא זה לו, כי הוא או שתועיל לנפש בו או לגוף. אבל עתה ולא אחד ובהם גם כן. אמנם אותם מפני שהם ברור לא יבינו, וזה ברור לא יהיה בעבור זה. וזה תמה לא ימצא גשם מתנועע *ולו נפש מבלתי חוש?

אבל אם היה החוש נמצא לו, הגשם מן ההכרח או שיהיה פשוט [10] או שיהיה מורכב. ואין ראוי שיהיה פשוט כי אין מישוש לו, ומן המוכרח שיהיה נמצא לו. והנה עמדו על זה מאלו הענינים: מפני שהיה הבעל חיים גשם מתנפש, וכל גשם ממושש, והממושש הוא מורגש למישוש, הוא גוף בעל חיים מן ההכרח שיהיה ממושש, אם יהיה מטבע הבעל חיים שיתחלץ. [15] ושאר החושים האחרים במיצוע ענינים אחרים, כמו הריחה והראיה והשמיעה. ואם יהיה שלא ימצא הממושש גשם, לא יתכן שיקבל קצת הענינים ויברח מקצתם, ואם יהיה זה בזה לא יתכן שימלט הבעל חיים. ולזאת העלה יהיה הטעם על דמיון הממושש, וזה שהוא נמצא למזון, והמזון לגשם הממושש. [20] אבל הפחד והמראה והריחה אינם מתפרנסים, ולא נמצא בעבורם תוספת ולא חסרון. ולזאת העלה יהיה הטעם מן ההכרח משוש, מפני שהחוש אמנם ימצא לממושש הניזון. אבל אלו נמצאים לבעלי חיים מן ההכרח. ומן המבואר כי אי איפשר שימצא הבעל חיים מבלתי חוש.

(510) *ימצא זה: ימצאוה r ,l (513) *ולו: ולא r ,l

(510) גם כן: -A, כי אין העלה: causa enim A, *ימצא זה לו: habet hoc A
(511) כי...לגוף: quod non iuvatur per illud corpus neque anima A, ἢ
γάρ τῇ ψυχῇ βέλτιον ἢ τῷ σώματι Ar, (512) גם כן: -A
אותם...יבינו (= אותו...יבין): illud...intelligit A, ברור: in maiori parte A,
לא יהיה בעבור זה: non est A, οὐθὲν ἔσται δι᾽ ἐκεῖνο Ar, Et
propter hoc A+ (513) *ולו נפש: habens animam A (515) אין ראוי:
impossibile est A (516) עמדו על זה: hoc scitur A (519-518) ושאר
החושים האחרים: +A sentiunt (520) לא ימצא הממושש גשם: non
invenitur tangibile sensu A, ἁπτόμενον...μὴ ἕξει αἴσθησιν Ar
(521) ואם יהיה זה בזה: et sic A (522) הממושש: tactus A, ἁφή τις Ar
(= מישוש) (523) הפחד (الفزع): Sonus A, מתפרנסים (= מפרנסים):
nutriunt A (525) ימצא ל־: est A

[25] אבל אלו הענינים האחרים ימצאו למען היות[ו] מציאותו מעולה, ולא יקרה זה לאיזה סוג מבעלי חיים שיהיה, אבל לקצתם. וכמו שהוא ראוי בהכרח שיהיה זה הולך, אם יהיה מטבעו שינצל, ולא כשירגיש כשימושש לבד, אבל ומן הרחוק גם כן. וזה אמנם יהיה כשיהיה מורגש במיצוע, מפני שהוא [אם אותו] *יתפעל בעבור המרגיש ויתנועע, וזה בעבור הוא. [30] וכמו שאשר יניע במקום יפעל עד שישתנה, וכן אשר ידחה אחרים יפעל עד שידחה ותהיה התנועה במיצוע, אבל הראשון יהיה מניע או ידחה מבלתי שידחה, אבל האחר יהיה נדחה לבד מבלתי שידחה, אבל הממוצע לו שני הענינים, [435א] והאמצעים הרבה, וכן ילך הענין בשינוי, אבל ישנה והוא עומד במקום האחד בעצמו. וכמו שמי שילחץ על השעוה הוא לוחץ אל מקום שיניע, ואל המקום אשר תכלה אליו הלחיצה. אבל האבן לא יתלחץ כלל, אבל המים יתלחץ מהלך רחוק, והאויר יתנועע [5] הרבה ויפעל ויתפעל, אם יהיה עומד והוא אחד. ובעבור זאת העלה היותר טוב הוא שיהיה האויר נפעל בהיפוך מן הגשם ומן המראה, מה שיתכן והראות בשילוח ובהיפוך. והוא בענינים החלקים אחד. ובעבור זאת הסבה יהיה זה יניע הראות כם כן, כמו שהיה בחותם הנמצא בשעוה יבוא [10] אל תכליתיו.

פרק יג

ומן המבואר שהוא לא יתכן שימצא גוף החי פשוט, כלומר כמו האש או האויר. כי אי איפשר שימצא לו גם כן ולא חוש אחד אחר אלא המישוש. כי כל גשם מתנפש [15] ממושש לפי מה שאמרנו. ואותם האחרים יהיו כלים לחוש, מלבד האדמה. כי כולם יפעלו החוש מפני שהם מרגישים באחר ובעבור הדבר הממוצע. והמישוש אמנם ימצא עם הפגישות לענינים, ועל כן

(531) *יתפעל: ויפעל r, l (537) האבן: האבץ l, האבן i.m. l

(529) ימושש (= ימשש): tetigerit A (530) מורגש (= מרגיש) (531) *יתפעל: patitur A, המרגיש (= המורגש) (535) ישנה: -A (536) ילחץ על: imprimit in A, אל מקום שיניע (537) (= ינוע): donec movet A (539) עומד: remanet A, היותר טוב...מה שיתכן (540): melius est...quam quod possibile fuerit A, בשילוח: per transmutationem A (541) אחד (= אחד בעצמו): idem A

נקרא בזה השם. ‹ו›זה עם שהכלים האחרים אמנם ירגישו במיצוע המישוש, אלא שזה במיצועים אחרים. אמנם זה יחשב [20] מספיק בעצמו. ועל כן אין שום דבר מאלו היסודות יהיה גשם לחי, ולא אדמה גם כן. כי המישוש הוא *כמיצוע לשאר הממוששים ‹וכלי לחוש›. והדבר המקבל לא יקבל השינויים הארציים לבד, אבל החם והקר ושאר הממוששים האחרים. ומפני זאת העלה [25] אין אנו נחוש בעצמות ובשער וב‹חלקים› האחרים [435ב] ההולכים זה הדרך. ולבעבור זאת הסבה לא ימצא לצומח ולא [ל]אחד מאלו החושים, וזה מפני שהיא מן האדמה. כי לא יתכן שימצא חוש אחרת מבלתי מישוש, ואלו אשר לחוש לא יהיו מהאש ולא מאחד מאלו היסודות האחרים. הנה התבאר כי הבעלי חיים ימותו מן ההכרח [5] *כשזאת ההרגשה תהיה נעדרת לבד, ואי איפשר גם כן שלא תהיה נמצאת ולא לבעל חיים. כי אין בבעלי חיים הכרח עד שימצאו לו אחרים זולתי אלו. ולזאת העלה לא יהיו המורגשים האחרים מפסידים לבעלי חיים בנצחונם, כמו המראה והקול והריח, אבל יפסידו כלי החוש [10] לבד האלהים, אלא אם יהיה על דרך המקרה, כמו מה שיהיה עם החיבוט הדחות והכאה חזקה, ולפי זה המשל ילך הענין במראה. וכן יקרה בהרחה כי הם בכללם ימיתו הבעל חיים על דרך המקרה. ועל כן יהיו הטעמים גם כן מזיקים בבעלי חיים באמצעות הנגיעה, כי הנגיעה מישוש אחד. אבל הניצחון [הוא] לממושש, כמו החם והקר והקשה, מפסיד לבעל חיים. [15] ונצחון כל מורגש ידחה החוש, ועל כן [לא]

(552) *כמיצוע: במיצוע l, r (558) *כשזאת: בשזאת l, r

(552) *כמיצוע: quasi medium A, הממוששים: sensibilibus A, τῶν ἁπτῶν Ar, ‹וכלי לחוש›: et instrumentum sensui A (554) ‹חלקים›: partes A (556) שהיא (= שהם): sunt A (557) ואלו: et hoc instrumentum A (558) *כשזאת: quando hoc A (560) הכרח עד (= הכרח על), אלו (= זאת): istum A (562) האלהים: -A (563) עם החיבוט: cum sono A, הדחות והכאה חזקה: magna percussio A, ὦσις...καὶ πληγή Ar, ולפי..בהרחה (564): -A, ימיתו: corrumpunt A, φθείρει Ar (566) הנגיעה: gustu A, ἁπτικόν Ar, הניצחון: dominium A (567) החוש: instrumentum sensus A, τὸ αἰσθητήριον Ar

ישא הממושש ‹המישוש›. ובזה הוגדר נרצה לומר שיחיה, כי אי איפשר שימצא הבעל חיים בזולתי חוש המישוש. ובעבור זאת העלה לא יפסיד נצחון הממושש כלי החוש לבד, אבל ולבעל חיים גם כן, מפני שהוא מן הענינים ההכרחיים לבעלי חיים שיהיה נמצא לו לבד [כשימצא, כמו שאמרנו], לא כשיהיה נמצא מציאות יפה. ואותם החושים האחרים [20] נמצאים בבעל חיים, כי לא ימצא ‹כשימצא כמו שאמרנו› מציאות יפה, אבל הראות מפני שיראה במים והאויר, ואמנם נגיעת הטעם מפני שירגיש בערב ובמזיק מן המזון ויתאוה ויתעורר, וכן ילך הענין בהרחה, ואמנם השמיעה מפני [25] שישמע הדבר, ואמנם הלשון מפני שיורה הדבר על צד אחר.

נשלם ספר הנפש ת״ל יתעלה אשר ממנו כל נפש תרומם ותעלה.

(568) ישא (= يرفع) expellit A, ‹המישוש›: tactum A (569) חוש המישוש: tactu A (571) לבד: -A, Ar μόνον, לא...יפה (572): non ut sit in meliori dispositione A (573) כי לא ימצא ‹כשימצא כמו שאמרנו› מציאות יפה: propter melius A, οὐ τοῦ εἶναι, ὥσπερ εἴρηται Ar τοῦ εὖ ἀλλὰ ἕνεκα, מפני ש־ (574): ut A, נגיעת הטעם: gustus A, מזיק: tristabile A, מן המזון (575): -A, Ar τροφῇ ἐν, יתעורר: moveatur A (577) נשלם...תעלה: -A

INDEX

(The Latin text refers to Averroes' translation; when this translation differs from the Greek text it has been put between brackets)

אב: see דבור

אבן (I: 79, 174; III: 365, e.p.) lapis; אבן קלמיטא (I: 174-5)

אבר (I: 222, 349, 351, e.p.) membrum; אבר המוח (II: 437) mater cerebri; האבר הכליי (III: 408, 414) membrum organicum

אד: שהוא האיד אשר ממנו יושם עצמות שאר העניינים (I: 179) ipsam esse vaporem, ex quo constituit omnes res

אדם (I: 31, 33, 41, e.p.) homo; see בן

אדמה (I: 140, 191, 241, e.p.) terra

אהב (I: 388) diligere

אהבה (I: 64) amor, (III: 286) amicitia

אוה: התאוה (I: 529; II: 177; III: 426, e.p.) desiderare, (III: 575) appetitum habere

אויר (I: 105, 140, 175, e.p.) aer; האויר המקיף (I: 110, 516) aer continens; אויר שוחז (II: 442-3) aer distinctus

אומר (I: 126, 179, 199, e.p.) dicere; כאלו אתה אומר (III: 233) v.g.; מה שאני אומר אותו ביותר מזה (II: 338) quod dicimus magis; ולאומר יש לומר (III: 63) et potest aliquis dicere

אורג (I: 375) texere

אורה (II: 342-3, 349, e.p.) lux; see מרובה, קבל

אות: see חטא

אות: ניאות (I: 120, 223, 272, e.p.) convenire; כשתהיה ניאותה ניאותות (I: 339-340) (cum fuerint superposite tali superpositione)

אזן (I: 31) loqui

אחד (I: 402, 406, 409, e.p.) unitas; אחדים מתנועעים (I: 395-6)

INDEX

unitatem motam; אחת (I: 398, 400, 408) unitas

אחדי: see נקודה

אחור: (II: 452) tarditas; או האיחור ההווה בחושים (I: 379); באחור (II: 455) tardum

אחר (III: 331) postremum, (III: 434) (aliquid)

אחרון (I: 298) ultimus; see נח

אחרונה: באחרונה (III: 286) in postremo

אחרית (II: 156) finis; באחריתו (III: 356) in postremo; באחרית (III: 402) post

איך (I: 25, 459, 464) quale, (I: 282, 291, 345, e.p.) quomodo

איכות (III: 336) qualitas

אילן (II: 25, 45) fructus; הוא התירה לאילן (II: 25); see קרום

איש (III: 278, 316) individuum; והרבה אנשים זולתו (I: 181) et multi alii; ואנשים שראוי לגנות בהם (I: 186) et alii, qui digniores sunt derideri

אל (II: 681); see רום, עזרה

אלהי: האלהיים (I: 184) dii; see דבר, נצחי

אלהים (I: 253; III: 407, 562)

אלוה: האלוה (I: 447, 505) Deus

אלית (I: 476) Deus

אלף: אלף בזה האלף חכם (II: 285) sciens hoc

אמונה (III: 374) creditio, (III: 431) existimatio, (III: 437) cogitatio; אמונת אמת (III: 186) opinio vera; האמונה אשר נוכח הפעולה (III: 436) cogitatio apud actionem

אמן: האמין (I: 207; III: 419) opinari, (III: 186) credere

אמצע (I: 300; II: 381; III: 535) medium, (III: 322) medians

אמצעי (II: 542, 545) medium; העניין האמצעי (II: 391) medium; אמנם על דרך האמצעי כי אינו אמצעי (II: 546-7) secundum autem hunc modum non est medium

אמצעות (II: 623) medians

אמר (I: 4); (I: 113, 116-7, e.p.) dicere; נאמר (II: 310) dici; see אומר, רצון, רצה, טוב

אמת (I: 8, 126) veritas, (I: 246; II: 613) verus, (III: 184) bonus; באמת (I: 86, 88, 90; e.p.) in rei veritate; לפי האמת (I: 522); see אמונה, מצא

שפע ‎אמתה: ‎־ש יותר ‎העניין ‎ואמיתת (I: 364) et magis dignum est; see

אמתות: see זמן

אמתחת: באמתחתה (I: 451) (in vasis ossis)

אמתי (II: 378, 490) verus; אמנם העניין האמתי (I: 338-9) secundum autem verum

אנה (II: 326) ubi

אנס: באונס (I: 235-6, 238, e.p.) violente; ילך דרך האונס (I: 304) quasi violentum; והאונס (II: 555)

אף: see פשוט, פשיטות

אפשר: (I: 58, 108, 248, e.p.) possibilis, (I: 66) forte; בלתי אפשר בו (I: 49) per quod non preparatur; אי איפשר (I: 56, 61, 362-3, e.p.) impossibilis

אפשרות: see רחוק

ארוך (III: 141) longus

אורך, ארך (I: 146; III: 294, 299, e.p.) longitudo; (II: 60) longus

ארץ (II: 602) terra; הארץ הגדולה (I: 450) terra magna

ארצי: see שנוי

אש (I: 103-4, 140, e.p.) ignis

אשורי: האשורי (III: 326)

ילך באור: באורו מהם נסתר (I: 129) latentius loquebatur de istis; תחל ביאור (II: 52) determinandum est; see

באר: ביאר (I: 322; II: 219, 257, e.p.) determinare, (II: 255) exponere; התבאר (II: 57) manifestum esse, (II: 51, 356; III: 108) declarari; see עקר

בדל: הבדיל (I: 37, 366, 369, e.p.) distinguere, (I: 547; III: 350) differre, (II: 70, 77) separari ab, (II: 499) excedere; נבדל כי זאת תבדיל קצתם מקצתם, והתאונית יותר (III: 352) dividi; הבדלה והפרדה (III: 450-1) iste enim distincte sunt abinvicem, et magis desiderativa

בהיר (II: 340, 343-4, e.p.) diaffonus

בהירות (II: 393) diaffonitas

בהמה (II: 150; III: 177, 179, e.p.) brutum, (III: 167) bestia

בוא (I: 210) provenire, (II: 352) currens, (II: 627) accidere; הביא (I: 46) dare, (I: 212) inducere; מה שבא לידינו (II: 3) quod accepimus; ו⟨י⟩השכל יביאנו למניעה (III: 453-4) et intellectus coget nos ad prohibendum; see עלוי, עתיד

בוחר (III: 484) eligere

בונה (I: 375) edificare

בורא: הבורא ית' (I: 312) Deus

בורח (III: 324) fugiens

בחור (I: 382) iuvenis

בחר (I: 240)

בטל (I: 214; III: 185, 291) falsus

בטלה (II: 232) ocium; לבטלה (III: 411, 504) ociose, ociosum

בין: הבין (III: 216, 371, 512), הובן (III: 353) intelligere

בינה (III: 138)

ביוני (II: 60) medium; see מציאות

בית (I: 77) domus; see נצוץ

בל (III: 110) sed

בן: בן אדם (I: 68; III: 386) homo, (III: 427) heremes; בני אדם (I: 504), מבני אדם מי (III: 387) quidam; see נכר

בנין (II: 294) edificator

בעל: בעל (ה)חיים (I: 9, 90, 111, e.p.), בעל החי (I: 250) animal; בעל המלאכה (III: 484) in rationabilibus; בבעלי חיים המדברים (I: 85) artifex; בעל נפש (I: 98) habens animam; see חי

בקע (II: 674) findere

בקש: ביקש (I: 17) declarare, (I: 22, 95, 321, e.p.) querere, (I: 288, 290) tangere, (II: 164) perscrutari, (II: 169) intendere; כי לבקש מה שיכוון בו יותר קשה (I: 18-9) tunc magis erit difficile illud quod quesitum est; אם יבקש המבקש (I: 432) si aliquis voluerit; למבקש שיבקש (III: 40) debet homo perscrutari

בקשה (III: 321) querere, (III: 419) querendum; מי שמתפשט בבקשת שום דבר (III: 417-8) querens

ברור: (III: 512) in maiori parte

בביאור :ברור (III: 171) manifeste

ברזל (I: 174; II: 655) ferrum

ברח (III: 329, 417, 422, e.p.) fugere, לברוח (III: 406) per fuga

בריא (II: 104) sanari, (II: 223) sanus, (II: 382, 493) verus

בריאה (I: 324) creatura

בריאות (I: 335; II: 105-7) sanitas; (II: 499); בתכלית הבריאות (II: 498) valde verus

בריחה (III: 322-3) fugere, (III: 419) fugiendum

בתכלית הבריקה :בריקה (II: 551) valde fulgorosus et resplendens

יתברך שמו :ברך (I: 549)

ברק (II: 554) resplendens

בשר (I: 347, 356, 447, e.p.) caro; בעל הבשר הקשה (II: 501-2) dure enim carnis; ואשר בשרו חלק (II: 502) mollis carnis; see שאר

גבורה (I: 54, 63) audacia; עניינים נותנים גבורת הלב (III: 155) aliquod audactivum; הנותנים גבורה (III: 156) audactivae

הוגבל :גבל (III: 343) determinatus, (III: 378) diffiniri

גבנות (III: 468) gibbositas

גידול ,גדול (I: 226, 525; II: 66, e.p.) augmentum, (II: 13, 65) augeri, (III: 357) magnitudo

גדול (I: 132) magnus, (I: 427); יותר גדול (III: 186-7) maior; הדבר הגדול (III: 485-6) maius; see שעור

גודל ,גדל (I: 276, 280, 282, e.p.) magnitudo; בלתי גדל (II: 273) non perfecta

גדל (II: 67-8, 197, e.p.) augeri; שיגדל אליו (I: 485); אשר יגדלו (III: 500) augmentabilis; see נכר

גדר (I: 73, 196) diffinire, (II: 637) determinare; הוגדר (III: 568) diffinitus esse

גדר (I: 32-4, e.p.) diffinitio, (I: 297) diffinire, (II: 216) terminus; המאמר המוגדר (II: 56) sermo diffiniens

גוף (I: 12, 54, 57, e.p.) corpus; מן הגופות החלקים (II: 411-2) a corporibus solidis; גוף החי (III: 544) corpus animalis; see גשם

גופני: see מדה

גזר (I: 94), גזר (I: 154, 437; III: 333, e.p.) iudicare; שגזר עליה דינו (I: 163) iudicavit; יגזור המאמר (I: 535) querendum est דינו על

גיד (II: 536) vena

גלגל (I: 273-4, 290, e.p.) circulus; see עקום

גמור: המרגיש הגמור (III: 101) ultimum sentiens; הפעולה הגמורה (III: 319) actio simpliciter

גמר: שכולם הולכים דרך הדבר אשר בו גמר (I: 50) quod non sunt nisi verba sine certitudine

גנאי (I: 511) improbabile

גינה: גנה (II: 146) deridere; see איש

גפרית (II: 527) sulphur

גרגרת (II: 483) canna

גרון: והגרון כלי הניפוש ושיפוי כובע והוצאת הקול (II: 471-2) et trachea arteria est instrumentum anelitus et vocis

גרם (II: 542) corpus

גשם (I: 62, 87, 103, e.p.) corpus; בלתי גשם (I: 156) non corporalis; הגשמים החלקים (II: 346) corpora (celestia); ובגשם הנצחי העליון (II: 348) et in corpore eterno altissimo; הגשם העליון (II: 350) corpus superius; see גוף, רחוק, ענין, נוח

גשמי (I: 155; III: 138, 465) corporalis

דאג (I: 365, 368) contristari

דבה (I: 430) impossibilitas

דבור (II: 468) loquela, (III: 178) rationabilitas, (III: 179) ratio; מה שיש לו דיבור (III: 149) nisi existimet; אשר אין לו דיבור (III: 387-8, 392) rationabilis; מה שאין לו דיבור (III: 388) non rationabilis, (III: 391) irrationabilis; הוא כאב הדבור בנפש גם

כן (II: 160-1) est sermo magis conveniens in anima

דבורה (III: 168) apis

דבק (I: 538) copulare; הדביק (I: 530) continuare, (I: 536, 540) copulare

דבק (I: 490) permanens, (II: 436) copulatus, (II: 596) applicatus; תנועה דבקה (I: 185) motus continuus; דבק במקום אחד (III: 410) quiescens in eodem loco; see תאר

דבקות (II: 428) continuatio; בדבקותו (II: 376) cum continuatur

דבר: דבר רמוז אליו (I: 25, 459; II: 8) hoc, (III: 245) aliquid hoc; דבר אלוהיי (I: 389) aliquod divinum; הדבר הנצחי האלהי (II: 176) sempiternum divinum; see הערבות, הוה, עתיד

דבר: דיבר (III: 160) loqui; see לקח

דברי (I: 73, 74) Sermocinalis

דבש (II: 508) melle

דג (II: 461) piscis

דומה (I: 141, 143, 198, e.p.) similis, (I: 182) talis; see ידע, נפל

דחה (I: 114) constringere, (II: 454; III: 533-5, 568) expellere; נדחה (I: 252; II: 422; III: 532-4) expelli

דחיה: (III: 471) expulsio; see שאיפה

דין: הדן (III: 95, 107) iudicare

דין (III: 509) iudicium; מן הדין (I: 24) dignum est, (II: 493) (videtur); הדין הכללי (III: 492) iudicium universalis; see גזר, פסק

דם (I:188-190) sanguis; see רתיחה

דמה: והנה ידמה (I: 115) et forte; ידמה ש- (I: 31, 55, 62, e.p.) videri, (III: 435) apparere; דמה ל- (I: 183), התדמה (II: 316) assimilari; דימה (III: 170, 186) imaginari

דמיון (I: 56; II: 89, 138, e.p.) imaginatio, (III: 327, 371-2, e.p.) imago; על דמיון אחד (I: 133), על זה הדמיון (II: 104) similiter; עלׂ(י) דמיון אחד (II: 518; III: 210) eodem modo; על דמיון (III: 522) sicut

דן (III: 97) iudicare

דעה (I: 93, 95) opinio, (III: 374) creditio; see זכר

דעת (I: 182, 187, 328, e.p.) opinio, (II: 64) intellectus, (II: 96; III: 487) cogitatio, (III: 135, 151, 157) consilium, (III: 151, 160) consiliari; מי שאין לו דעת (I: 512) stultus; see נטה, עשיה, עבר

דק (I: 161) parvus, (I: 176, 178, 420) subtilis

דקדוק (II: 281, 287) gramatica

דקות (I: 5) subtilitas

דרך (I: 16-8, e.p.) via, (I: 336) cursus; וממה שהולך בזה הדרך (I: 90) et ea que sunt talia; על זה הדרך (I: 147) hoc modo; דרך התיכון (I: 329-330); see רשום

דרש (I: 440) querere; see תחל

דשן (II: 571) unctuosus

התראהו ה: (III: 382) utrum

הבדל (I: 371) distinguere, (I: 386) distinctio, (I: 408; II: 313; III: 131, e.p.) differentia, (III: 224) alienum, (III: 290) divisio

הבדלה (II: 125) distinguens, (II: 131, 157; III: 149) distinctio, (III: 148) distinguere; שאין להם הבדלה (I: 493-4) non intelligunt; see בדל

הבלה: הדבר אשר באויר ההבלה (I: 117) atomus existens in aere; המניע להבלה (I: 117) illud quod movet atomos

הבנה: (I: 133); (III: 114, 136, 379) intellectus, (III: 134, 144) intelligere

הגדה: הגדה מושכלת (III: 462) bonum intellectum

הגדרה (III: 386) diffinitio

הדחות (III: 563)

הדמות (I: 470; II: 507) similitudo

הודעה (I: 468) distinguere, (I: 487) cognitio, (I: 521, 523) cognoscere

הוה: התהוה (III: 316) generari

הוה (III: 347) presens, (III: 498) generatus; לפי ההוה באותה שעה (III: 135-6) secundum presens; הדבר ההווה בעבור ההקש (III:

INDEX 149

487) rem que fit a ratione; see הערבות

הויה (II: 22) esse, (III: 498) generatio; בהוית העצם (I: 450) in generatione ossis

הולך (III: 505, 529) ambulans; הולך בזה על דעת (I: 124) intendit quod intendit; see דרך

הוצאה: קול(ה) הוצאת (II: 472, 477, 479-482) vox, (II: 586) sonus

הזדמנות (III: 85-6, 92) consonantia

הזק (I: 434; III: 479) tristitia, (II: 492; III: 322) contristatio

היה: היות שם (II: 354, 357) presentia; בהיות בו (II: 614) cum eis que sunt in eo; היה קצתם נגד קצתם (III: 453) contrariari; היה זה נגד זה (III: 452) oppositus esse

היולי (I: 84, 90, 482, e.p.) materia; see כון

הכאה: הכאה חזקה (III: 563) magna percussio

הכזבה (III: 373) non fides

הכנסה (II: 439) introitus; לא כמו שיפעל מי שקדם מהכנסתם אותה (II: 116) non sicut fecerunt Antiqui in ponendo eam

הכרה: ההכרה (II: 82) distinguens

הכרח (III: 41) consequens, (III: 560) de necessitate; מן ההכרח (III: 514, 524, 525) de necessitate, (III: 518) necesse est, (III: 558) necessario; see צרך, מוכרח

הכרחי (III: 411) necessarius; מן העניינים ההכרחיים (III: 570-1) necessarium

הליכה (I: 223) ambulatio

הלך (II: 546) currere; תלך על היושר (I: 300) procedunt recte

המזגות (I: 331) admixtio

המשל (II: 141) exemplum, על צד המשל אצל (III: 337-8) ad

הנאה (I: 434; II: 90, 129) voluptas, (II: 492; III: 322, 423, e.p.) delectatio; ימצא...ההנאה (III: 421) delectatur

הסרה (I: 258) processus; על דרך ההסרה (I: 87) secundum abstractionem; בהסרה (III: 249) in Mathesi

הסתפקות (III: 178, 188) sufficientia

הסתרה (II: 414) (divisio)

העדר (II: 299) non esse, (II: 356) privatio, (II: 382, 423-4, e.p.) vacuum

הערבות: הדבר ההווה הערבות (III: 454-5) res presentis voluptatis

העתק (I: 372; II: 406) translatio, (III: 414) motus localis; על דרך ההעתק (II: 449-450) secundum transumptionem; see תנועה

העתקה (I: 2; III: 325)

הפוך (III: 19) diminutus

הפוך, היפוך (II: 581) contrarietas, (II: 409) reflexio, (III: 541) conversio; מינים הרבה מן ההיפוך (II: 583) plura contraria

הפך: הופך (I: 245) converti; נהפך (II: 86) dividi; התהפך (II: 420-2) reflecti, (II: 607) convertiri

הפך (I: 45, 205, 331, e.p.) contrarium; (III: 205) differre, (III: 395) diversus

הפכות (I: 204) contrarietas

הפסד (I: 78; II: 289; III: 498) corruptio, (II: 438) destructio, (III: 76) corrumpi

הפעלות (I: 11, 64, 202, e.p.) passio

הפרדה: בהפרדה* (I: 148) per se; see בדל

הפרקה (II: 433) divisio

הפרש (I: 27; II: 301) differre, (I: 402, 427; II: 361) differentia

הצטיירות (I: 283) intelligere

הצלה (II: 289)

הקדם: על ההקדם (I: 7) positione precedenti

הקפה (I: 293, 294, 300) circulatio, (I: 309, 312) circulariter; על ההקפה (I: 359) circulariter; ענין ההקפה (III: 490) intentio continentie

הקש (I: 298, 303) sillogismus, (I: 392) ratio, (II: 42-3) proportio; יוצא מן ההקש (I: 511) irrationabile; see הוה

הרגש (I: 272, 487; II: 529, e.p.) sensus, (I: 468) sentire

הרגשה (I: 39, 55, 136, e.p.) sentire, (I: 151, II: 64, 287, e.p.) sensus, (III: 95) sentiens; see תנועה

הרגשות (II: 96, 645; III: 138) sentire

INDEX

הרגשי (III: 322) sensibilis

הרחה (II: 491) olfactio, (II: 495, 503, 506) odor, (II: 537; III: 4, 89, e.p.) olfactus, (II: 669, 679) olfacere, (III: 564) sapores

הרחקה: see תכלית

הרכבה (I: 331-2, 339, e.p.) compositio

השאלה (I: 373) alteratio, (III: 162) similitudo

השגה (I: 53) scire

השלמה (II: 23, 31, 113, e.p.) perfectio, (II: 112, 188) endelechia, (II: 156) complementum; בהשלמה (II: 290; III: 317) in actu

השמעה: (III: 69) audire; השמעת (ה)קול (III: 68, 72) sonare

השתנות (I: 248) transmutatio, (II: 259) alteratio, (II: 529) differre

התחלה (I: 9, 22-3, e.p.) principium

התכה (II: 197) diminutio

התמדה (II: 179) eternitas

התנועעות (I: 468, 522) moveri, (I: 488; II: 258) motus, (I: 370; III: 440) movere

התעוררות (III: 441) moveri

התפעלות (II: 640) see פעל

התרה (II: 585) dissolvi

התרוממות: see רום

זהב (II: 655-6) aurum

הזהיר: זהר (II: 347) diaffonus esse

זוית: זויות קמות (I: 45) anguli recti; see שטח

זוכר (I: 436) dicere, (I: 437) iudicare

זון: נזון (II: 228, 251) nutriri

זך (II: 499) subtilis

זכר (I: 230; II: 82, 123, e.p.) dicere, (I: 388; III: 280) rememorari; ש- (אשר) זכר (I: 329, 360; II: 97, e.p.) predictus

זכרון: see מנהג

זכרנות (I: 378) rememoratio

זמירות see: נתר

זמן: הזדמן: באיזה מן העניינים יזדמן (I: 320-1) in quibuscunque; כמו שיזדמן שיהיה (I: 353) qualislibet; ואם יזדמן ש־ (II: 269) licet sit; זומן (II: 246) preparari; יזומן האמיתות (III: 4) creditur; ולא יזדמן שיאמר (III: 296) nullus enim potest dicere

זמן (III: 141) tempus; כל זמן ש־ (I: 114-5) dum; זה זמן אחד (I: 543) aliquandiu; יש זמן זולתי זה, יהיה עדיין לעתיד (II: 309-310) erit post, et habebit horam

זן (II: 82, 125, 149, e.p.) nutritivus

זקן (I: 382) senex

זקנה (I: 381, 383) senectus

זר (II: 345, 441, 542) extraneus

זרע (I: 187-8) sperma, (II: 44) semen

חבא (I: 317) coniungere; נחבא (I: 318) coniungi

חבה, חיבה (I: 141, 352-3) amicitia, (I: 386) amor

חבוט (II: 426, 443, 446) percussus

חבוט, חיבוט (II: 429) percussio, (III: 563) sonus

חבור: חיבור (I: 272, 331-2, e.p.) armonia

חבט: התחבט (II: 407); חובט (II: 413) percussus esse

חבטה (II: 403, 406, e.p.) percussio, (II: 627) ictus; see מקים

חבר: התחבר (II: 249) vocatus esse

חד (II: 449-451, 453, e.p.) acutus

חדה, חידה (I: 323) (Apologus)

חידוד, חדוד (II: 586) acutum

חדוש, חידוש (I: 65, 66) passio, (III: 212) accidens; אינו הוא חידוש (II: 221) non fiunt

חדש: חידש (I: 452; II: 407) facere; התחדש (I: 65, 352; II: 222, e.p.) fieri, (I: 397; II: 413) facere

חוב: חייב (I: 316) contingere, (III: 43) consequi, (III: 199) sequi, (III: 421) affirmare; התחייב (I: 348, 393, 395, e.p.) contingere, (II: 218) oportere, (III: 82-3) sequi; התחייב

INDEX

בהכרח (II: 562, 564) necesse esse

חובט (II: 414, 443, 446) percutiens

חוזר (I: 300; II: 294) reverti; חוזר חלילה (I: 279) circularis, (I: 295) semper eternus; חוזר אל פנימה מן הכל (I: 498) intrat intus a toto; אותם שחוזרים לאחור בעבור (III: 233-4) post; see שב, משמש

חולה (II: 568) egrotus

חולם (III: 347) cogitatio

חולק (I: 273-4) dividere; אם יהיו חולקים אותו ויבדילו אותו (III: 448-9) si dividunt eam

חומה: בחומת המדינה (III: 344) in turribus civitatum

חוץ: חוצה ל- (I: 54) extra; חוצה מן הראוי (I: 160) extra veritatem

חוקר (I: 41) perscrutare

חוש (III: 232, 554) sentire; שלא יפול חוש החושים בעצמם (II: 262) quare sensus non sentiunt se

חוש (I: 126, 149, 194, e.p.) sensus, (III: 5, 147, 362) sentire, (III: 228, 361) sentiens, (III: 372) sensibilis; החושים (II: 640; III: 320) sentire

חושב (I: 11) existimare, (I: 120) opinari

חושי (I: 470) corporalis, (I: 548) sensibilis

חותם (III: 542) sigillum; see סימן

חזק :חזק (ב-) החזיק (I: 95; II: 206) retinere; מה שלא יחזיק נפשו (III: 423) qui non potest se retinere

חזק (II: 662; III: 89, 232, e.p.) fortis; החזק (II: 168) virtutes; החזק שבפעולות ניאות לטבע (II: 173-4) actio enim que est magis conveniens nature; חזק היבשות (II: 566) valde siccus; see קול, תקע, הכאה

חזר (I: 249-250) reverti

חטא: להתחטא...באותות (I: 240)

חטף (III: 223) imperare

חי (I: 109, 252, 429, e.p.) animal; החי המת (I: 478) animal mortale; see מוחלט, גוף, בעל חיים

חי (I: 400, 456; III: 502) vivus

חיה (III: 568) vivere

חיוב (III: 321, 328, 373) affirmatio

חיות (I: 114, 209; II: 12, e.p.) vita

חיים (I: 110, 528) vita

חכך: התחכך (II: 407) confricari

חכם (II: 280-1) sciens, (II: 296) disciplina; see אלף

חכמה (I: 148; II: 22, 103, e.p.) scientia, (II: 9, 19-20, e.p.) scire, (II: 285) doctrina, (II: 301) consideratio; החכמה העיונית (III: 263-4) scientia speculativa

חכמי: see כח

חלה: חילה (III: 93) nocere

חלול (III: 352) concavus

חלון: see נצוץ

חילוף, חלוף (I: 30) differre, (I: 154, 157, 409, e.p.) diversitas; נפלה החילוף בין אלו ובין אותם (I: 156) isti differunt ab eis

חילוק, חלוק (II: 48) dividi, (III: 116, 363) divisio

חלוקי (I: 20) divisio

חלוש (I: 66; II: 559) debilis

חלי (I: 384) egritudo, (II: 437-8) occasio, (III: 213) infirmitas

חללות (III: 353, 468) concavitas

חלני (II: 223) infirmus

חלף: היה חלף (I: 98; III: 204) differre

חלף: התחלף (I: 396) diversari, (III: 104) diversus esse, (III: 333) differre; החליף (II: 74) mutare

חלץ: התחלץ (III: 518) evadere

חלק (II: 401, 408-9, e.p.) lenis, (II: 601) durus, (II: 642) mollis; see בשר, חלק, גוף, גשם

חלק (I: 26) determinare, (III: 98) comparare, (III: 298) dividere; התחלק (I: 501) sufficere, (I: 271) divisio, (III: 363, 388) dividi

חלק (I: 36-8, e.p.) pars, (III: 492) particularis; בחלק מחלק

INDEX

מחלקיו (I: 282-3) per aliquam partem partium eius

מן העניינים החלקיים (II: 303) particularia; העניינים החלקיים: חלקי (II: 308) ex rebus particularibus

חלקות (III: 143) tangere; חלקות הקול ושעירותו (II: 587) sonus lenis et asper

חום, חם (I: 78) calor, (I: 103) calidus

חם (I: 206, 208) calidus

חמוץ (II: 506, 572; III: 90) acetosus

חמימות (II: 254, 474; III: 16) calor; בחמימות אשר נכנס (II: 470) in calore intrinseco; see רתיחה

חמם (II: 665; III: 92) calefieri

חומר, חמר (I, 70; II: 8, 29, e.p.) materia; החומר הנקרא היולי (I: 70; III: 252) materia; בצורה והחומר (II: 29) (in cera et figura)

חמש (III: 3) quinque

חנך (II: 312) experimentatus

חסר (III, 6, 22) deficere; מחסר...אם חסר (I: 399) si diminuitur

יותר חסר: חסר (III: 236) minus

חסרון (I: 226, 525; II: 67, e.p.) diminutio, (II: 13, 65) diminui

חפץ (I: 523) desiderium

חק (II: 52) descriptio

חקירה (I: 14, 15) perscrutatio, (II: 62) querere

והעניינים יוחקו: חקק (I: 151) sed omnes res considerantur

חקר (I: 14) perscrutatio, (I: 24) determinare, (I: 31, 39, 40, e.p.) perscrutare, (I: 36) querere, (I: 509) (respondere)

חריף (II: 505, 508, 572) acutus

חשב (I: 15, 101, e.p.) existimare, (I: 159, 175, 401) reputare, (I: 446) ponare; נחשב (I: 97) reputari, (I: 490) videri; see טוב

חושך, חשך (II: 673; III: 55) obscuritas

חשכה (II: 349, 356, 550, e.p.) obscuritas

חשק (II: 127) voluntas

יחתכנה ויבוא עליה: חתך (I: 286) pertransit ipsum; נחתך (I: 401) abscindi, (I: 540) dividi; חותך (II: 88) abscindi

INDEX

חתך (II: 45) secare

טבול (II: 610, 617) humectatus; טבול במים (II: 616) humectatus

טבע (I: 10, 38, 160, e.p.) natura; בטבע (I: 229, 234-5, e.p.) naturaliter; יסודות לטבע בעצמו (I: 107) elementa omnium naturalium; see קדמון

טבעי (I: 72-74, e.p.) naturalis; see ענין, מאמר

טהור (I: 171) mundus

טוב (I: 254; III: 108, 322, e.p.) bonus; יותר טוב (I: 6) nobilior, (I: 48) melior, (I: 169) dignior, (I: 314) magis proprius; היותר טוב (I: 81, 334, 376, e.p.) melius; הטוב שבדברים הנאמר (I: 255) melior sermo omnium sermonum dictorum; שאין טוב לומר (I: 276) non est rectum dicere; בטוב חשבו (II: 114) bene existimaverunt; see מדה

טעה (II: 485) peccat

טועם (II: 573) gustans

טוש: כי קצתם יטושו עלי אוכלם (II: 516-7) quedam enim moventur ad suam cibum

טמוני: see עץ

טעה (I: 157) admiscere, (II: 324) errare

טעות (III: 140, 142, 144, e.p.) error

טעימה (II: 468) gustus

טעם (II: 568) gustare; see קדם

טעם (II: 134-5, 496, e.p.) sapor, (II: 390, 496, 543, e.p.) gustus, (II: 562) gustabilis; המישוש אשר לטעם (III: 77), מישוש הטעם (III: 80) gustus; see נגיעה

טרח: ענין יוטרח בו (I: 304) delectabilis

יבש (II: 131, 135, 538, e.p.) siccus

יבשות: see חזק

יד (III: 367) manus

ידה: החדה על ידה (II: 324) iudicare

ידוע (III: 506) notus

ידיעה (I: 4, 6, 46, e.p.) scire, (I: 44) cognoscere, (I: 49, 172; III:

INDEX

425) cognitio, (II: 307) scientia; see סדר

ידע (I: 8, 16, e.p.) cognoscere, (I: 10, 20, 43) scire; נודע (I: 143) cognosci; הודיע (I: 462, 467, e.p.) cognoscere, (I: 474, 478) scire, (III: 247) experimentari; כי הדבר גם כן יודע בדומהו (I: 197-8) quod simile non cognoscitur nisi per suum simile; בהודיעו שורשיו (II: 200) quod ramificatur per radices

יודע (I: 153, 447; III: 308) cognoscens, (I: 176) cognoscere

יון: see לשון

יוני: see לשון

יוצא (I: 145, 249) exire; יוצא מ- ,ביוצא מן (I: 305) extrinsecus ab; (II: 459) in voce; יוצאת מן (III: 18) extra; see הקש הקול

יורה: (ש־) כי (I: 64-5) ita quod, (II: 499-500) et signum eius; וממה שיורה על זה (II: 566; III: 413) signum eius; (הנה) יורה על זה והנה יורה (II: 604) et demonstrat

יחד: ייחדם הענין (I: 394) et proprie ea; כי תייחדם (I: 421) propria est eis; הפעולות אשר ייחדו (III: 311-2) actiones proprie

יחוד (II: 328; III: 202) proprius, (III: 36) (sensibilium); ביחוד (I: 100; III: 203), לייחוד (III: 17) proprie

ייחדי, יחודי (I: 463; II: 441) proprius

יחס (I: 332, 341, 348, e.p.) proportio, (II: 495) consimilitudo; שתהיה הנפש יחס העירוב (I: 346-7) ut anima assimiletur mixtioni; שיהיו יחסי האלית (I: 476) attribuere Deum

יחס: יוחס, הוחס (I: 82; II: 336; III: 405) attribui; ייחס (I: 165) attribuere

יין (II: 545) vinum

יכל (III: 152, 175, 232) posse; see שר

ילד: הוליד (II: 243) generationem facere, (II: 244) generare; התילד (II: 300) generatus esse

יסוד (I: 139, 143, e.p.) elementum; see טבע

יעל: הועיל (III: 511) iuvari

מציאות: see יפה

יצא: מה שיצא מהקול (II: 421) extra locum; במה שיצא מהמקום (II: 457) vox; הוציא קול (II: 462) vociferare; הוציא הניפוש (II: 482, 519) expirare; יצא ספק (III: 384) oritur questio

יצב: הציב (III: 152) ponere

יציאה: מן היציאה (I: 113) ab exitu; יציאת קול (II: 460) vox, (II: 463), היציאת הקול (II: 464) vociferatio

יצירה: יצירה וצורה (II: 7, 106) (forma)

יקיצה: (II: 21, 46) vigilia; (III: 403)

ירה (על): הורה (I: 458-460; II: 56) demonstrare, (III: 576) significare

ירוק (III: 38-9) citrinus

ירח (I: 185) luna

ירידה (III: 414, 499) descensus

ישוב (III: 187) terra

ישן (II: 269) dormiens

ישר (I: 44, 59, 130, e.p.) rectus; see סבה

ישר, יושר (I: 61, 503) rectitudo; על היושר (I: 300) recte; see הלך

יתר: see נאותות

יתר: כשירצה אדם להותיר נפעלי הנפש (I: 336-7) cum homo laboraverit in perficiendo passiones anime

יתרון: אלא שיש יתרון קצתם אל קצתם (I: 5) que differunt abinvicem

כבד, כובד (II: 586) grave

כבד (II: 449, 451, 582, e.p.) gravis

כדור (I: 60, 263, 402, e.p.) spera

הצורה: כדורי הכדוריות (I: 104) sperica; הכדוריים (I: 107) sperica; הכדוריית (I: 166-7) sperica

כוזב (III: 173, 175, 189, e.p.) falsus

כוכב (I: 185) stella

כלל: see כולל

כון (I: 85, 87, 276) intendere; מה שיכוון בו (I: 18-19) illud quod quesitum est; אשר כיון כונת ההיולי (I: 80) qui intendebat

INDEX 159

אשר כיון כונת העניין לבדו (I: 81) aut qui intendebat materiam; אשר כיון בו העיון (I: 82-3) qui intendit solum intentionem; qui intendit considerare; see also בקש

כונה: על הכוונה הראשונה (I: 162; II: 31) prima intentione

ולא שנכזב (III: 148, 200-1) falsari, (III: 163) falsum dicere; כזב ושנכזב שום דבר מזה (I: 435) neque etiam per figmentum; צלמים (III: 153) et fingere formas

כזב (III: 284, 288, e.p.) falsitas, (III: 284) falsum; היה כזב (III: 206) falsari; see הכזבה, מעט

כח (I: 71, 128, 492, e.p.) virtus, (II: 282-3) potentia; בכח (I: 26; II: 9, 46, e.p.) in potentia; הכח ומה שאין כח לו (II: 557-8); הכח העצניי (III: 488) virtus cogitativa; הכח המיעץ (III: 483), החכמיי (III: 491) virtus scientialis

כל: כל שכן (I: 8; II: 10; III: 206, e.p.) maxime, (I: 504-5) forte, (I: 15) necesse; הכל (I: 447) universum

כלא (I: 515) concludere, (II: 483) claudere, (II: 519) retinere

כלב (I: 33) canis

כלה (I: 301) finitus esse; אל מקום כלות מאמרינו (I: 89) ad nostrum sermonem; הדבר אשר כלה (I: 550); אשר כל נפש לו תכלה המאמר אליו (III: 399) illud autem ad quod pervenimus in sermone; לא יכלה עד תכלית (III: 506) non venit ad finem; כלה אל (III: 537) pervenere; see מספר

כלי (I: 326, 544; II: 33-4) instrumentum, (II: 24, 192) organum, (II: 417) vas

כליה: בלתי הולך אל הכליה (III: 385-6) infinitus

כליי (II: 27) organicus; see דין, תנועה, אבר

כלל (II: 174) occasio

כלל, כללי, כולל (I: 12, 34, 35; e.p.) universale; שלא יהיה...כלל (I: 118-9) deficiat omnino; בכלל (I: 194), על דרך הכללות (I: 267, 289, 495), על דרך הכלל (II: 32) universaliter; ראוי שיוקח כלל (II: 653) dicendum est universaliter; מהכלל (III: 316) universaliter

כם, הכם ,כם (I: 403, 405, 459) quantum

כמה (I: 25, 464-5; III: 249) quantum, (I: 45, 155; III: 385) quot, (III: 300) quantitas

כנה: אבל ראוי שיכונה כנוי אחר (II: 296) sed oportet ponere ei aliud nomen

כנוי: see כנה

כנס: נכנס (I: 112) pervenire intus, (I: 340) intrare, (III: 39, 203) cadere, (III: 237) contingere; see מעט

כסף: היא הכוסף אל הדבר הערב (II: 130) est desiderium voluptabilis

כסף: כסף חי (I: 263) argentum vivum

כעס (I: 366, 370, 374) irasci

כעס (I: 54, 63, 66) iracundia, (I: 70, 73, 90, e.p.) ira

כעסן (III: 387), כעסני (III: 451) irascibilis

כף (II: 458); נדמה שיעור שמש שיעור כף (III: 186) nos imaginamur quantitatem solis esse pedalem; כפות (II: 34-6) (securis)

כופר, כפר (II: 527) (putrefactio)

כרח: הכריח (III: 202) consequi; יכריחנו הענין (II: 314) necesse est nobis

כרכום (II: 508) crocus

כתה (II: 237) secta

כתוב (III: 261) pictus

כתיבה: see לוח

לב (I: 371; II: 474; III: 420) cor; see סתום, גבורה, רתיחה

לבד (I: 31, 444) tantum

לבן (I: 452; II: 330-1, e.p.) albus; see נוח

לבש: הלביש (II: 593) induere

לגמרי (II: 214; (III: 455, 501) simpliciter

לוח: כמו לוח מוכן לכתיבה (III: 261) sicut tabula est aptata picture

לוחץ: לוחץ אל מקום שיניע (III: 536-7) imprimit quamdiu movet

לח: התלחלח (II: 563) humefieri, (II: 565) humidus esse

לח (II: 135, 537-8, e.p.) humidus; לח משאר הדברים (I: 187) humidius rerum

INDEX

לחות (II: 543, 548) humiditas, (II: 567, 569) humor; see מרובה

לחיצה (III: 537) impressio

לחן (II: 458) tonus

לחץ: לחץ על (I: 111) ילחץ באלו הצורות constringet ex istis figuris; (III: 536) imprimere in; התלחץ (III: 537-8) imprimi

ליחה (III: 258) mixtio

למד: (III: 371) addiscere; לימד (I: 376) docere; התלמד (II: 296) addiscere, (III: 239) scire; see מלמד

למוד: למודים (I: 43) mathematica

למודי, לימודי (I: 87; III: 354) mathematicus

למען (II: 409) propter prohibitionem

למען (III: 223, 527) ut

לעז: see מראה

לקח (I: 211; II: 297, 592, e.p.) accipere; נקח (I: 297), לוקח (II: 42) accipi; ואם יקח האדם קבלה (I: 494) et si homo concesserit; שנקח לדבר (II: 343) dicamus igitur; see כלל

לשון ערבי (II: 458) idioma, (II: 468, 478, 549, e.p.) lingua; בלשון (I: 209, 211), לשון עברי (I: 2); בלשון יון (I: 2); (I: 2; III: 326); היונים (III: 74) in lingua Greca

מאחר (II: 451) tardus

מאמר (I: 1); (I: 26) predicamentum, (I: 48, 89, 163, e.p.) sermo, (I: 466) dicere, (III: 38) iudicium; במאמר הטבעי (I: 269) in sermone naturali; המאמר באלו המאמרים (II: 309) loqui de כלה, עבר, מוחלט, תחל, נכון, שים, רצה, גזר, נהוג, נתר istis; see

מאסף (II: 453-4) obtusus

מבאר (II: 314) determinare

מבדיל (II: 643-4) distinguere; (III: 380) distinguens

מבואר (I: 20) declaratum, (I: 276, 360) manifestum; מן המבואר הוא (I: 50, 69, 145, e.p.) manifestum est; see מחשבה

מבוכה: see נבוך, מקום

מבוקש (III: 342, 348, 417) quesitus

מביא (I: 439) inducere; מביא ל־ (II: 429) copulatus cum

162 INDEX

מבקש: see בקש

מגובן (II: 408-9) concavus

מגונה: מן המגונה (I: 466) improbabile, (III: 395) inopinabile; מאמר מגונה (I: 513) improbabile

מגיע: המגיע ממנו (I: 343)

מגן: see מסך

מדביק (I: 532) continuare

מדבר (I: 495, II: 261) loqui, (III: 387) rationabilis; זולתי המדבר (III: 397) non rationabilis; see נפש, בעל חיים

מדה: מן המדות הטובות הגופניות (I: 335) bonitatum moralium corporalium

מדינה: see חומה

מדמה (III: 165) imaginari

מדרש: ממדרשי אפלאטון (I: 145) in suis disputationibus

מה: מה מדבר (III: 406) nichil; מה מאחד (III: 391) nullus;

מהופך (III: 112) contrarius

מהות (III: 310) quiditas

מהיר: על צד המהיר (III: 369) modo velocis

מהלך: מהלך רחוק (III: 538) in remoto spatio

מהר: (II: 455) velox; מהרה (I: 315) statim; יותר מהרה (II: 595) citius; see נעתק

מהירות (II: 452) velocitas; במהירות (II: 680) velociter

מהלך: במהלך מועט (II: 360) in brevi spatio

מובדל (III: 470) distinctus

מובחר (I: 254-5) delectabilis

מוברח: מוברח ממנו (III: 348) fugitus; see נברח

מוגדר (III: 483) terminatus

מודיע (I: 198, 454) cognoscere, (I: 480) scire

מוחכם: (III: 264) scitus

מוחלט: החי המוחלט (I: 145-6) animal simpliciter; בשם מוחלט (II: 210) simpliciter; במאמר (ה)מוחלט (II: 344), (III: 84) simpliciter; על המוחלט (III: 350) simpliciter

INDEX

מוחש (III: 70, 82) sensibilis

מוטבע (II: 334) natus, (II: 501-2) (discretus); בלתי מוטבע (II: 502) (non discretus)

מוטעם (II: 496, 541, 563, e.p.) gustus, (II: 513, 547, 558, e.p.) gustabilis

מוכן (III: 306) intelligi; see לוח

מוכרח (I: 249) possibilis; מן המוכרח (III: 599-500, 507) de necessitate, (III: 515) necesse est; והוא המוכרח אליו בתכלית ההכרח (II: 101) et est illud quod est valde necessarium

מוליד (II: 218; III: 402) generativus, (II: 250, 300) generans; (III: 413) generare

מונח: מונח המונח (III: 49) coloris subiecti; למוחש המונח להם (III: 94) rei sensibilis subiecte illi; המורגש המונח להם (III: 95) sensibilis sibi subiecti

מונע (II: 49; III: 293) prohibere, (II: 209) prohibens; אם לא יהיה מונע שימנעם (II: 208) nisi aliquid prohibeat; כל זמן שלא ימנעהו מונע מבחוץ (II: 283-4) dum aliquid extrinsecum non impediat ipsum

מועט (I: 66) parvus; (III: 145) paucus

מועיל (II: 133) iuvari

מופשט (III: 355, 357) abstractus; מופשט מן (III: 267, 313, 357) abstractus ab

מופת (I: 17, 48, 297) demonstratio

מופתי (I: 20) demonstratio

מוצא (I: 53, 267, 489, e.p.) videre, (I: 30; II: 345) invenire (III: 131) determinare

מוצא: אמנם המוצא מזה (I: 340-1) quod autem extrahitur ex hoc

מוקש: בלתי מוקש ⟨על כן⟩ אינו במוקש (I: 342) non est igitur rectum; (II: 262) irrationabilis

מורגל (II: 495) (in)conveniens

מורגש (I: 41; II: 170, 306, e.p.) sensatus, (II: 132, 303, 307, e.p.) sensibilis, (II: 315) sentiens, (II: 603) sensus

מורה: קול מורה (II: 480) sonus (illius)

מורח (II: 488, 492) odoratus, (II: 511-2) odorabilis, (II: 668) olfactum

מורכב (I: 331; II: 14, 112) compositus

מושך (I: 265) attrahere

מושכל: (I: 42; II: 171; III: 219, e.p.) intellectus, (III: 221, 235, 256, e.p.) intelligibilis; העניינים המושכלים (I: 280) res intellecte

מושם: היה מושם בעל ההבנה (I: 127) apopletizabatur et carebat intellectu; הדבר המושם (II: 588-9) subiectum

מושמע (II: 510) audibilis

מות (I: 249; III: 558) mori; המית (III: 564) corrumpere; see מת

מזהיר (II: 350-1, 354, e.p.) diaffonus

מזומן (I: 67) paratus; מי שהיה מזומן (II: 163) qui voluerit

מזון (II: 26, 130-1, e.p.) cibus, (II: 69; III: 522) nutrimentum

מזיק (III: 321, 574) tristabilis, (III: 348) contristabilis, (III: 565) nocere

מזמר (II: 458) fistula

מזער: מזער אחד (II: 649) valde modicum

מח: see אבר

מחדש (II: 625) faciens

מחובר (II: 213) coniunctus; see מספר

מחודד (I: 44) curvus, (III: 87, 92) acutus

מחויב (I: 159) consequens, (I: 443) contingere; מחוייב על (III: 140) debere

מחט: see פגש

מחיב: מחייבת (III: 309) affirmatio

מחלים (III: 450) cogitans

מחלק (III: 388) dividens

מחסה (I: 77) cooperimentum

מחפס: ומה שאנו מחפסים אותו (I: 9) et quesitum est

מחשב (III: 433) cogitans

INDEX 165

מחשבה (I: 149, 151; III: 157, e.p.) existimatio, (I: 433; III: 356, 422) cogitatio, (I: 523; II: 377) existimare, (II: 156-8) cognitio, (II: 160) <intellectus> cogitativus; וזה מחשבה מבוארת (I: 432) et hoc manifestum est; see קדם

מחשבי (III: 396, 415-6) cogitativus, (III: 475) cogitabilis

מטיב: למטיב הענין (II: 469) propter melius

מטר (I: 78) pluvium

מיד (III: 154) statim; see תחל

מיוחד (I: 11, 58, e.p.) proprius, (I: 52) appropriari

מיוחס (III: 246) assimilari; see ארקוס

מיחד (I: 55) proprius

מים (I: 140, 186; II: 224, e.p.) aqua; see מעט

מימי: בענין המימיים (II: 71) in rebus mortalibus

מיעץ: see כח

מכה (II: 404, 479) percutiens, (II: 405) percussum

מלא (I: 505) plenus

מלאכה (I: 326) ars, (III: 271) artificium; מלאכת הרפואות (III: 424) ars medicine; see נתר

מלבוש: see קרום

מלה (III: 320) verbum

מלוח (II: 549) salsus

מלחמה (III: 345) preliator

מלט: נמלט (III: 521) salvari; כי המרגיש לא ימלט מן הגשם (III: 236) sentiens enim non est extra corpus

מליח (II: 571; III: 90) salsus

מליצה (II: 469) loquela

מלמד (II: 297) doctor; מלמד הניקוד (I: 262)

מלץ: ולא יתכן להמליץ בעדו במאמר (II: 337) quod possibile est dici

ממהר (II: 432, 451, 549) velox

ממוסך (II: 534) coopertus

ממוצע (II: 377, 380, 388, e.p.) medium; הדבר הממוצע (III: 548) medium

ממושש (II: 134, 450, 577) tangibilis

ממציא: המציא לאלו מה הוא (I: 481) quod dedit istis esse

ממש: אבל תהיה התנועה ממש (I: 259-260) sed motus est sue substantie per se

ממשש (II: 153) tactus, (II: 543) tangibilis, (II: 603) tangens

מין, מן (I: 29-30, 401, e.p.) species, (II: 88, 102, 111) modus; במין משותף (III: 440) modo communo

מנגד (I: 502) oppositus, (III: 433) differre

מנה (III: 246) experimentari, (III: 386, 485) numerare

מנהג: בלתי הענינים אשר ילך המנהג בזכרונה (III: 383) aliud a rebus assuetis dici

מנוחה (I: 236, 238-9, 303) quies, (I: 313) quiescere, (II: 553) silentium, (III: 27) quies

מנועע (I: 244) movere; מנועע אל הלב (I: 371) motus ad cor

מניח: see נוח

מנין (I: 149, 393) numerus

מניע (III: 67-8, 432, 439, e.p.) movens, (III: 438, 460-1, e.p.) motor; הדבר המניע (III: 381) motor

מניעה: see בוא

מנע (I: 113, 411, e.p.) prohibere, (II: 284; III: 224) impedire; נמנע (II: 432) prohiberi; see מונע

מנענע (I: 160) movere

מסך (II: 535) coopertorium; כי אלו להם מסך ומה שילך דרך המגן (II: 530-1) isti enim habent coopertoria

מספיק (III: 550) contentus

מספר (I: 149, 152, 154, e.p.) numerus; המספרים המחוברים (I: 271) numeri compositi; ומספר הנפש (I: 398) sicut numerant animam; במספרים הכלים (III: 335) in numeris proportionalibus; see קלל

מספר (III: 198) narrare

מעבר (II: 536) via

מעוט: על מיעוטו (II: 128) saltem

מעוכל (II: 235) digestus

מעולה: (I: 5) honorabilis; (ה)יותר מעולה) (I: 307, 311) melius, (I: 483; III: 276) nobilius, (I: 508) nobilior, (I: 509; II: 140) melior

מעורב (I: 307) coniunctus, (I: 306; III: 17, 90-1) admixtus, (I: 507; III: 222, 227, e.p.) mixtus

מעט: ומעט יכנס בו (II: 611) aliquid in quo est aqua; מעט מן המים הכזב (III: 198-9) et fere non cadit in ipsum falsitas

מעין (II: 291) considerare; המעיין בה (I: 85) considerandum est

מעשה (II: 168) operatio

מפחד (III: 420) timorosus; לא...דבר מפחד (I: 68) nichil timoris

מפני ש־: מפני ש־ (III: 573-6) ut

מפסיד (II: 559-560) corrumpens, (III: 561, 567) corrumpere

מפרנס (II: 77-8; III: 402, e.p.) nutritivus

מצא (I: 13) invenire, (I: 132) videre, (I: 436) diffinitio, (II: 199, 202; III: 229) recte dicere, (II: 357, 377) vere dicere, (III: 78) bene dicere; ומצא באמת (I: 127) et verum dixit; המציא (I: 19) invenire; נמצא (I:131) existere, (III: 544, 556) esse, (III: 548) fieri; נמצא ל־ (III: 545) habere; ועל זה הצד יהיה מצואתם בהז כי מצואתם בה (III: 481-2) sic etiam existit in eis? Est enim in eis; see הנאה

מצוי (III: 339) existens

מצויר: המצוייר בשכל (III: 257, 262-3) (illud) formatum per intellectum; see עין

מיצוע, מצוע (II: 603) mediatio, (II: 621, 643-4) medium; (II: 619, 627; III: 519, e.p.) medians

מצורף (II: 240) attribui

מציאות (II: 20, 95-6, 187, e.p.) esse; הוא מציאות בינוני (II: 60) est invenire medium; לא כשיהיה נמצא מציאות יפה (III: 571-2) non ut sit in meliori dispositione; ‹כשימצא...› מציאות יפה (III: 573) propter melius

מציר: המצייר בשכל (II: 166) intellectus, (III: 231) formatio per intellectum

מקבילה (II: 648)

מקבל (I: 201; II: 107; III: 220) recipere, (I: 322; II: 107-8) recipiens, (II: 169) oppositus; (III: 105) dicens

מקום (I: 230, 233-4, e.p.) locus, (I: 339, 398-9) situs; מקום (II: 300) statim; see ספף על המקום (I: 21); מבוכות

מקים: מבלתי היותם מקיימים אותו הגשם (II: 116-7) absque determinatione illius corporis; כשיהיה האויר מקיים החבטה (II: 412-3) quando fuerit aer fixus ad recipiendum percussionem

מקיף (II: 358) circumferens; see אויר

הוא ;מקצר: שאין זה מקצר מהם שלא (I: 544) hoc non dat ut...non; מקצר מהרבה מבעלי חיים (II: 498) diminuitur a multis animalibus

מקרה (I: 11, 43, 45, e.p.) accidens; בדרך (על דרך) המקרה (I: 228-9, 231, 251, e.p.) accidentaliter

מקשה (I: 149) solidus

מר (II: 503, 569, 571, e.p.) amarus

מראה (II: 133, 324-5, e.p.) color, (III: 30) visus; see מונח, קולור

מראה (II: 336, 344, 363) visibilis

מרגיש (I: 40, 42) sensus, (I: 422; II: 82, 125, e.p.) sensibilis, (II: 299) sentiens; המרגישה (III: 507) sensibilis; see גמור

מרובה: מרובה הלחות (II: 567) valde humidus; הראות המרובה האורות (III: 88) visus a luce intensa

מרובע (II: 149) quadratum

מריח (II: 155) odoratum, (II: 527) olfacere, (II: 538) olfaciens

מרירה (III: 37, 39) colera

מרעיד: see נורא

משא: see קבץ, נשא

משובח (III: 445) laudabilis, (III: 481) terminatus

משובש (III: 413) monstruosus

משולש (I: 45; II: 149) triangulus

משונה (III: 10, 324) differre

משוקה (II: 569) submersus

משוש (I: 290; II: 618) tangere, (II: 76-7, 79, e.p.) tactus; כי מישוש כדור נחושת על נקודה (I: 60) ut contingat speram cupri in uno puncto; see טעם

משותף (I: 14, 18, 51, e.p.) communis; אחד מן העניינים המשותפים (I: 216-7) (impossibilis); העניין המשותף (III: 345) commune; זולתי היה משותף ב- (I: 234) communicationem habere cum; משותף (III: 287) assimetrum

משיג (II: 265) contingens

משיכה (III: 471) attractio

משים: אם שם םשים (III: 394, 429-430) si aliquis posuerit

משך (II: 26) contrahere; התמשך (I: 536)

משכיל (III: 341, 450) intelligens

משכן: אשר משכנו המים (II: 394) habitantia in aqua

משל (II: 52) exemplum, (III: 221) similitudo; (ו)משל זה (I: 38, 43, 54, e.p.) v.g.; על זה המשל (I: 142, 236, 269) similiter, (I: 207) hoc modo; (ו)המשל בזה (I: 60, 447) v.g., (I: 370) scilicet; על משל אחד (II: 593), המשל הוא על משל אחד (III: 55-6, 304) eodem modo; ומשל זה המאמר (III: 306) et sic

משמיע: המשמיע הקול (III: 68) sonans

משמש: משמש וחוזר (I: 299) reverti

משפט (III: 132) iudicare; כי אין ממשפטו ש- (II: 295-6) non est rectum ut

משש: מישש (III: 7, 9), מושש (II: 631) tangere

משתנה (I: 37; II: 529) differre, (I: 404) diversari, (I: 527; II: 444, 617-8, e.p.) diversus, (II: 228) transmutari, (II: 229) transmutatio

משתרר (III: 396) principale

משתתף (II: 206) conveniens, (II: 180) communicationem habere cum

מת: לאותם שאינם מתים (I: 183; III: 279) immortalis; בלתי מת(נה)

(I: 183) immortalibus; see חי, קרוב

מתאוה (III: 436-7) desiderativus, (III: 457) appetitum, (III: 463) appetitivus

מתאחר: בעניינים מתאחרים (III: 412) in rebus monstruosis

מתבאר: כל העניינים המתבארים (II: 66) omnia vegetabilia

מתדבק (I: 279, 281-2, e.p.) continuus, (II: 603) applicatus

מתדמה (I: 516-7, 519, e.p.) consimilis

מתהפך: העניינים המתהפכים (I: 206) contraria, (III: 339) res contrarie

מתוסף (I: 299) crescere

מתוק (II: 503-4, e.p.) dulcis

מתחדש (II: 418) fit

מתחזק: מתחזק לעשות (II: 401) potest

מתחרכת (I: 489) mota

מתחלף (III: 324) differre

מתחלק (I: 28, 29, 264, e.p.) divisibilis

המתי: מתי (III: 109)

מתיר (II: 549) dissolvere

מתלהב (III: 344) inflammatur

מתלחלח (II: 564) humefieri

מתנגד (II: 229) oppositus, (III: 337) contrarius

מתנועע (I: 102, 218; II: 431, e.p.) motus, (I: 118, 122, 162, e.p.) moveri, (I: 174) movens, (III: 461-2) mobilis; ושהדבר המתנועע אמנם הוא נודע במתנועע (I: 180-1)

מתנפש (I: 500) anelitum habere, (II: 62, 113, 239, e.p.) animatus, (II: 431) anelans; המתנפש (II: 396) anelitus

מתעכל (II: 229, 235) digeri

מתפעל (I: 64, 320; II: 679) pati, (III: 275, 280) passibilis; בלתי מתפעל (I: 389) impassibilis; מתפעל הפעלות אחד (I: 64) patitur

מתפרד (I: 273) separatus, (II: 599) distinctus, (III: 111, 126) divisibilis, (III: 126) diversus

מתפרנס (II: 225, 240, 248) nutribilis, (II: 247) per quod nutritur, (II: 239; III: 523) nutrire; see נמצא

מתפשט (I: 504) est מתפשטת בכל (divisio); (II: 417) מתפשט והולך: in toto; see בקשה

מתקדם (III: 490) prior esse

נאות (I: 272; II: 143, 146) conveniens; see חזק

נאותות (I: 337) convenientia; ניאותות היתרים וסדרם (II: 663) consonantia cordarum et neumata

נאחז (III: 19) (distinctus)

נאמר: (II: 319) dici; see קדם

נבדל (I: 86; III: 275, 279) abstractus, (I: 90; III: 286) separatus, (II: 62) distingui, (II: 152) separari, (III: 216-7) differens, (III: 304) separabilis

נבוך: וממה שיש להיות בו אדם נבוך בזאת המבוכה (I: 346) et est etiam alia dubitatio

נבנה (II: 294) edificari

נברח (III: 342, 416) fugitus

נגד: וינגדו וידחו (I: 114) et contra expellunt; הגיד (III: 336) consideratio

נגיעה (III: 566) (gustus); נגיעת הטעם (III: 574) gustus

הגיע: הגיע אל (I: 377) pervenire ad; הגיע לו (II: 281) acquisivit; (III: 133) iudicare

נגף (II: 628) percutere; אבל קרה שנגפם יחד (II: 628) sed accidit quod percussio amborum fuit simul

נגר (I: 86; II: 231-2) carpentarius

נגרות: see נתר

נדחה (III: 534) expelli

נהג: הנהיג (II: 251) gubernare, (III: 90) ponere, (III: 272) effici

נהוג: כמו שנהוג במאמר (I: 307-8) sicut est consuetudo dicendi

נהפך (II: 286) contrarius

נוגע (II: 609) tangere

נודע: (I: 443) cognosci; see מתנועע

INDEX

נח (I: 237-8) quiescere; אלו הניח מניח גשם לבן על הרואה האחרון (II: 631-2) si aliquis posuerit aliquod corpus album super visum ultimum

נטה (III: 137) intendere; שיהיו נוטים לזה הדעת (I: 186-7) declinare ad hanc opinionem

נולד (III: 509-510) generatus esse

נוסף: יותר נוסף (III: 236) magis

נוע: הניע (I: 101, 108, 120, e.p.), נועע (II: 272; III: 399) movere; התנועע (I: 101, 109, e.p.) moveri

נופל (I: 209) cadere, (III: 12) fieri

נורא (III: 154) עניינים נוראים ועניינים מרעידים (III: 156) timorosus; aliquod valde timorosum

נותן: see גבורה

נזון (II: 226, 228) nutriri, (II: 230-1, 247, e.p.) nutribilis

נזכר (III: 384) dictus

נח (I: 264) quiescere, (III: 469, 495) quiescens

נחירים (II: 463) nares; see פשיטות

נחלק (I: 165; III: 117, 283, e.p.) divisibilis

נחשת (II: 655-6) cuprum; see משש

נחתך: הנחתך (I: 541) anulosus

נכבד (I: 132) nobilis; יותר נכבד (I: 6) dignior, (I: 313) melius

נכה: הכה (II: 481) percutere; הוכה (II: 628) percuti

נכון: (III: 146) verus; היותר נכון...לתנועה (I: 166) magis obediens motui; והנכון (II: 238) vere; מאמר נכון (II: 238) vere; בנכון (I: 522) recte; נאמר (II: 423) recte igitur fuit dictum; see סבה

נכלא (II: 678) determinatus

נכנס (III: 442) intrare; see נצוץ

נכר: הכיר (III: 395) distinguere; נכיר בני אדם *ונבדיל (III: 225-6) distinguimus et cogitamus

נכתב: הנכתבים כל העניינים (III: 142) (omnia que transeunt per mentem)

נמלה (III: 168) formica

INDEX

נמלט: נמלט מן (III: 244) extra

נמצא (I: 105, 425, 547, e.p.) existens, (I: 458, 518; III: 571) ens, (I: 229, 507, 513, e.p.) existere, (II: 58) inventus, (III: 8, 508, 559, e.p.) esse, (III: 523) fieri; נמצא ל- (III: 514, 517) habere; העניינים הנמצאים (I: 441-2) entia; כל הדברים הנמצאים (II: 6) הדברים הנמצאים (I: 479) omnia; נמצא והוא מתפרנס (II: 30) et ens; ושיהיה הדבר נמצא (II: 243) quoniam semper nutritur

נמשך: נמשך אחר (I: 208) consequi, נמשכים אחר השכל (III: 428) consequi intellectum

נסה: וזה יתבאר למי שנסהו (II: 522) et hoc manifestabitur experimentatoribus

נסתר: see באור

נעדר (II: 40, 246) deficere; (II: 377) vacuum, (III: 206) absens, (III: 231) privatio; נעדר מן (II: 153, 610; III: 196, e.p.) extra, (II: 460) carens; *כשזאת ההרגשה תהיה נעדרת (III: 558-9) quando caruerint hoc sensu

נעזר (I: 95) iuvari

נעלם (II: 49) latere, (II: 55) latens

נער (II: 311) puer

נערב (II: 545) se admiscens

נעתק (II: 286-7) mutari, (III: 190) transmutari; הם מהרה יהיו נעתקים (II: 207-8) sunt veloces ad separationem

נפוש (I: 110, 112, 210, e.p.) anelitus, (II: 522, 537) inspiratio; אפילו יושם בנחיריו ניפושו (II: 520) etiam si odorosum poneretur in naso; see יצא, שאיפה

נפח: שהלב יתנפח (I: 371) quod cor inflatur

נפל (I: 155-7) esse, (I: 298; II: 631) cadere; (II: 80, 322) contingere, (III: 10) fieri; ועל כן יפול (III: 72) habere; נפל ל- הנפעל על שהוא מן הדומה, והנה יהיה נופל על שהוא מזולתי הדומה (II: 275-6) et ideo pati quandoque est a simili, quandoque a dissimili; see חוש

נפסד (II: 93, 157; III: 280) corruptibilis

נפעל (I: 54, 57, 69, e.p.) passio; נפעלי הנפש (I: 51, 62, 89) passiones anime; נפעלי ההיולי (I: 83) passiones materie; הנפעל (II: 275, 679) pati; בנפעל (III: 65) in passivo, (III: 67, 71) in patiente; see נפל

נפרד (I, 59, 62, 87, e.p.) abstractus, (I: 83) separari, (II: 93) abstrahi ab (II: 124; III: 354) singularis, (III: 107-8) diversus, (III: 111, 116) divisibilis, (III: 381) distinctus

נפש (I: 12; e.p.) anima; נפש הכל (I: 277) anima totius; בנפש המדברת (III: 327) in anima (sensibili); see ספר

נפש: התנפש (I: 250) vivere, (II: 535) inspirare, (II: 536) anelare

נפשי (II: 664) animatus

נצוץ: בניצוץ השמש הנכנס בחלוני הבית (I: 105-6) in radiis solis ingredientibus per foramina

נצח: ניצח (III: 488) dominari

נצחון (I: 141-2, 478) lis, (III: 561, 566-7, 569) dominium

נצחי (II: 93) sempiternus, (III: 279) semper; הנצחי האלהי (II: 179) sempiternum divinum; see דבר, גשם

ניצל: נצל (III: 529) salvari

נקוד: see מלמד

נקודה (I: 60, 284-5, e.p.) punctus; בנקודה אחדיית (I: 409) in puncto et unitate; see משש

נקי (I: 171) purus

נקל (I: 304, 343, 435), דבר נקל (I: 53) facilis

נקלה (I: 132) vilis

נקמה: see תאוה

נקף: בעת שיקיף (II: 596) in circuitu

נקרא: נקרא בשם (II: 313) nominatus; אלא שהוא בלתי נקרא בשם (II: 337) sed non est dictum; see תהו ובהו

נראה: (I: 65) apparens, (I: 204; II: 55) apparere, (I: 521; II: 58; III: 232) manifestus esse, (II: 302) visus, (II: 547, 550, e.p.) visibilis; ועדיין יהיה נראה (II: 337-8) et post apparebit;

INDEX

שנה see

נשא (I: 498) deferre, (III: 568) expellere; ינשא משא (I: 35) predicare

נשאר (I: 403, 440, 543, e.p.) remanere, (II: 678) permanens, (III: 431) alius, (III: 509) remanens

נשג: השיג (I: 140; II: 264, 303) comprehendere, (I: 511; III: 203) contingere; מבלתי השיגם באיזה סיבה (I: 317-8) et non dant qua de causa

נשמה: שהנפש היא המניעה לנשמה (I: 215-6) animam esse aliquod movens se

נשמע (II: 302) auditus, (II: 554-5) audibilis

נשרף see שרף

נתך: ניתך (II: 198) diminui

נתן (I: 109, 111, 537) dare; וזה הענין בלבד כאלו הם כולם יתנוהו לנפש (I: 333-4) et in hoc proprie conveniunt omnes animam habere

נתר: כי מלאכת הנגרות תתר בזמירות (I: 325) quod Ars carpentaria existat in Musica

נתר: להתירנו ההגדה (I: 7) ponere narrationem; התיר המאמר (I: 125) absolute dicere, (III: 83) dicere simpliciter

סבה (I: 130, 163, 308, e.p.) causa; בסבת (I: 12, 71, 80, e.p.) propter, (III: 27) per negationem; סיבת הנכון והישר (I: 130) causa (in inventione); (ול)בעבור זאת הסבה (III: 541, 555) ideo; see נשג

סבל (III: 199) posse

סגולה (I: 17) (passio), (III: 27) proprietas

סדר: סדר בעלי הנפש (I: 135) principium anime; סדר הידיעה (I: 136) regulam...cognoscere; see נאותות

סדר: סודר (II: 433) positus esse

סובל: סובל לחלוק (I: 546) divisibilis

סוג (I: 24, 30, 340, e.p.) genus; דבר מה בסוג סוג (III: 269) aliquid in unoquoque genere

סוף: (II: 613) ultimum, (III: 213) finis; על דרך הסוף (I: 280) secundum consequentiam; זה סוף מה (II: 81, 371-2) tantum; עד לבסוף (II: 99, 138) post; עד סופו (II: 136) post; עד סופו (II: 233) in postremo

סור (I: 259) procedere, (I: 355) tolli, (II: 44, 536) auferri; סור מעל (II: 360-1) non percipi; ויסורו אל זה העניין (I: 119) et assimilantur istis; מה שסר עד שיפעל (II: 269) illud quod pervenit ad actum; see הסרה

סותר (I: 187) contradicere

סיעה: סיעת פיתאגוריש (I: 116) Pitagorici

סכל (I: 80, 474-5) ignorare

סכלות (I: 476) ignorantia

סכם: הסכים (I: 153) velle

סמך: ויסמוך...בהם (I: 171) et attribuit ei

סימן, סמן (II: 439, 655) signum; סימן החותם (II: 654) forma anuli

סעור (II: 129)

סער (II: 129) tristitia

ספור (II: 56); see הקדים

ספינה (I: 221) navis; see רוכב

ספק: ולאדם שיספק בדבר (I: 481) et debet homo dubitare; הספיק (I: 288) sufficere, (III: 31) coniunctus esse; הספיק ל- (I: 328; II: 137) contentus esse; סופק (I: 51) dubium esse

ספק (I: 21, 355, e.p.) dubitatio, (I: 41) dubitare; ישים ספק (I: 536) dubitat; מקום ספק (II: 226, 518) locus dubitationis, (II: 578) dubius esse, (III: 51) questio; see יצא

ספר: סיפר (I: 215, 450; II: 61, e.p.) narrare, (II: 80) dicere; סופר (I: 173) narrari, (I: 497; II: 31) dici, (III: 244; 250) experimentari; ואם היה הדבר לפי מה שסיפרנו (I: 69) unde

ספר: ספר הנפש (I: 1, 549; II: 681-2; III: 577); see טימיאוס

סתום (III: 152) כדברים הסתומים בשמירה בלב (III: 172) clausus; sicut res deposite in conservatione

סתר: סתר מן (I: 78) prohibere ab; נסתר מן (II: 359) imperceptibilis

INDEX

עבר (I: 108; II: 430) transire; עבר מדעת (I: 500) ignorare; עבר מעל (II: 360) non percipere; בשעבר (I: 168) superius; עבר (מ)על (III: 139) prius; במה שעבר ממאמרנו (II: 615, 622; III: 42) ignorare;

עגולה (III: 472) circulus

עדין (II: 80, 391) post, (II: 92) adhuc; see זמן, נראה

עדר: נעדר (I: 416) deficere

עובר (II: 235, 360; III: 180) possibilis, (III: 288) preteritus; מעל עובר (II: 623) non percipere

עוד: הועד (I: 469) testari

עודף (I: 433) perficere

עוות (II: 436) spira

עוזב (I: 315) dimittere

עוזר: עוזר על (III: 408) iuvans; עוזרים •עזור גדול על (I: 46) adiuvant maxime

עולם: לעולם (III: 276) semper

עומד (III: 536) quiescens, (III: 539) remanere

עור: עורר (I: 66) movere; התעורר (III: 575) moveri; העניינים אשר נכחם תתעורר תאותם (III: 426-7) ea ad que moventur per desiderium

עור (III: 20) cutis

עזב (I: 96) vitare; עזב (מ־) (I: 32; III: 41) ignorare; (II: 146) dimittere

עזר (I: 8) iuvare

עזר (I: 8) iuvamentum

עזרה: בעזרת האל ית׳ (I: 550)

עטלף (III: 20) talpa

עיון (I: 71, 385) considerare, (I: 314, 364) consideratio

עיוני (III: 433) speculativus; see שכל, ציור, חכמה

עין (I: 382; II: 38-41, e.p.) oculus; העין המצוייר (II: 41)

עיפות (I: 381) fatigatio

עכול (II: 254) digestio

התעכל :עכל (II: 253) digeri

עלה (II: 25) folium

התעלה :עלה (I: 549); see רום

עלה (III: 510) causa; אין עלה בו (I: 386) nichil patitur; אינו עלה לזה (I: 387) non sunt esse illius; ולזאת העלה (III: 370, 444, 465, e.p.) et ideo, (III: 521) et propter hoc, (III: 524) et propter hanc causam; ובעבור זאת העלה (III: 539) et propter hanc causam, (III: 569) et ideo; ומפני זאת העלה (III: 553-4) et ideo

עילוי בו :עילוי, עלוי ויביא העילוי בו (I: 485-6) ipsum quod per eum acquirit nobilitatem

עילוף, עלוף (III: 212) מפני שהשכל בו איפשר עילוף מי שנתעלף :עילוף quia forte intellectus in eo sincopizatur

עליה (III: 414) ascensus

עליון: see גשם

עלם: נעלם (I: 163, 308, e.p.) latere

עלוף: see עלף

עמד (III: 471, 491, 508) quiescere; עמד על (I: 10, 43; II: 85, e.p.) scire, (III: 345) esse; הועמד על (III: 351) scire

עמידה (I: 303); (I: 525) complementum, (II: 38; III: 24) quies, (III: 141) mora, (III: 467, 499) finis; עמידה במקום (II: 64-5) quies in loco; עמידת הגוף המתנפש (II: 601) constitutio corporis animati

עומק, עמק (I: 146; II: 608) profundum

ענין (I: 5, 14, 16, e.p.) res, (I: 69, 76-7, e.p.) intentio, (I: 305) aliquid, (I: 318; II: 658; III: 156, e.p.) dispositio; והוא בענין כך (II: 15) et est tale; גשם זה ענינו (II: 18) talis corporis; על ענין אחד (II: 68) similiter; בגשם בענין כך (II: 115-6) in tali corpore; בענין הרמוז אליהם, (II: 561) naturale; לפי הענין הטבעי corpore; ובענין (II: 658) in hac dispositione, et in intentione; see שם, נכתב, חלקי, מתבאר, נמצא

ענף: או בענפיו אל מעלה (II: 201) in hoc vero quod ramificatur

INDEX

superius

עפיץ (II: 505, 572) ponticus

עפעפים (II: 531) palpebre

עפש: יתעפש ויתעפר (I: 532) putrefiet

עץ (I: 79) lignum; העצים הנקרי טימוני (II: 252) remus

עצם (I: 17, 25, 230, e.p.) substantia, (I: 452, 454, 472, e.p.) os; בעבור עצמה (I: 36) secundum totum; see היה

עצמות (I: 10, 15-6, e.p.) substantia; שמו עצמותה מן ההתחלות (I: 198) posuerunt eam constitui ex...principiis; שמו עצמות הנפש (I: 205) constituunt...animam; עצמות הנפש (I: 270) constitutio anime

עצמיות (I: 48) substantia

עצני: see כח

עקום (I: 503) curvus; עקומות ישימנה גלגל (I: 272-3) incurvavit rectitudinem et posuit eam circulum

עקר (I: 354); זה עקר מה שנבארהו (II: 310) in tantum determinetur; ואין האויר עקר הענין בקול (II: 411) sed tamen aer non solus sufficit in sono

ערב (II: 506; III: 91, 321, e.p.) delectabilis; see כסף

ערב: התערב (II: 546) admisceri, (III: 456) aspicere

עירוב, ערוב (I: 270) admisceri, (I: 306) admixtio, (I: 347, 349, 352, e.p.) mixtio

ערום: ערום מן (III: 263) extra, (III: 353) denudatus ab

ערך (III: 162) innuere

עשה (I: 115) facere, (I: 169, 326; II: 203, e.p.) uti

עשיה: עשיית הדעת (II: 96) cogitare

עת: בזה (ב[שום]) עת מן העתים (I: 112, 264-5, 286) in aliqua hora; תחל see ;cum (III: 137) בעת ש־ ;nunc (II: 310) העת

עתה (I: 30; II: 598, 607, e.p.) modo; העתה (II: 600; III: 30) modo, עתה ושהעתה (III: 111) instans et quod est instans

עתיד (III: 288, 347, 456) futurus; הדבר העתיד לבוא (III: 454) res futura; see זמן

עתק: העתיק (I: 1; III: 325); נעתק (I: 248; II: 358) transferri; ראוי שנעתיק (II: 136) declarandum est; see העתק

פגישות: עם הפגישות לעניינים (III: 548) in tangendo

פגש (II: 387) tangere, (II: 535) recipere; אם יפגשו שני מחטים (II: 446-7) si acus percusserit acum

פועל (I: 266; II: 212) facere, (I: 319) agere, (II: 274, 574; III: 67, e.p.) agens; הפועל לקול (II: 405) faciens sonum; see שכל

פחד (I: 366, 368) timere

פחד (I: 63, 66, 91, e.p.) timor, (III: 523) sonus

פחות (I: 328) minor; (II: 181) minus

פחת: ולא יפחות אחת מהם (II: 143-4) et non sit propria alicui earum; אשר אין אלו יפחות (II: 145) qui non est neque proprius

פילוסוף: הפילוסוף הראשון (I: 88) Primus Philosophus

פילוסופיא (I: 144) Philosophia

פלא: עד שיש להפלא מהם (I: 6)

פנים: על פנים אחרים (I: 267-8, 281) hoc modo; על אלו הפנים (I: 362) secundum alium modum; על כל פנים (II: 69, 341) necessario; ועל כל פנים שנקח לדבר (II: 343) et ideo dicendum est; מפנים...מפנים (III: 80-1) uno modo...alio modo; see קשה

פנים: בפנים (I: 385) intus; מבפנים (II: 581) intrinsecum, (II: 590) intra, (II: 632) interius; see חוזר

פסד: נפסד (I: 358, 380-1, e.p.) corrumpi; הפסיד (II: 661; III: 562, 569) corrumpere; אשר יפסיד האדם הפסדם (II: 526-7) qui corrumpunt homines nocent eis

פסל (I: 262) imago

פסק: נפסק עליו הדין, אבל האדמה שום אדם לא פסק דינו בה (I: 191-2) habet iudicem, terra autem nullum

פעולה (I: 38, 40, 57, e.p.) actio, (II: 190) intellectus (II: 348; III: 164) actus; פעולה אחת (II: 399) in actu; see תם, גמור, תמות, אמונה, חזק

פעל (I: 377; II: 176) facere, (II: 175, 177, e.p.) agere, (I: 482)

INDEX

ligare; התפעל (I: 383; II: 277, e.p.), נפעל (II: 277) pati; נפעל, התפעל התפעלות מה (II: 640) pati aliquo modo; see סור, הכנסה

פועל, פעל (III: 59) actio; בפועל (II: 265, 267, 275) in actu

פעלי (III: 445) actualis; see ציור

פעם: פעמים רבות (I: 287, 302) multotiens; פעמים אין תכלית להם (I: 287) infinities; פעם אחת (I: 288) semel; פעם...פעם (I: 377-8) quandoque...quandoque

פרד: נפרד (I: 358, 516; e.p.) separari; התפרד (I: 416) separari, (II: 35; III: 57) abstractus esse, (III: 374) distingui

פירוש, פרוש (II: 309) exponere

פרע: see פריעה

פרנס: התפרנס (II: 68, 131, 199, e.p.) nutriri, (III: 499) nutrimentum

פרנסה (II: 13) nutriri, (II: 209-210) nutrimentum; התנועה בפרנסה (II: 65) nutriri

פרע: ושיפרע פריעה (I: 539) etiam in fingendo

פרק (II: 636-7) differentia

פרק: התפרק (II: 432) divisio

פשוט (I: 171, 472; II: 24, e.p.) simplex, (II: 289) simpliciter; דבר פשוט (I: 171) simplex

פישוט, פשוט: פישוט האף (III: 352) simus

פשיטות (III: 249) פשיטות האף (III: 245), הפשיטות שבנחירים: פשיטות simitas

פתאום (II: 533) subito

פתח (II: 531) aperire

צבא: see שר

צבע (II: 337, 349, 362) color; בעל צבע (III: 56) coloratus

צידוק, צדוק (III: 175, 177-8, e.p.) fides, (III: 284) verum, (III: 349) veritas

צדק (III: 163) verum dicere, (III: 169) verus esse, (III: 176) credere, צודק (III: 173) veridicare

צואר: see ראש

צודק (III: 147, 175, 189, e.p.) verus

צומח (II: 150, 152, 176, e.p.) planta(e), (II: 71; III: 555) vegetabilia

צורה (I: 79, 146, 152, e.p.) forma, (I: 108, 111-2, e.p.) figura; והצורות אשר לא יתחלקו (I: 103-4) et figuris indivisibilibus

ציור (I: 288; III: 235, 294, e.p.) intelligere, (III: 283) formare; ציור בשכל (השכל) (I: 39, 55, 290, e.p.) intelligere, (I: 279) intellectum, (III: 218, 254, 262) formare per intellectum; הציור בשכל הפועליי (I: 295) intelligere mechanicum; הציורים הנפשיים בשכל העיוני (I: 296) intelligere speculativum; (III: 346); see שער

ציר, צייר (III: 235, 353) intelligere; צויר (I: 282, 286-7, e.p.) intelligere; שיצוייר בשכל (II: 167) intelligere, (III: 321) intelligi; הצטייר בשכל (II: 305) intelligere

צלילות (II: 440) tinnitus; בעל הצלילות (II: 442) tinnibilis

צלם: see כזב

צלע (II: 59) latus; see שטח

צמא (II: 134-5) sitis

צמוח (I: 499) plantae

צמח (I: 400, 492, 540, e.p.) planta

צנה (II: 628) scutum

צער (II: 90)

צריך (I: 19) necessarium esse; צריך בהכרח (I: 52-3, 93) necesse esse

צרך, צורך: מה צרך (I: 289) in quo indiget; לא יהיה בהם צורך (I: 501) non de necessitate debent; לא היה בו צורך (II: 267) non indigeret

יצטרך: צרך אל מאמר בשנותו יצטרך (I: 455) indiget contradictione; בהכרח (II: 163) indiget necessario, (II: 306) indiget

קבל: קיבל (II: 66, 69, 118) recipere; קבל לו שם מהאורה (III: 209) derivatum fuit ei nomen a luce

INDEX

קבלה: see לקח

קבץ: קיבץ (I: 81, 110, 114, e.p.) congregare; התקבץ (I: 106) congregatio; נקבץ על צד המשא (III: 359) congregemus secundum summam

קדם: נאמר במה שקדם (I: 218) predictus; במה שקדם (I: 434) superius; כמו מי שקדם וטעם (I: 484) precedere; קדם על (II: 567-8) sicut qui prius gustavit; במה שקדם (III: 333) prius; ויקדים במחשבת האדם (I: 93) predicere; הקדים ספור (I: 367) unde homo existimat; הקדים אל המחשבה (II: 212) existimatur; התקדם (II: 168; III: 457) precedere; see הכנסה

קדם: מקודם (II: 73) per

קדמון: יותר קדמון בטבע מ־ (I: 485) precedens naturaliter; יותר הקדמונים בעלי הטבע (II: 22) antecedit, (III: 278) prius; קדמון (III: 78) antiqui naturales

קו (I: 44, 91, 397) linea; הקו החוזר אחור על עצמו (III: 247-8) linea spiralis

קובץ (II: 572) stipticus

קודם (II: 172), יותר קודם (III: 315) prior

קול (II: 323, 325, 362, e.p.) vox, (II: 400-2, e.p.) sonus, (III: 70) sermo; הקול החוזר (II: 416, 418) ecco; הקול החזק (II: 554) maximus sonus; הקול •החלש (II: 555) minimus sonus; see מורה, הוצאה, יציאה, יוצא, יצא

קולור: כי המראה הוא הקולור בלעז (II: 338-9) quoniam visibile est color

קום: התקים (III: 210) figi

קורה (I: 17) contingens

קורה (II: 68) lignum

קטן (I: 132, 402-3, e.p.) parvus

קטנות (I: 165, 405) parvitas, (II: 592) parvum

קוטר, קטר (III: 287) diametrum

קיים, קים (III: 189) permanens

קלות: בקלות (I: 50) facile; הביאור שלו קלותו פחות (II: 488)

INDEX

difficilius determinantur

קלל: יקל עליו (I: 240); הקל במספרה (III: 391) vult numerare

קנה: קנה הריאה (II: 476, 481) canna pulmonis

קנין (II: 286, 299, 356) habitus

קצה (I: 300; II: 612; III: 125-6) extremum

קצור: לפי הקצור (II: 557) diminute

קצר: ולא נקצר שנאמר (II: 75) et non sumus contenti; ולא תקצר (III: 411) et perfecte operatur

קור, קר (I: 78) frigor

קר (I: 206, 210; II: 132, e.p.) frigidus

קרא: נקרא (I: 277) dici, (II: 296) vocari

קרה (I: 10, 60, 68, e.p.) accidere

קרוב (II: 54) magis propinquus; ויותר קרובה לכל תהיה ‹בלתי› מתה (I: 510) et magis immortalis; מקרוב (II: 621) a propinquo

קרום: (II: 592, 623) membrana; קרום ומלבוש לאילן (II: 25) coopertoria et vestes fructibus

קרירות (I: 210) infrigidatio

קרר (II: 665; III: 92) infrigidari

קשה (I: 37, 306) (valde) difficilis, (II: 401, 493, 583, e.p.) durus; ומן הדברים היותר קשים להיות מוכרחים מכל הפנים (I: 12-3) et valde est difficile et grave; see בקש

קשה (I: 266, 337) difficile esse; הקשה (III: 252) dubitare

ריאה, ראה (II: 473) pulmo; see קנה

ראה (I: 308, 415) opinari, (II: 283) inspicere, (II: 284; III: 174, 477) considerare; נראה (II: 590), התראה (II: 599) apparere; כעין שיראה (II: 21) sicut studio

ראוי (I: 7, 24, 254) rectum, (I: 17, 252, 257, e.p.) necesse, (I: 22, 32) debere, (I: 294, 318, 368, e.p.) necessarium, (I: 375, 445) videri, (I: 96, 312, 396) oportet, (II: 146) iustum; ראוי בהכרח (I: 76, 217, 291-2, e.p.) necesse est; יותר ראוי (I: 135, 311) dignior; אין ראוי (III: 515) impossibile; see חוץ, גנה, ראשות, עתק, כנה, תחל

INDEX

ראות (II: 379, 550; III: 42, e.p.) visus, (II: 382; III: 52) visio, (III: 50) videre; see מרובה

ראיה (II: 374, 481, 591) signum

ראיה (II: 378; III: 165) visio

ראיות (III: 74) visio

ראש (II: 205) caput, (III: 424) principale; ראשים הרבה וצוארים רדפו (III: 285-6) multa capita et colla disponuntur

ראשון (I: 160, 486) principium; ראשון והתחלת כל דבר (I: 177) principium aliarum rerum

ראשות (III: 425) principalitas; יותר ראוי בראשות (I: 483) principalius

רב, רוב: ממנו שנפל מה ורוב (I: 155) et maxime

רבה: התרבה (III: 87, 93) intensus esse

ריבויי, רבוי (II: 642) intensior, (II: 650) valde intensus; המורגשים (II: 661) sensibilia intensa

רבוע: ריבוע (II: 59-60) quadratura

רגל (I: 223; II: 557) pes

רגש: הורגש (I: 49) intelligi; הרגיש (I: 366, 441, 446, e.p.) sentire

רדף (III: 178, 430) consequi; see ראש

רואה (I: 118, 121, 383) videre, (I: 182) opinari, (II: 47) (membrum), (II: 380, 437; III: 14, e.p.) visus, (II: 431; III: 56) videns; היה רואה (II: 10) sicut speculari; והאחר יהיה רואה (II: 19) et alius sicut aspicere; see נוח

רודף (II: 571) sequens, (III: 201, 505) consequens

רוח (I: 78) (imber), (I: 118, 498) ventus

רוכב (I: 221) equitans; רוכב הספינה (I: 220, 223-4) equitans in navi

רום: אשר ממנו כל נפש (I: 476-7); יתרומם האל מזה התרוממות גדול (III: 577) תרומם ותעלה

רופא (I: 86) medicus

רוחב, רחב (I: 146) latitudo

רחב: נתרחב (II: 536) ampliari

רחוק: יותר רחוק שבדברים מן (I: 392) magis remotus; יותר רחוק והיותר רחוק מן הגשמים (I: 180) valde remotum a corporibus; מרחוק (II: 620) a remoto; האיפשרות (I: 484) valde impossibile; see מהלך

רחמנות (I: 63) pietas

רחק: התרחק (III: 206) remotus esse; יתרחק עליו (III: 189) necessario

רטב: נרטב (II: 565) humefieri

רטוב (II: 131) humidus

ריח (II: 134, 386, 390, e.p.) odor, (II: 511) odoratus, (II: 514) odorare, (II: 526) olfacere

ריח: הריח (II: 517), (II: 518-520, 670) olfacere

ריחה (II: 598; III: 15, 519) olfactus, (II: 599) olfacere

ריחן: ריחנים חזקים (III: 234) fortes odores

ריחני: הריחניים החזקים (II: 526) fortes odores

ריק: ריק מן (II: 114) extra

רך (II: 584, 619) mollis

רכב: הרכיב (III: 289) componere; והתרכבו (III: 287) per compositionem

רמז: see דבר, ענין

רע (II: 559-560; III: 108, e.p.) malus

רעב (II: 134-5) fames

רעם (II: 674) tonitruum

רפא: התרפא (III: 424) sanare

רפד: יתרפדו מחוצה (I: 112) sustineri ab extrinseco

רפואה: see מלאכה

רצה (I: 16; II: 283, 305, e.p.) velle, (I: 336) laborare, (I: 338-9) intendere, (III: 426) concupiscere; נרצה לומר במאמרנו (II: 12) dicere est, (II: 279) intendimus; וארצה לומר (II: 636; III: 202, 225) et dico; נרצה לומר (III: 568) scilicet

רצון (I: 63) gratia, (III: 441) voluntas; ברצון (I: 268) voluntarie; ורצוני לומר באמרי (I: 524); ומיני הרצונים (II: 321, 339) et est dicere

ריקוע, רקוע (II: 458) extensio

מן הדרך הרשום (II: 651) secundum descriptionem, (II: 254-5) על דרך הרשום: רשום

רתיחת הדם אשר בלב והחמימות (I: 75) ebullitio sanguinis aut caloris in corde: רתיחה

שאיפת הניפוש ודחייתו (III: 402) anelitus: שאיפה

שאל (I: 506) querere

נשאר (I: 21; II: 601) remanere: שאר

שאר הבשר (II: 605-6) alia caro; בשארית (II: 556) in omnibus, (II: 633) in aliis, (II: 646, 668, 671, e.p.) de aliis; ושארית (III: 77) et alii; שארית (III: 457) alia: שאר

השב לאחור בעבור (III: 233) post; see חזר: שב

שגגה (II: 322) error; (III: 188) (vigilia)

שואל (I: 265) querere ab

שוב (I: 89) reverti, (I: 195) reduci, (II: 680) fieri; השיב (III: 258) facere

שוה (II: 59, 447) equalis; אינו שוה אחד אלא (I: 83) nullus est nisi; העניינים שאינם שוים בסוג (III: 336-7) rerum inequalium in genere

השתוה (I: 45) equalis esse: שוה

שוחז: see אויר

שוטה (I: 68) valde timorosus

שוכן (II: 515) habitans

שולל (III: 309)

שום (II: 509) allium

שומע (III: 69) audiens

שומר (II: 242) conservare

שופט (I: 503) iudicare, (III: 102, 115, 124, e.p.) iudicans

שורף: see שרף

שחור (II: 582, 645; III: 79, e.p.) niger

שחרות (III: 307) nigredo

שטח (I: 23, 44, 91, e.p.) superficies; שטח עומד הזויות, משתוה הצלעים (II: 59) superficies rectorum angulorum equalium laterum

שים (I: 135, 138-9, e.p.) ponere, (I: 487, 533; III: 274, e.p.) facere, (II: 611) occurrere; הושם (I: 179) constituere, (II: 638-9) poni; השים (I: 500-1) ponere; שמו דבריהם (I: 488) loquuntur; מי שהיה מזומן שישים חקירתו על (II: 163) qui voluerit perscrutari de; ראוי שנשים המאמר (II: 171) oportet loqui; והעניינים אשר ישים קצתם לקצתם במים (II: 611-2) et ea que occurrunt sibi in aqua adinvicem

שכל: הושכל (I: 291, 294, 395, e.p.) intelligere; השתכל (II: 38) considerare; השכיל (III: 355-6)

שכל (I: 39, 42, 124, e.p.) intellectus, (III: 349) operatio; השכל העיוני (II: 159) intellectus speculativus; השכל הפועל (III: 434) intellectus operativus

שכלי (III: 415) intellectus, (III: 445) actualis

שכרות (I: 384) ebrietas

שילוח, שלוח (III: 540) transmutatio; בשלוח על (III: 419-20) mittere ad

שלח (III: 421) mittere

שלילה (III: 329, 373) negatio; על צד השלילה (III: 351) negative

שלילות (III: 321)

שלישי (III: 201, 460) tertius; see שעור

השלך: שלך (III: 187) proiicere

שלם (III: 76) servari, (III: 412) perfectus esse; נשלם (I: 549; II: 681; III: 577)

שלם (I: 5); (II: 565) salvatus, (III: 188) salvus, (III: 413, 477) perfectus; יותר שלם (II: 5) magis comprehendere

שלמות (I: 27) endelechia, (II: 9, 18, e.p.) perfectio, (III: 188) salus

שלש (III: 205, 397, 460) tres

שם (I: 209; III: 72-4, e.p.) nomen; see נמשך, ברך, שתוף, מוחלט,

קבל, נקרא

שם (I: 443) ponere

שם: see היה

שמח (I: 365)

שמים (I: 185), (I: 275, 309) celum

שמיעה (II: 154, 323, 429, e.p.) auditus, (II: 424) audire (II: 654) cera

סתום see :שמירה בלב: שמירה

שמע (II: 268-9, 430, e.p.) audire; השמיע קול (II: 466) vociferare, (III: 61, 64) sonare

שמע (II: 445; III: 69, 87) auditus; שמע הצלילות (II: 444) audire tinnitum

שמר (I: 32) preservare, (I: 544; II: 244-5) conservare

שמש (I: 184; III: 186) sol; see נצוץ

שנאה (I: 64, 386) odium

שינה, שנה (II: 21; III: 166, 213, e.p.) sompnus

שנה: השתנה (I: 72) differre, (I: 247; II: 232, e.p.) transmutari, (II: 286, 294, 676) alterari, (III: 99, 244) diversus (esse); נשנה (III: 535); ישנה בו שאר האחדים (I: 409) qua differat ab unitatibus aliis; הממושש ישנה הנראים (II: 625) tangibile differt a visilibus; see צרך

שינוי, שנוי (I: 226, II: 196, 292, e.p.) alteratio, (II: 98: III: 389) diversitas, (II: 298-9; III: 535) transmutatio; השינויים הארציים (III: 553) mutationes terrestres

שניות (III: 250)

שנים (III: 49, 102, 123, e.p.) duo; האחרים השנים (III: 206) (alius)

שעה: see הוה

שעוה (III: 536, 542) cera

שעול (II: 479-480) tussis

שעור (I: 280) mensura, (II: 216, 328; III: 25, e.p.) quantitas; גדול השיעור (I: 482) valde nobile; בשיעור מה שאיפשר בו (II: 176-7) secundum suum posse; השיעור השלישי (II: 608) tertia dimensio; see כף

שעיר (II: 584) asper

שעירות: see חלקות

שער, שיער (I: 497) versus, (III: 554) pili; בעל שער (II: 494) (conveniens oculo)

שער: שוער (III: 190) perceptus esse, (III: 238) posse; ועל כן לא נשער בו (II: 621) et ideo non fuit perceptum

שער: בשער הציור בשכל (II: 295) in capitulo intelligendi

שפוי: שפוי כובע (II: 472)

שפט (I: 503; III: 55, 102, 126) iudicare

שפע: שפעה אמתתו (I: 329)

שקוע (II: 613) submersus

שקף: השקיף ב- (I: 84) considerare; השקיף על (III: 418) videre

שקר (I: 539; II: 378) impossibile, (III: 154) falsari, (III: 169, 171) falsus

שר: יוכל שיהיה שר הצבא (II: 311-2) potest gubernare exercitum

שרף: כמו שהנשרף לא ישרף והוא מעצמו בלתי השורף, ולולי זה היה שורף עצמו (II: 266-7) quemadmodum combustibile non comburitur a se absque comburente; et si hoc non esset combureret se

שרץ (III: 168, 177, 179) reptile

שרש (I: 106) fundamentum, (II: 25, 205) radix; see ידע

שתוי (II: 559-560) potabilis

שיתוף, שתוף (I: 319; II: 14) communicatio, (III: 253) habere communicationem; על דרך השיתוף בשם (II: 36, 41), בשיתוף (II: 199, 239) nisi habeat partem השם (II: 464) equivoce; כל זמן שלא תהיה לו שיתוף

שתף: שיתף (II: 176, 179), השתתף (I: 202; II: 78) communicationem habere cum, (I: 547) communicare

תאוה (I: 55, 345; II: 138, e.p.) desiderium, (I: 278) (anima) desiderativa, (I: 523) appetere, (II: 91, 127, 129, e.p.) appetitus, (III: 323) desiderare; תאות הנקמה (I: 74)

INDEX

appetitus in vindictam; see תשוקה, עורר

תאוני (III: 387) desiderabilis, (III: 444, 448, 463) appetitivus, (III: 450) desiderativus, (III: 457) appetitum; התאוניית (III: 473) desiderium; see בדל

תואר, תאר (II: 649) dispositio; מן התואר הדבק (I: 451) (de pallore); בתואר כך (II: 37) talis; על תואר כך (II: 121)

תהו: תהו ובהו (I: 105) que dicuntur atomi הנקראים

תהלה (II: 681)

תולדה (I: 298-9; II: 58) conclusio, (II: 171, 243) generatio, (II: 173, 250) generare

תולדת (II: 60) conclusio

תולעת (III: 168) vermis

תוספת (III: 400, 524) augmentum

תועלת (I: 452) prodesse

תחל: התחיל (I: 550), (II: 62) incipere; ונתחיל לומר ולדרוש ביאור הנפש מה היא (II: 4) incipiemus in determinando animam quid est; והנה ראוי שנתחיל תחלה במאמר (II: 318) et antequam incipiamus loqui; יתחיל החוש מיד עת שימשש (II: 593) apparebit sensus quando tangitur

תחלה (I: 24, 393; II: 109, e.p.) primo, (I: 39, 41, 100, e.p.) prius, (II: 590) primum; see תחל

תירה (II: 25)

תכלה: התאוה והתכלה (I: 523) appetere, (II: 90, 127) desiderium; בעל התכלה (II: 125, 127) desiderativus

תכלית (II: 174) perfectus, (II: 191, 216, 249, e.p.) finis, (III: 542) ultimum; בלא תכלית (I: 104, 285, 412, e.p.) infinitus; יש לו תכלית (I: 295) finitus; בתכלית הדקות (I: 438) valde subtile; בתכלית מה שאיפשר...עליו מן ההרחקה (I: 438) valde remotum; בתכלית (II: 434) perfecte; see בריקה, פעם, כלה

תכן: יתכן (I: 115; II: 77, 93) posse, (I: 408, 416) possibile esse; לא יתכן (I: 58-9, 359; II: 246, e.p.) impossibile esse; מה שיתכן ו- (III: 540) quam quod possibile fuerit ut; see מלץ

תם: פעולה מבלתי תמה (III: 319) actio non perfecti
תמה: אם לתמוה ויש (II: 443), זה תמה (אם) (III: 478, 512) utrum
תמות: פעולת התמות (III: 320) actio perfecti
תמיד (I: 118, 184, 294, e.p.) semper
תנועה (I: 70, 109, 111, e.p.) motus; בתנועת ההרגשה (I: 99) motu et sensu; תנועה במקום (I: 524; II: 89, 139) motus in loco; תנועה בהעתק ממקום, תנועת (ה)העתק (I: 247, 493; III: 404), תנועה ממקום אל מקום (III: 379-380), אל מקום (III: 403) motus localis; תנועה כליית (III: 467) motu (consimilitudinis); see ממש, דבק
תפס: תפשנו על (I: 99) accepimus
תקע: כשיתקעו תקיעה חזקה (II: 663) cum tanguntur fortiter
תשוקה: והתשוקה היא תאוה אחת (III: 442) et desiderium est aliquis appetitus

Proper names:

אבו עיסי בן יצחק (III: 325-6)
אבראקלידס (I: 178) Empedocles
אומריש (I: 127), אומירוש (III: 137) Homerus
אחאליוס: בנהר הנקרא אחאליוס (II: 462) in flumine quod dicitur Amelus
איקטור (I: 127) (Acteon)
אנכסאגוריש (I: 123-4, 129, 201; III: 223), אנקסגוליס (I: 167), אנכסאגורש (III: 254) Anaxagoras
אפלאטון (I: 142, 145) Plato
אפרודיטוס (I: 262) Hermafroditus
ארסטו (I: 1, 549; II: 681-2) Aristoteles; אריסטוטליס (III: 327)
ארקוס: בשיער המיוחס אל ארקוס (I: 497) in versibus attributis Archoiz
בנדקליס (I: 138, 350, 450, 469, 476; II: 200, 357; III: 135, 285) Empedocles

INDEX

דאדליס (I: 262) Dedalus

דיארק (II: 330) (Socrates)

דיוגניס (I: 175) Diogenes

דימוקראטיס (I: 103, 125, 162, 261, 263, 403, 421, 426; II: 377) Democritus

זרחיה בן יצחק הספרדי (I: 1)

חנין (I: 2)

טימיאוס (I: 269) Thimeus; בספר הנקרא טימיאוס (I: 142) in Thimeo; ספר טימיאוס (I: 145) liber Thimei

יצחק בן חנין (III: 325)

הירחונים (I: 182)

לוקיש (I: 107) Leucippus

מה שאין כן (I: 173) Melissus

פיתאגוריש (I: 323) Pitagoras; סיעת פיתאגוריש (I: 116) Pitagorici

פלוני (III: 291) Socrates; בן פלוני (III: 32-3, 35-6) filius Socratis

קומאטיאס (I: 189) Critias

קיליס (I: 262) Chilis

רינון (I: 186) (Zeno)

תאליס (I: 505) (Melissus)

BIBLIOGRAPHY

Ahwānī: *Talkhīs kitāb an-nafs li-Abī l-Walīd ibn Rushd...*, ed. Aḥmad Fu'ād al-Ahwānī, Cairo 1950.

Aristotle, ed. Ross: *Aristotelis De Anima*, recognovit brevique adnotatione instruxit W.D. Ross, Oxford 1956.

Aristotle, ed. Hett: *On the Soul, Parva Naturalia, On Breath*, with an English translation by W.S. Hett (Loeb Classical Library), Cambridge-London 1936. Repr. 1986.

Averroes, ed. Crawford: *Averrois Cordubensis Commentarium Magnum in Aristotelis De Anima Libros*, Recensuit F. Stuart Crawford (CCAA VI, 1), Cambridge (Mass.) 1953.

Badawī, *Arisṭū*: 'Abdurraḥmān Badawī, *Arisṭū 'inda l-'arab*, Cairo 1947.

Badawī, *Arisṭūṭālīs*: 'A. Badawī, *Arisṭūṭālīs fī n-nafs...*, Cairo 1954.

Ben-Yehuda, E., *Millon ha-Lashon ha-Ivrit ha-Yeshanah we ha-Ḥadashah*, I-XVII, Jerusalem 1910-1959.

Cassuto, *Gracian, Zerahyah*: Cassuto, U., "Gracian (Ḥen), Zeraḥiah Ben Isaac Ben Shealtiel," *Enc. Jud.*, VII (1971) 842-4.

Efros, *Philosophical Terms*: Efros, I., *Philosophical Terms in the Moreh Nebuḵim*, New York 1924.

Even-Shoshan, A., *Ha-Millon he-Ḥadash*, I-III, Jerusalem 1966.

al-Fārābī, ed. Edelmann: Edelmann, Z.H. (ed.), "Sefer al Mahut ha-Nefesh," *Ḥemdah Genuzah* (Königsberg 1856).

al-Fārābī, ed. Rosenthal: Rosenthal, S. (ed.), *Sefer Mahut ha-Nefesh*, Warsaw 1857.

Fobes, *Averroes*: Fobes, F.H. - Kurland, S. (eds), *Averrois Cordubensis Commentarium Medium in Aristotelis De Generatione et Corruptione Libros* (CCAA IV, 1), Cambridge (Mass.) 1956.

Frank, *Some Fragments*: Frank, M., "Some Fragments of Isḥāq's Translation of the De Anima," *Cahiers de Byrsa* 8 (Paris 1958-9) 231-251.

Gätje, H., *Studien zur Überlieferung der Aristotelischen Psychologie im Islam* (Annales Universitatis Saraviensis; Reihe: Philosophische Fakultät; herausgegeben von August Langen; Bd. II), Heidelberg 1971.

Gottstein, *Taḥbirah:* Gottstein, M.H., *Taḥbirah u-Millonah shel ha-Lashon ha-Ivrit, Mediaeval Hebrew Syntax and Vocabulary as Influenced by Arabic* (unpublished dissertation), Jerusalem 1951.

Ibn an-Nadīm, *Fihrist*: Ibn an-Nadīm, *Kitāb al-Fihrist*, ed. Cairo n.d. The same work, translated by Bayard Dodge, I-II, New York-London 1970.

Kazimirski, *Dictionnaire*: De Biberstein Kazimirski, A., *Dictionnaire Arabe-Français contenant toutes les racines de la langue Arabe*, I-II, Nouvelle edition, Paris 1960.

Kirchheim, R. (ed), "She'elot," *Oẓar Neḥmad* II (1857) 124-143.

Klatzkin, *Thesaurus*: Klatzkin, J., *Thesaurus Philosophicus Linguae Hebraicae et Veteris et Recentioris*, I-IV, Repr. New York 1968.

Lane, E.W., *Arabic-English Lexicon*, I, 1-8, London 1863-1893.

Lewis - Short, *Dictionary*: Lewis, Ch. T. - Short, Ch., *A Latin Dictionary. Founded on Freund's Latin Dictionary.* Revised, enlarged, and in great part rewritten, Oxford 1879, Repr. 1966.

Liddle, H.G. - Scott, R., *A Greek English Lexicon.* Revised and augmented throughout by H.S. Jones with the assistance of R. McKenzie and with the co-operation of many scholars. With a Supplement 1968. Repr. Oxford 1989.

Löw, *Fauna*: Löw, I., *Fauna und Mineralien der Juden*, Hrsg. und mit einem Vorwort und Anmerkung versehen von A. Scheiber, Hildesheim 1969.

Maimonides, ed. Kroner: Kroner, H., *Ein Beitrag zur Geschichte der Medizin des XII. Jahrhunderts an der Hand zweier medizinischer Abhandlungen des Maimonides auf Grund von 6 unedierten Handschriften dargestellt und kritisch beleuchtet*, Oberdorf. Bopfingen 1906.

Maimonides, ed. Muntner: Muntner, S. (ed.), *Sammei ha-Mawet we ha-Refu' ot ke-Negdam o "ha- Ma'amar ha-Niḵbad."* Be-Tirgumo ha-Ivri shel R. Moshe Ibn Tibbon, Jerusalem 1942.

Neubauer, *Catalogue*: Neubauer, Ad., *Catalogue of the Hebrew Manuscripts in The Jews' College*, London, Oxford 1886.

Peters, *Aristoteles Arabus*: Peters, F.E., *Aristoteles Arabus. The Oriental Translations and Commentaries of the Aristotelian Corpus*, Leiden 1968.

Peyron: Peyron, B., *Codices Hebraici exarati Regiae Bibliothecae quae in Taurinensi Athenaeo asservatur*, Romae-Taurini-Florentiae 1880.

Pseudo-Aristotle, *Liber de Causis*, ed. A. Schreiber, Budapest 1916.

Ravitzky, *Mishnato*: Ravitzky, A., *Mishnato shel R. Zeraḥyah b. Yiẓhak b. Shealtiel Ḥen we ha-Hagut ha-Maimunit-*Tibbonit *ba-Me'ah ha-Shelosh-Esreh* (unpublished dissertation), Jerusalem 1977.

Sacerdote, *Catalogo*: Sacerdote, G., *Catalogo dei codici ebraici della Biblioteca casanatense* (Cataloghi dei codici orientali di alcune biblioteche d' Italia, fasc. 6), Firenze 1897.

Sarton, *Introduction*: Sarton, G., *Introduction to the History of Science*, I-III, Baltimore 1927-1948.

Seligsohn, *Gracian*: Seligsohn, M., "Gracian," *The Jewish*

Encyclopedia, VI (New York and London 1904) 61-2.

Shields: Shields, Ae. - Blumberg, H. (eds), *Averrois Cordubensis Compendia Librorum Aristotelis Qui Parva Naturalia Vocantur* (CCAA VII), Cambridge (Mass.) 1949.

Steinschneider, *Ziyyunim*: Steinschneider, M., "Ziyyunim le-Toledot R. Zerahyah b. Yizhak Shealtiel Hen," Ozar Nehmad II (1857) 229-245.

Steinschneider, *Catalog Hamburg*: Steinschneider, M., *Catalog der hebräischen Handschriften in der Stadtbibliothek zu Hamburg und der sich anschliessenden in anderen Sprachen*, Hamburg 1878.

Steinschneider, *HU*: Steinschneider, M., *Die hebräischen Übersetzungen des Mittelalters und die Juden als Dolmetscher*, Berlin 1893.

Tessier, *Verbum*: Tessier, A., *Verbum de Verbo. Tradizione Semitico-Latina del "De generatione et corruptione" Aristotelico* (Bollettino dell' Istituto di Filologia Greca, Supplemento 8), Roma 1983.

Tessier, A., "La traduzione arabo-ebraica del *De generatione et corruptione* di Aristotele," *Atti dell' Accademia Nazionale dei Lincei. Memorie della classe di scienze morali, storiche e filologiche*, s. VIII, XXVIII (1984) 5-122.

Themistius, *Paraphrase*: Heinze, R. (ed.), *Themistii in Libros Aristotelis* De Anima *Paraphrasis* (CAG V), Berlin 1890.

Themistius, ed. Landauer: Landauer, S. (ed), *Themistii in Aristotelis* Metaphysicorum Librum L *Paraphrasis Hebraice et Latine* (CIAG V), Berlin 1903.

Vogelstein-Rieger, *Geschichte*: Vogelstein, H. - Rieger, P., *Geschichte der Juden in Rom*, I-II, Berlin 1895-6.

Wolfson, *Crescas*: Wolfson, H.A., *Crescas' Critique of Aristotle. Problems of Aristotle's* Physics *in Jewish and*

Wolfson, Averroes' Long *De Anima*: Wolfson, H.A., "Was There a Hebrew Translation from the Arabic of Averroes' Long *De Anima*?", *Studies in the History of Philosophy and Religion*, Vol. I, ed. by I. Twersky and G.H.Williams, Cambridge (Mass.) 1973.

Printed in the United States
By Bookmasters